中古漢語詞綴研究

楊賀 著

山東大學出版社

本書得到中國人民大學“統籌支持一流大學和一流學科建設”經費的支持

序

選擇漢語詞綴作為研究題目,始於楊賀讀本科時的一次作業,從那時算起,十餘年間她始終沒有放棄對這個題目的關注。本書就是在她2009年博士學位論文《中古漢語詞綴研究》的基礎上修改而成的,是作者求學多年的一個總結性成果。對這一研究如果要給出一個簡明的評價,我想到了"老題目,新成果"這樣六個字。

題目老,是因為它重要。如書中所言:"派生詞作為漢語詞彙的一個種類,它的發展一直貫穿於整個漢語史。"如果從上世紀20年代算起,對這個題目的研究到如今差不多已有百年的歷史了,而至今這一研究還在持續不斷地進行。成果新,是因為題目雖然老,但由於難度大,一些老大難問題一直沒有得到圓滿的解決,期待有新的研究成果不斷問世。楊賀的研究選取中古時期四個有代表性的詞綴開掘疏理,細述其演變的前因後果,並就詞綴研究中的一些重要問題展開討論,對這一課題的研究做出了新的貢獻。

她的研究有幾點尤其值得肯定:第一,選題具有學術價值。誠如太田辰夫在《漢語史通考》中所言,開始於後漢時期的"中古",是"古代漢語的質變期"。這一看法已經成為學界的共識,而漢語詞綴在這一時期的演變就是這種"質變"的重要因素之一。作者把斷代研究選擇在中古,具有承上啟下的研究價值。第二,充分佔有材料。對材料的充分佔有和鑒別是漢語史研究的根基。中古時期文獻浩繁,本書把這一時期的文獻細分為15類,其中漢譯佛典語料定為70部,可以看出作者對中古文獻有較全面的審視和把握。第三,閱讀"漢語詞綴研究回顧"一節就可以知道,作者對本課題的研究歷史和研究成果有全面瞭解,并在自己的研究中斟酌取舍,對前輩和時賢的成果虛心借鑒,這就為新成果的取得奠定了基礎。第四,研究方法運用得體。書中談到的描寫和解釋相結合、歷時與共時相結合、定性與定量相結合、詞彙和語法相結合是漢語史研究的基本方法,但運用得體並非易事。值得稱道的是,作者提出這些理論方法並非用來炫示於人,而是著眼於對語料分析的切實指導,因而研究的結論也就能令人信服。

詞綴研究的前提是詞綴標準的確定;標準確定了,詞綴的成員才能確定,研究的對象才能確定。詞綴標準的判定既是這一研究的前提,毋庸諱言,也是最大的難點;如書中指出的,近百年研究的狀況是"判定標準尚無共識"。這一難點中的最難處是對虛化的界定——詞綴是一種虛語素,但要在實與虛之間劃出一條清晰的界限並為大家接受,並不是一件容易事。正如書中所言:"因為難以把握,(虛化)歷來是爭論最集中的地方。"作者進而引述學者的研究説:"各家所舉的詞綴實例和不同辭書中註明為詞綴的條目差別很大,其中沒有任何兩種的回答是完全相同的:少的只舉出四五個,多的則舉出四五十個;大家一致公認的後綴只有'子''兒''頭'三個,某些語素,有人算作後綴,有人算作類後綴。"由於對很多成員的屬性尚無清晰準確的把握,在類別的劃分上也就出現了歧異(比如,是只設"詞綴"一個單一的名目,還是再增設"准詞綴""類詞綴"這樣一些名目;大類之下再分多少個小類合適),而類別的劃分又關係到對漢語詞彙構成全局的看法。在解決這些問題時,如何從漢語的實際出發而不是從概念出發,不搞一刀切,還需要作者进行更深入的思考。

從本科時起,楊賀就對語言研究產生了興趣,多年來一直保持着巨大的熱情,相信她會不斷有新的成果問世。

張聯榮
2016 年 6 月

目　録

第 1 章　詞綴與漢語

派生詞作為漢語詞彙的一個種類，它的發展一直貫穿整個漢語史。通過添加詞綴構造新詞，既是詞彙史上的一個重要現象，又是語法史上的一個重要現象。在漢語發展的不同時代，充當詞綴的語素不斷地更替，甚至成批地消亡，成批地新生，派生詞及其內部各組成成分也呈現出不同的組合形式。詞綴的消長與派生法構詞成為漢語史上新、舊質要素更替的一個視點，而中古時期正是詞綴新、舊質頻繁交替的重要時期。

1　詞綴的研究

1.1　詞綴的性質

1.1.1　詞綴

詞綴屬於構詞法範疇，在普通語言學中屬於形態學研究的內容。形態學(morphology)最初是生物學領域的術語，研究對象是動植物和微生物的整體及其組成部分的外形和結構。Morphology 由詞素 morphē(希臘語詞)[form;shape(形式;形狀)]和 logos(希臘語詞)組成，因此 Morphology 的字面意義就是研究形式的科學。[①] 1859 年，德國語言學家奧古斯特・施萊赫爾(August Schleicher)用德語詞 morphologie 統指屈折變化(inflection)和構

① Andrew Spencer & Arnold M. Zwicky. *The Handbook of Morphology*. Blackwell Publishing, 2007: 1.

詞法(word-formation),至此研究詞語結構和構造規則的領域明確了它的語言學名稱。依據普通形態學,語言形態類型判斷的要點是:(1)是否具有豐富的詞形變化,(2)是否具有內部屈折,(3)詞根與詞綴的緊密度如何。有形態的語言對"形態"的定義是:

> 語法學(Grammar)的一個分支,研究和分析詞的結構形式和類別,如研究和分析 walks(行走),walked([過去]行走),walking([現在]行走)等詞尾變化,研究和分析 happiness(幸福)中的-ness 這類派生詞尾等。形態學不僅包括共時的研究(詞素學,Morphemics),而且還包括詞形的歷史及其發展(即歷史形態學)。①

> 形態學是對詞的語法結構以及相關範疇的研究。因此形態學分析會把 girls 分析為 girl 和-s,以此來說明"複數"是如何實現的;也會把 singer 分析成 sing 和-er,以此來標示其"名詞"的屬性。②

1.1.2 漢語的詞綴

國內第一個措意於漢語形態學研究的學者是王力先生。王力先生在《漢語史稿》"歷史形態學"八節裏,凡是詞內的形態都稱之爲"詞頭""詞尾",比如,名詞詞頭"有"("有苗""有眾")、"于"(于越)、"句"(句吳),序數詞詞頭"第"("第四"),名詞詞尾"子"("眸子""種子"),初步嘗試構建了一個漢語形態學的基本框架。③

漢語的語言類型屬於孤立語,沒有嚴格意義上的形態變化和形態单位,通過語序和虛詞表情達意。然而,漢語的虛語素對於漢語的表意結構有着特殊的作用,通過組合關係的變化,起到了一定的形態效果。漢語的虛語素,從功能上看有兩類,一類是為造句服務的,另一類是為構詞服務的。為造句服務的虛語素是虛詞,為構詞服務的虛語素就是詞綴。例如:

(1)a. 子擊磬於衛。(《論語·憲問》)

(2)a. 能復飲乎?(《史記·項羽本紀》)

(3)b. 鳳凰于飛,翽翽其羽。(《詩經·大雅·卷阿》)

---

① [美]P. R. K. 哈特曼、[美]F. C. 斯托克:《語言與語言學詞典》,上海辭書出版社 1981 年版,第 10 頁。

② P. H. Matthews. *Morphology*. Cambridge University Press, 2000: 9-12.

③ 參見王力:《漢語史稿》中冊,科學出版社 1957 年版,第 282～302 頁。

(4)b. 水中有物，如三四歲小兒，鱗甲如鯪鯉，射之不可入。七八月中，好在磧上自曝。膝**頭**似虎掌爪，常沒水中，出膝**頭**，小兒不知，欲取弄戲，便殺人。（酈道元《水經注·沔水》）

例(1)a中的"於"是介詞，作用是引介動作行為的處所。例(2)a中的"乎"是疑問語氣詞，表示全句的語氣。例(3)b中的"于"添加在動詞"飛"前，組成了新的複音詞"于飛"。[1] 我們知道，"於"原本是個動詞，表示"往，到"，如《尚書·大誥》："予惟以爾庶邦，於伐殷逋播臣。""於伐"是兩個動詞連用的連謂結構，所以偽孔傳說："用汝眾國往伐殷逋亡之臣。"把"於伐"訓為"往伐"。概括地說，因為一個句子往往只用一個動詞，"於伐"一類連謂結構中的次要動詞"於"漸經虛化，演變成動詞前綴。例(4)b中兩個"頭"字，原本指"人的最上部，長着口鼻眼耳等器官"的部分，後來漸漸不僅用於指人和動物的頭，而且具有"頭"的某個義素或聯想義素的特徵的（如[＋頂端][＋邊緣]），或形狀上像頭一樣的（[＋圓形凸起]），都可以稱"頭"，此時，"頭"變成了虛語素，專用來構詞。"頭"基於[＋頂端]義構成的複音詞有"上頭""下頭"等，基於[＋邊緣]義構成的複音詞有"東頭""西頭"等，在像頭一樣[＋圓形凸起]的意義上構成的複音詞有"鋤頭""榔頭"等。例(4)b裏，"頭"加在"膝"後構成複音詞"膝頭"，指膝蓋，取的是形狀相似的[＋圓形凸起]意思。一般把(1)a、(2)a中的"於""乎"等介詞、語氣詞稱為虛詞，把(3)b、(4)b中的"于""頭"等虛語素稱為詞綴。

再來看看我國語言學工具書對"詞綴"的定義：

> 詞綴，加在詞根上邊的詞素，分為前綴、後綴等。……前綴，加在詞根前面的詞素。如"老師"中的"老"。……後綴，加在詞根後面的詞素。如"桌子""椅子"中的"子"，"石頭""木頭"中的"頭"。[2]

> 詞綴，又稱語綴詞綴語素，指加在詞根上面的構成新詞的虛語素。詞綴的作用是同詞根構成合成詞。一般說來，按照詞綴同詞根的位置關係，可分為前綴、中綴、後綴三種。附加在詞根前面的叫前綴，又叫詞頭語頭前置成分。如"老虎、阿妹、第五"中的"老、阿、第"。附加在詞根後面的叫後綴。如"帽子、木頭、姑娘家"中的"子、頭、家"。加嵌在詞根

① "於""于"作介詞時通用，作前綴時"于"不能写成"於"。

② 《辭海》編輯委員會編：《辭海》，上海辭書出版社1980年版，第386頁。

中間的叫中綴,又稱為詞嵌。如"對不起、吃得開"中的"不、得"。……有的詞綴單純地表示語法意義;有的既表示一定的語法意義,又表示一定的詞彙意義。有的詞綴有表達感情和標誌詞性的作用。[①]

以往的研究往往是作者根據自己對詞綴的感知從漢語裏找詞綴,分析其語義。自1921年黎錦熙在《國語講壇》附錄"詞類連書條例"中,从"複音名詞"中區分出"帶語尾的"一類以來,《辭海》和《現代漢語知識大詞典》的這兩段界說,是我們所看到的對"詞綴"定義說明得最充分的。從中我們可以知道,漢語詞綴的特點有:

第一,它是添加在詞根上參與構造新詞的虛語素;

第二,按照和詞根的相對位置,詞綴可以分為前綴、中綴、後綴;

第三,詞綴參與構詞時,會表達一定的語法意義或者詞彙意義,也會起到標誌詞性和表達感情的作用。

以上中外語言學詞典對詞綴的定義,基本指出了語言中詞綴的形態學(morphology)屬性。相比較而言,可以看出,漢語研究"詞綴"的概念相對籠統,沒有明確的共有突出特點,沒有易於操作的界定。另外,從現有的研究看,不同學者得出的漢語詞綴成員的差別很大。自我們進入現代語言學研究的一百多年來,我國的漢語詞綴研究者對於普通語言學中詞綴的定義都是熟悉的,但是找出來的詞綴成員却不一樣,不仅數量不一樣,解釋也不一樣。這是為什麼呢?

筆者認為,對於一種語言詞綴的具體研究,只有總括的概念歸納還是不夠的,需要對基本語料進行全面的整理分析,並在語料分析基礎上總結出具體的有可操作性的這一語言的詞綴的性質。

從現有的資料和研究來看,一種語言有一種語言的詞綴。語言不同,詞綴不同,詞綴的來源不同,形成條件不同,所依附的詞根不同,相應的詞綴形成機制和過程、詞綴意義以及詞綴與詞根的關係等都有其特殊性。甚至在詞綴這個總體之內,具體詞綴表現出來的屬性也各不相同。

1.2 漢語的詞綴

為了更清楚地認識漢語詞綴研究的性質,我們可以從以下四個角度觀察:

① 高更生:《現代漢語知識大詞典》,山東教育出版社1992年版,第145頁。

1.2.1　從單位屬性的角度觀察詞綴

一是從語言單位上看，詞綴是詞法平面的一個語素，是詞綴語素。詞綴語素是與詞根相對應的概念。詞根有理性意義，有對應所指，反映的是客觀世界；詞綴詞素表達的是詞法意義，無對應所指，不直接反映客觀世界。比如“老公”“老婆”，“公”指丈夫，“婆”指妻子，都是對客觀所指（社會關係中的婚姻關係）的語義概括。年輕夫婦互稱“老公”“老婆”，自然並不是真的[＋年老]，而是在詞綴語素“老”的源素語義特徵[＋時間久]上引申出來[＋感情深]而產生的。同時，前綴語素“老”為詞根語素“公”和“婆”增加了詼諧親昵的色彩意義。可見，派生詞義是詞根的理性意義和詞綴的詞法意義融合的產物。又比如，“一”“二”“三”是基數詞，“大”是形容詞，“五”“六”也是基數詞。詞根“一”“二”“三”加上詞綴“第”，詞根“大”“五”“六”加上詞綴“老”，構成了“第一”“第二”“第三”和“老大”“老五”“老六”等序數詞。顯然，這些都是語言中基本的序數詞，詞典不收是因為它們的詞彙意義明白顯豁。不能因為詞典不收，就認為它们不是詞。“老”和“第”作為詞綴語素的性質是很明顯的。

二是從構詞單位上看，詞綴是詞法單位。詞法單位與句法單位互為上下位關係。詞的下級單位是語素，句子的下級單位是詞。語素中的意義虛靈的成分是詞綴，詞中的意義虛靈的成分是虛詞。詞綴和虛詞是不同語法層上的虛義成分：

(1)a. 瞻之在前，**忽焉**在後。（《論語・子罕》）

(2)a. **懔懔焉**，**皜皜焉**，其與琨玉秋霜比質可也。（《後漢書・孔融列傳》）

(3)b. 凡天下戰國七，**燕處弱焉**。（《史記・蘇秦列傳》）

(4)b. 寒暑易節，**始一反焉**。（《列子・湯問》）

(1)a中“忽”是形容詞，表示“急速”。《楚辭・離騷》：“忽奔走以先後兮，及前王之踵武。”王逸注：“忽，疾貌。”加上“焉”，構成複音詞，雖然詞性沒有改變，仍是形容詞，但是為整個詞增添了描狀情貌的形象性，使其刻意追求學問而不得之狀躍然紙上。(2)a中“懔懔”“皜皜”都是疊音形容詞，加“焉”構成三音節形容詞“懔懔焉”“皜皜焉”，分別表示嚴正的樣子和光亮明潔的樣子，“焉”是形容詞後綴。

例(3)b、(4)b中的“焉”是句尾語氣詞，雖然也表示“……樣子”，但是，

"燕處弱焉"是"燕國處於弱勢的一類國家","始一反焉"是"一年才能往返一趟",兩個"焉"關涉的語言層級是句子,起到的是助句的功能。

因此,(1)a、(2)a 中的"焉"是詞綴,(3)b、(4)b 中"焉"是句尾語氣詞。它們屬於不同的語法層級,一個是虛語素,一個是虛詞。但是,古代經史注釋家一直把它們視為同物,稱作"辭也"(《楚辭》洪興祖補注,《論語》何晏集解)或"語助""語詞"(《禮記》孔穎達疏,《楚辭》朱熹集注,《讀書雜誌·荀子第五·議兵》王念孫按語),掩蓋了它們的區別,自然也就掩蓋了"焉"的詞法、句法意義的區別。

1.2.2 從意義屬性的角度觀察詞綴

一方面,從語法意義上看,詞綴表達的是詞一級的範疇意義(category meaning)。加於詞根的稱為"詞綴",表達的是詞一級的範疇義;加於短語的稱為"語綴",表達的是短語一級的範疇義。我們這裏說的詞的範疇意義,跟句法平面講的範疇義不同。句法平面的範疇是與時、體、態等相關的概念。我們前面提到過,基數詞前添加前綴"第""老"表示次序,"公""婆"等稱謂前添加前綴"老"可以表示詼諧親昵的感情色彩,形容詞性後綴"焉"可以表示"……的樣子",就是詞綴帶給詞的範疇義,也就是詞綴語法化(grammarticalization)後所表示的詞法意義。

另一方面,從詞綴意義的來源上看,每一個詞綴的虛化程度不同,甚至同一個詞綴的不同用法的虛化程度也不同。詞綴不同程度的虛化意義,多是源語素的一個或某幾個義素引申而來的。比如常見的上古漢語名詞性前綴"有"。"有"構成的專有名詞,大多是上古時代的國名、部族名。[①] 前綴"有"來源於動作動詞"有",其本義,《說文·月部》云:"有,不宜有也。〈春秋傳〉曰:'日月有食之。'從月又聲。"認為它是個形聲字。而林義光《文源》云:"按:有非'不宜有'之義。有,持有也。古從右持肉,不從月。"認為它是個會意字,從以手持肉得義。《正字通·月部》云:"有,對無之稱。"表示存現、專有和領有。動作動詞"有"語法化為名詞性前綴"有",可以用在部族名、國名、朝代名前面,如"有苗""有仍""有周"等,其範疇義含有[+存在]的語義特徵,構詞法功能是把普通名詞變為專有名詞。"有"還可以用在普通名詞

① 參見馬真:《先秦複音詞初探》,《北京大學學報》1980 年第 5 期。

前,如"有居""有眾"等。尤其是"有眾",詞根"眾"在殷周時指奴隸(《尚書·大禹謨》:"(禹)誓於師曰:'濟濟有眾,咸聽朕命。'"),他們的身份是不自由的,是[+被佔有]的。"有"又可以放在動詞前,如"有司",把動詞變為名詞,為"司"增加了[+專有+責任]的語義特徵。

1.2.3 從書寫形式的角度觀察詞綴

書寫形式相同的詞綴,不一定是同一個詞綴,如"老師""老鼠""老大"的前綴"老",是三個不同的詞綴。"石頭""床頭""上頭""西頭"的後綴"頭",也不是同一個"頭"。它們的書寫形式相同,來源卻千差萬別,應當看作不同的詞綴。

另外,詞綴的形成還存在假借字的現象:

(1)明旦,桓宣武語人曰:"昨夜聽殷王清言,甚佳,仁祖亦不寂寞,我亦時復造心,顧看兩王掾,輒翣如生母狗馨。"(劉義慶《世說新語·文學》)

(2)王司州嘗乘雪往王螭許。司州言氣少有牾逆於螭,便作色不夷。司州覺惡,便輿床就之,持其臂曰:"汝詎復足與老兄計?"螭撥其手曰:"冷如鬼子手馨,強來捉人臂!"(劉義慶《世說新語·忿狷》)

"生母狗馨"就是活母狗的樣子,"鬼子手馨"就是鬼爪子樣。"馨"產生於南北朝口語,意思是"……的樣子"。但是,"馨"的本義在《說文·香部》中釋為:"馨,香之遠聞也。"那麼"……的樣子"這個詞綴的範疇義是從哪裏來的呢?《說文·只部》:"䎘,聲也。從只,甹聲。讀若馨。"段玉裁注:"謂語聲也。晉宋人多用馨字,若'冷如鬼手馨,強來捉人臂''何物老嫗,生此甯馨兒'是也。馨行而䎘廢矣,隋唐後則又無馨語。此古今之變也。"[①]由此可知,"馨"是"䎘"的借字,"生母狗馨"實際上是"生母狗䎘"。可見,研究漢語詞綴不能被字形迷惑。

1.2.4 從功能的角度觀察詞綴

漢語的複合詞大多是由短語凝固而來的。部分帶綴的複音詞,尤其是較早產生的派生詞大多也有詞素間語法關係鬆散的歷史階段,其形成過程是去句法特徵的過程,是漢語雙音化的方式之一。因此,漢語中帶綴的成分,有詞,也有短語。例如《禮記·大學》:"其心休休焉,其如有容焉。"孫星

---

① (清)段玉裁:《說文解字注》,上海古籍出版社1988年版,第87頁。

衍《尚書今古文注疏》引鄭康成曰:"休休,寬容也。""休休"是疊音形容詞。《尚書·君陳》:"有容,德乃大。"孔安國傳:"有所包容,德乃為大。""有容"是動賓結構短語。"休休焉"是心地美好,氣量大的樣子,"有容焉"是有所包容的樣子。所以,對兩個"焉",鄭玄的箋都說:"焉,猶然也。"那麼"……的樣子"("然")義,是後附成分"焉"與詞根結合後獲得的構式義。[①] 它們的不同在於,"休休焉"是詞,"有容焉"一般不看作詞而看作短語。那麼,"焉"既作了詞綴,也作了短語的後綴,並分別表示了詞和短語層面的範疇義。短語帶綴的情況,有的可能進一步凝固為派生詞,有的不一定能發展為詞。但是,我們也該承認它是綴,可以稱為"語綴"。

由於漢語基本表義單位的特殊性,詞前成分和詞後成分添加在詞根語素上之後,在整個結構慢慢演變為詞的同時,詞前成分和詞後成分起到了表徵作用,為形成的新詞添加了豐富多樣的範疇意義,詞前成分和詞後成分逐漸演變成為詞綴。可見,漢語的詞綴是一個跨語素、詞、短語層面的語言現象,涉及漢語詞語結構和構造規則的形成,是漢語中典型的形態。

漢語不是形態發達的語言,而漢語詞綴就是這非形態語言中的形態。過去半個世紀對漢語的研究,往往是觀察到漢語詞彙裏確實有"綴"一類,不可避開,因而根據自身的語言經驗,舉例性地排舉出認為是"綴"的成員,再對"綴"的特性加以歸納。但是,漢語裏詞綴跟詞根的關係到底是怎樣的,有着怎樣的特殊性?常常被看作判定詞綴根本標準的綴義虛化,到底是怎樣虛化的?虛化到什麼程度可以將其看作是詞綴了?目前還沒有一致的清晰的意見。

---

① 在 The 9th National Conference on Cognitive Linguistics(2015 年 9 月 25～27 日,北京師範大學)會議上,陸儉明先生在大會報告《對構式理論的三點思考》中提出:"對於新構式的產生,我們一方面可以先從外在語言去思考——這個新構式最初是如何進入語言系統的?這實際是從歷時角度提出的'發生學'問題。……另一方面,需要我們思考,在認知系統上是如何運作將這個新構式'發明'出來的?"陸先生認為:"第一,實詞性詞語之間,語義結構關係具有多重性。第二,對於實詞,我們應該而且也需要仔細分析其意義內涵。而這兩方面都是以往詞彙研究所不注意的。"并提出"構式—語塊"句法分析法:"語塊""是構式的直接組成成分,從意義上說,它是組成構式所不可缺的語義成分;從形式上看,可能就是一個詞,多數情況下是由詞依據該語言的句法規則所組織起來的句法結構"(《對構式理論的三點思考》,《外國語》2016 年第 2 期)。漢語派生詞都是實詞,它作為雙音化過程中跨詞彙—句法層的語言現象,兼涉詞綴源語素由實到虛、構詞成分由詞到詞素、整個詞彙結構由句法層到詞法層的歷史演變過程,並且在形成派生結構的最初,獲得了不能從其組成成分直接推知的語義、語法意義。

2　詞綴的演變在漢語史中的地位

太田辰夫把唐五代看作“白話的祖型”的形成時期，在《漢語史通考》裹，把商、春秋和(西)漢分別劃歸為上古漢語的第二、三期，並且明確強調:“中古，即魏晉南北朝……這個時期是古代漢語的質變期。”並認為這個質變可能開始於後漢。[①] 那麼從東漢到隋，可以認為是“白話的祖型”的醞釀期。[②] 本書語言材料的時代範圍定在東漢(25)至隋末(618)這583年間，同時為了方便觀察詞綴的歷時演變，或向前(西漢中後期漢武帝時，公元前88年)、向後(唐初唐肅宗時，761年)作進一步延伸觀察。

2.1　中古時期漢語演變概述

從東漢至隋為唐滅這近六百年，也正是我國民族融合、文化碰撞、思想交流的時期，無論是從社會史、文化史還是漢語史的角度評價，這一時期都是承上啓下的重要階段。當時人們的社會生活和文化思想各個方面都呈現出了有別於上古時期的豐富化、多樣化和易變性的特點，為開啓唐代的全面繁榮打下了基礎。

這個時期思想文化最顯著的兩個特點是:一是佛教思想傳入我國，和本土的黄老思想逐漸實現了自然融合;二是後來的文學體裁大都產生完備於此時，比如四言、五言、七言詩體在這個時期日趨成熟，格律上的要求日益精巧。從文體内容上看，詩歌史上的建安體、正始體、太康體、元嘉體、永明體、宮體、齊梁體、徐庾體等都在此時發展新變。相同的文體，卻因作者所處的社會階層團體狀況不同，承載了風格迥異的内容。這個時期既有繁複婀娜的宮廷唱和，如徐庾體，也有“觀滄海”的四言古韻。更生動的是，一些不羈文人把生活中的口語詞彙直接用於詩歌創作。這些都是我們考察當時語言

① 參見[日]太田辰夫著，江藍生、白維國譯:《漢語史通考》，重慶出版社1991年版，第10頁。

② 漢語史分期問題，前輩學者多有討論，由於分期的標準不一樣，側重的語言現象的方面不一樣，所得到的分期也就不盡相同。如王力《漢語史稿》把公元4～12世紀定為中古期，中古時期的特點是:“(1)繫詞的產生;(2)使成式和處置式的產生;(3)“被”字被動式的產生;(4)詞尾“兒”“子”“了”“著”的產生;(5)去聲字的產生等等。”(《漢語史稿》上冊，科學出版社1957年版，第35頁)。前賢觀點請參看蔣紹愚《近代漢語研究概況》，北京大學出版社2001年版，第5頁。

實際狀況的可貴資料。

語言是社會文化思想的載體,這一時期的漢語演變的特點主要表現為以下幾點:

第一,外來詞彙增加。《隋書・經籍志》記載:"後魏初定中原,軍容號令,皆以夷語,後染華俗,多不能通,故錄其本言,以相教習,謂之'國語'。"這裏的"國語"是指鮮卑語。另,清趙翼《陔餘叢考》:"《北史・南陽王綽傳》:綽兄弟皆呼父為兄兄,嫡母為家家,乳母為姊姊,婦為妹妹,此亦稱謂之可異者。按,呼母為家家,亦不獨北齊,蓋六朝時南北皆如此。琅琊王儼既誅和士開等,後主使人召之。儼曰:'士開謀廢至尊,剃家家頭使作阿尼,臣故矯詔誅之。尊兄若欲殺臣,臣不敢逃罪。若放臣,願遣姊姊來。'"①"家家"謂其母胡后,可以看出當時北方少數民族的親屬稱謂和漢地差異迴然。我們生活中現在已經熟識的"佛""塔""阿姨""哥(阿幹)"等,也多是這個時候從外民族借入的。

第二,詞類趨於豐富。

量詞大量增加。劉世儒在《論魏晉南北朝的量詞》中談到量詞的發展時,說:"可見上古語(先秦兩漢)和中古語(主要是魏晉南北朝時代,但也可以上包漢末,下括唐初)在量詞運用方面的大不相同了。"②王力亦在《漢語史稿》裏指出,天然單位的單位詞在先秦就已經開始萌芽,但是真正的發達是在漢代以後,最常用的量詞是"枚"。他認為,漢代以後,不僅數詞及容量單位詞可以放到名詞前面去,而且度量衡單位詞和天然單位詞也都可以放在名詞後面了,例如"生口""車乘""馬匹""釵朵"等,王力先生稱之為"單位詞作名詞詞尾"③。相同的內容,柳士鎮《魏晉南北朝歷史語法》也有論述。④ 向熹認為漢語的名量詞和動量詞在上古時期已經產生,如"吏員"(《漢書・百官公卿表上》),到了魏晉時期都發生了很大變化,有了較多的發展,比如"車乘""車兩""船乘""官員""花朵""麥粒""書卷""蒜顆"等,是漢語的一

① (清)趙翼:《陔余叢考》,中華書局 1963 年版,第 682 頁。
② 劉世儒:《魏晉南北朝量詞研究》,中華書局 1965 年版,第 33 頁。
③ 王力:《漢語史稿》中冊,科學出版社 1957 年版,第 243 頁。
④ 參見柳士鎮:《魏晉南北朝歷史語法》,南京大學出版社 1992 年版,第 207～221 頁。

大特色。[①]

虛詞"者"字一直是語法領域的研究熱點和難點。朱德熙《自指和轉指——漢語名詞化標記"的、者、所、之"的語法功能和語義功能》[②]中,用比較歸納的方法,區分了"者"和"所"不同的指稱功能。我們知道,上古"者"是判斷句的重要成分,宋紹年《試談〈史記〉中的幾種句法結構》指出要區分指示代詞"者"和語氣詞"者"。[③] 在詞內層面上,東漢時期,不僅繼承了上古"長者""老者""磨鏡者"等稱呼,也出現了"尊者""愚者"等。"者"作為構詞能力較強的語素,可以看作類詞綴,和其他稱人的語素如"子"("舟子""馬子")、"人"("婦人""田舍人")、"兒"("屠兒")、"士"("高士""學士")等一起組成了一個稱人的義場。

疑問代詞方面,呂叔湘《近代漢語指代詞》提到從漢代到唐代曾經有過"阿誰"的說法。[④] 對於指示代詞"阿堵"也有很多学者給予了解釋。

第三,詞彙的內部形式趨於多樣,添加詞綴創造新詞的構詞法比上古更為發達,在動詞後添加類似"體"的意義的語綴也產生於此時。

上古用一個音節表示的詞語,這個時侯開始用複音詞表達。蔣紹愚先生指出:"漢語詞彙從古到今有一種從'綜合'到'分析'的趨勢,這種趨勢影響到語法的變化。所謂從'綜合'到'分析',指的是同一個語義,在上古漢語中是用一個詞來表達的,後來變成或是用兩個詞構成短語,或是分成兩個詞來表達。"[⑤]從綜合到分析,是漢語歷史發展上重大的變化,牽涉到漢語系統的眾多方面。這一時期,主要的詞類如名詞、動詞、形容詞、副詞都出現了結構形態上的變化,派生法構造的新詞在各類詞彙中所佔的比重穩定增加,出現了名詞性前綴"阿""老""頭"等,也出現了名詞、代詞的複數語尾"們",还出現了動詞情態語尾"着""了""過"。這些微觀上的變化,也是漢語從綜合

① 參見向熹:《簡明漢語史》,高等教育出版社 1998 年版,第 514 頁。

② 參見朱德熙:《自指和轉指——漢語名詞化標記"的、者、所、之"的語法功能和語義功能》,《方言》1983 年第 1 期。

③ 參見宋紹年:《試談〈史記〉中的幾種句法結構》,《語言學論叢》第 10 輯,商務印書館 1983 年版,第 145 頁。

④ 參見呂叔湘:《近代漢語指代詞》,學林出版社 1985 年版,第 104 頁。

⑤ 蔣紹愚:《古漢語詞彙綱要》,北京大學出版社 1989 年版,第 232 頁。"從綜合到分析"引起的句法層面的變化的探源分析,請參看宋亞雲《漢語從綜合到分析的發展趨勢及其原因初探》,《語言學論叢》第 32 輯,商務印書館 2006 年版,第 66 頁。

到分析的演變中的一部分。

錢鍾書曾利用史書語料《南齊書・周盤龍傳》《北齊書・平鑒傳》《隋書・文五子傳》以及寺院載記《洛陽伽藍記》研究六朝"阿"的前綴性質。① 胡適通過查考《朝野僉載》、王梵志詩和高適詩句,用排比歸納法,確定"乍可"是唐時北方人常說的話,意思是現在的"寧可"。② 關於中古漢語的"可",江藍生先生把"X 可"分為三類,其中第三種表示程度輕的"可$_3$"("粗可""校可")當與胡適所說之"乍可"為一類。③ 那麼,這一類的"可"是怎麼來的呢?大西克也用動詞的配價理論,解釋了上古漢語中由作格動詞構成的"可"字式的語義分配,區分了"可"和"可以",並初步論證工具主語的"可以$_1$"是助動詞"可以$_2$"的萌芽,而"可以$_2$"在戰國時似已相當成熟,並且在口語裏有時省作"可"。④

第四,疑問代詞做賓語或人稱代詞在否定句中做賓語,由動詞之前移到動詞之後。例如蔡琰《悲憤詩》:"我曹不活女(汝)。"南北朝小說《裴子語林》:"自爾莫敢近之。"上古漢語表達為"不汝活""莫之敢近"。這個時期否定詞前置的賓語都調整為"否定詞+賓語"的順序。魏培泉在《上古漢語到中古漢語語法的重要發展》中列了 36 個中古漢語語法發展的特點,在其中第 32 個特點"具指代性的副詞'或''莫'消失"中指出,東漢時,"NP+或+VP"式已為"有+NP+VP"所取代,而且"或"也逐漸轉用為選擇連詞;另外,"莫"在東漢以後失去原有的指量作用,而專用作表示禁戒的副詞。作者認為,第二個演變特點可以和焦點短語以及疑問代詞、關係代詞"所"合併為同類的演變,"亦即運符的運作不再利用固定的句法地位來表示"。⑤

第五,係詞"是"產生於此時。"是"由於自身的指代性,阻礙了學者們對它的研究,20 世紀 50~80 年代曾展開過相關討論。郭錫良先生通過分析指出,係詞"是"產生於西漢(或戰國末期),但是到六朝時期這種用係詞"是"的

---

① 參見錢鍾書:《管錐編》,中華書局 1979 年版,第 763 頁。

② 參見胡適:《胡適文集・胡適集外學術文集》(10),北京大學出版社 1998 年版,第 90 頁。

③ 參見江藍生:《魏晉南北朝小說詞語匯釋》,語文出版社 1988 年版,第 110~112 頁。

④ 參見[日]大西克也:《再論上古漢語的"可"和"可以"——古漢語的語態試探之二》,《中國語言學》第 1 輯,山東教育出版社 2008 年版。

⑤ 參見魏培泉:《上古漢語到中古漢語的重要發展》,第三屆國際漢學會論文集《古今通塞:漢語的歷史與發展》,臺北:"中研院"語言學研究所籌備處,2003 年。

判斷句的新形式才在口語中取代不用係詞的舊形式。[①]

第六,處置式"把字句""將字句"產生於此時。王力先生首先提出這種句法變化並名之為"處置式"。對於處置式的研究,多集中在上古或者近代,學者們或是認為處置式產生於3世紀間[②],或是認為處置式興起於漢代,南北朝才開始流行,到了隋代"以""將"通用[③]。相同的結構,為什麼學者們的意見會差別這麼大呢?曹廣順、遇笑容以東漢到隋十四部佛經為主要語料,參考四部傳世文獻,考察中古時期處置式的發展。他們得出結論,隋以前譯經中的處置式以"取"字式為主,"將"字少見,"把"字式還未出現。[④] 亦有學者把"取"字列為動詞後綴"取"的。

第七,偏正結構裏,"大名冠小名"變成"小名冠大名"。上古漢語這種構詞法,也就是"種類+屬類"的構詞法。俞樾《古書疑義舉例》云:"《荀子·正名》:'物也者,大共名也;鳥獸也者,大別名也。'是正百物,有共名別名之殊,乃古人之文,則有舉大名合於小名,使二字成文者。"[⑤]他所舉的例子是"草芥""魚鮪""鳥烏""禽犢"等。實際上,王引之在《經義述聞》裏也注意到了這種上古的構詞法。[⑥] 王洪君在討論漢語中劃分詞的標準時,從定中結構裏新立一類"類名字組",指能用"什麼B—AB"作問答且"AB≠A的B"的字組,比如"什麼魚?——鯉魚","鯉魚≠鯉的魚"。作者認為,在前一位置可替換性強和前一成分決定整個字組較具體的意義上其與附綴字組很像,並且把"類名字組""附綴字組""虛字字組"歸為一類。[⑦] 這一類詞與前面提到的王力先生所說名量詞一樣,結構變化大量發生在中古前期。

第八,實詞的句法功能比上古明確,詞類的界限比上古清楚。上古,名

---

① 參見郭錫良:《漢語史論集·關於係詞"是"產生的時代和來源論爭的幾點認識》,商務印書館2005年版,第116頁。

② 參見董琨:《漢魏六朝佛經所見若干新興語法成份》,王雲路、方一新編:《中古漢語研究》,商務印書館2000年版,第321頁。

③ 參見梅祖麟:《梅祖麟語言學論文集》,商務印書館2000年版,第26頁。

④ 參見曹廣順、遇笑容:《中古漢語語法史研究·中古譯經中的處置式》,巴蜀書社2006年版,第33頁。

⑤ (清)俞樾:《古書疑義舉例》"以大名冠小名例",中華書局1954年版,第52頁。

⑥ 參見王引之:《經義述聞·述五·三十一》"其魚魴鰥",江蘇古籍出版社2000年版,第133頁。

⑦ 參見王洪君:《從字和字組看詞和短語——也談漢語中詞的劃分標準》,《中國語文》1994年第2期。

詞可以活用作動詞，或者充當狀語，而在中古，活用的現象明顯少於上古。這一點，魏培泉歸納為“名動同形的詞項劇減”。他認為，先秦時名詞用作述語，或動詞、形容詞用作名語，常以語音來區別，語音不變者也是常見的現象，可是這個現象到了中古大為改觀：“就古漢語發展的大趨勢而言，取代名動同形最主要是利用詞彙手段，即創造雙音節的複合詞，使得原先一個詞性的功能盡可能地分散到不同的詞上，而這種複合法的發展到東漢時代也就達到了一個高峰期。”①

第九，從語言表達上看，廟堂文學之外，口語文學漸漸興盛，為語言學者提供了更鮮活的研究材料。“揸”(zhā)是南北朝時期的口語詞，是“(用手)抓”的意思。如，南朝梁任昉《奏彈劉整》：“整語采音：‘其道汝偷車校具，汝何不進裏罵之。’既進爭口，舉手誤揸范臂。”王雲路引徐復的論證，說，“揸”是當時的俗語，又作“摣”。《釋名·釋姿容》：“摣，叉也。五指俱往叉取也。”②這一段話，既再現了南朝法律爭訟的實況，也讓我們感受到了婢女采音的生動音容。

以上九點不是平列的，屬性也各不相同。它們位於漢語的各個層面，相互交織，共同構成了中古漢語語法發展的面貌。由這九點可見，書寫形式相同的語素，在不同的語言層面，其價值有着根本不同。中古時期是漢語的詞彙語法產生新變、萌芽並向近代漢語過渡的階段，在漢語史上的地位不可忽視。而且，詞彙語法兩個層面的新變相互牽涉，不可割裂看待。

對於漢語詞彙史、語法史的研究，歷來上古漢語和現代漢語的研究要充分些，近代漢語詞彙、語法從20世紀80年代始在一些前輩學者的帶領下，取得了豐碩的成果。中古時期的漢語研究相對弱些，使得兩頭的研究接不上，造成語言史研究的缺環。漢語的構詞法研究也是這樣，比如“於”：現代漢語中認為是動詞、次動詞(介詞)、形容詞詞綴③，近代漢語研究中也還認為“識於”“有於”“激贊於”“稱揚於”“行於”“報於”“生死於”中的“於”都是動詞後綴④。而上

① 魏培泉：《上古漢語到中古漢語的重要發展》，第三屆國際漢學會論文集《古今通塞：漢語的歷史與發展》，臺北：“中研院”語言學研究所籌備處，2003年。

② 王雲路：《中古漢語詞彙研究綜述》，《古漢語研究》2003年第2期。

③ 參見丁聲樹：《現代漢語語法講話》，商務印書館1961年版，第224～225頁。

④ 參見袁賓：《近代漢語概論》，上海教育出版社1992年版，第161～162頁。

古漢語研究都認為同樣位置的“於”就是介詞。[①] 那麼造成這種分歧的原因在哪裏？它到底是後綴還是介詞呢？它的發展史到底是怎樣的呢？

2.2　中古時期漢語構詞的基本特點與趨勢

概括地說，中古漢語構詞的演變特點，就是雙音化的趨勢日益明顯，尤以東漢時期最為顯著。並且，語素參與構詞的範圍，近代漢語、現代漢語裏習見的構詞類型，大都在中古時期產生或萌芽。合成複音詞裏，偏正式和並列式的數量最多。整個雙音化所涉及的詞類有：名詞、動詞、形容詞、數詞、量詞、代詞、副詞、介詞和助詞。

在《漢語史稿》“歷史形態學”部分，王力先生擺脫了以往對中古漢語詞彙以單個考釋為主的研究方式，對名詞、單位詞、數詞、人稱代詞、指示代詞、疑問代詞、動詞、形容詞、副詞、介詞、連詞從上古至中古、近代乃至現代的歷史發展做了系統的研究。在王力先生的論述裏，凡是詞內的形態，他都稱之為“詞頭”“詞尾”；凡是短語平面的形態變化，他都稱之為“形尾”，比如人稱代詞形尾“們”，初步構建了漢語形態學的基本框架。王力先生認為，句法上最明顯的發展路線是複音詞的增加和句子的嚴密化。[②] 這無疑是真知灼見。

詞彙結構的複音化，從上古到中古時期經歷了一個從量變到質變的過程，很多學者都注意到了這一點並加以研究。比如，祝敏徹《從〈史記〉〈漢書〉〈論衡〉看漢代複音詞的構詞法》(1981)，徐德庵《漢語早期構詞法——以〈爾雅〉〈方言〉同郭璞注的對照為例》(1981)，周生亞《〈世說新語〉中的複音詞問題》(1982)，程湘清《〈論衡〉複音詞研究》(1984)、《〈世說新語〉複音詞研究》(1988)，吳澤順《〈百喻經〉複音詞研究》(1987)，李新建《〈搜神記〉複合詞研究》(1989，1990，1991，1992)，張鴻魁《〈世說新語〉並列結構的字序研究》(1992)，周日健、王小莘《〈顏氏家訓〉詞彙語法研究》(1998)等，側重於中古詞彙的發展，給專書詞彙以系統性的統計和分析。結合上古詞彙的研究，我們從下表1.1裏可清晰地看到複音詞在各體裁典籍中穩步增長的態勢。

---

① 參見郭錫良：《漢語史論集》，商務印書館2005年版，第217～232頁。又見何樂士等：《古漢語虛詞通釋》，北京出版社1985年版，第735～737頁。

② 參見王力：《漢語史稿》中冊，科學出版社1957年版，第219～339、218頁。

表 1.1　　先秦至隋單複音詞發展趨勢概況

時　間	(器)書　名	總詞數(個)	單音詞數(個)	複音詞數(個)	複音詞所佔比重(%)
西周初年	毛公鼎①	248	209	39	15.7
前 476 年以前	《尚書》②	1924	1550	374	19.4
西周初至春秋中葉	《詩經》	3450	2476	974	28.2
前 479 年以後	《論語》③	1339	1126	213	15.9
春秋末期	《左傳》④	5606	4234	1372	24.5
前 468～376 年	《墨子》⑤	3977	2641	1336	33.6
前 338 年以後	《商君書》⑥	1873	1378	495	26.4
前 313～328 年	《荀子》⑦	3495	2386	1109	31.7
前 400～300 年	《國語》⑧	3232	1987	1245	38.5
前 372～289 年	《孟子》	2240	1589	651	29
前 369～286 年	《莊子》⑨	5170	3205	1965	38
前 233 年以後	《韓非子》⑩	4220	2182	2038	48.3
前 221 年以前	《戰國策》⑪	4945	2257	2688	54.4
前 239 年	《呂氏春秋》⑫	3992	2844	1148	28.7
前 16 年	《列女傳》	2843	1631	1212	42.6

① 數據引自張正霞:《毛公鼎構詞法研究》,《大理學院學報》2004 年第 6 期。

② 數據引自伍宗文:《先秦漢語複音詞研究》,巴蜀書社 2001 年版。

③ 數據引自程湘清:《先秦漢語研究》,山東教育出版社 1982 年版。

④ 數據引自毛遠明:《〈左傳〉詞彙研究》,西南大學出版社 2000 年版。

⑤ 數據引自伍宗文:《先秦漢語複音詞研究》,巴蜀書社 2001 年版。

⑥ 數據引自杜麗蓉:《商君書實詞研究》,四川大學碩士學位論文,2004 年。

⑦ 數據引自魯六:《〈荀子〉詞彙研究》,山東大學博士學位論文,2005 年。

⑧ 數據引自陳長書:《〈國語〉詞彙研究》,山東大學博士學位論文,2005 年。

⑨ 數據引自胡運飈:《〈莊子〉中的複音詞》,宋紹年、張猛、邵永海、劉子瑜編:《漢語史論文集》,西南師範大學出版社 1995 年版,第 201 頁。

⑩ 數據引自車淑婭:《〈韓非子〉詞彙研究》,浙江大學博士學位論文,2004 年。

⑪ 數據引自李仕春:《〈戰國策〉詞彙研究》,魯東大學碩士學位論文,2004 年。

⑫ 數據引自張雙棣:《〈呂氏春秋〉詞彙研究》,山東教育出版社 1989 年版,第 197 頁。

续表

時代	（器）書名	總詞數（個）	單音詞數（個）	複音詞數（個）	複音詞所佔比重（%）
25 年以前	《張家山漢簡·奏獄書》	1135	859	276	24.3
40 年	《吳越春秋》①	2227	1169	1058	47.5
163～178 年	《古詩十九首》	742	434	308	41.5
220 年以前	《武威醫簡》	512	284	228	44.5
223～229 年	《撰集百緣經》②	3594	1355	2239	62.3
317～324 年	《搜神記》③	3771	2208	1563	41
405 年	《陶淵明集》	3835	1972	1863	48.6
535～537 年	《南齊書》	13664	4314	9350	68.4
547 年	《洛陽伽藍記》④	4050	1600	2450	60.5
713 年以前	《根本說有部毗奈耶破僧事》⑤	5649	1521	4128	73.1

從資料上看，複音詞所佔的百分比是呈上升趨勢的，從最早的毛公鼎最低 15.7%到最晚的《根本說有部毗奈耶破僧事》最高 73.1%，增長了 57.4 個百分點。複音詞的增長率，上古時期是每二百年增長 7 個百分點左右，中古時期是平均每二百年增長 20 個百分點左右。與上古時期相比，複音詞所佔詞彙總數的平均百分比是 54.1%，比上古漢語複音詞所佔詞彙總數的百分比29.9%增長了 24.2 個百分點。這說明複音詞在中古時期已經佔優勢。

① 數據引自楊海峰:《〈吳越春秋〉詞彙研究》，四川大學碩士學位論文，2005 年。
② 數據引自羅曉林:《〈撰集百緣經〉詞彙研究》，湖南師範大學碩士學位論文，2005 年。
③ 數據引自周俊勳:《魏晉南北朝志怪小說詞彙研究》，巴蜀書社 2006 年版。
④ 數據引自化振紅:《〈洛陽伽藍記〉詞彙研究》，四川大學博士學位論文，2001 年。
⑤ 數據引自譚代龍:《根本說有部毗奈耶破僧事詞彙研究》，四川大學碩士學位論文，2002 年。

表 1.2　　上古至中古複音詞各詞類發展趨勢概況

		《荀子》①	《韓非子》②	《戰國策》	《呂氏春秋》③	《吳越春秋》④	《說文解字》⑤	東漢碑刻⑥	《三國志》⑦
名詞	數量(個)	1106	819	1999	1371	649	916	2711	1000
	百分比(%)	52.5	37.5	74.4	46.1	61.4	54.2	52.5	45.8
動詞	數量(個)	491	874	496	1298	239	235	1506	770
	百分比(%)	22.2	40.0	18.5	43.7	22.6	13.9	29.1	35.3
形容詞	數量(個)	457	379	146	464	130	534	845	360
	百分比(%)	21.2	17.4	5.4	15.6	12.2	31.6	16.4	16.5
其他詞類	數量(個)	47	110	47	272	40	5	105	52
	百分比(%)	2.2	5.0	1.8	9.2	3.8	0.3	2.0	2.4

上古時期漢語各詞類的分佈也是比例懸殊，複音動詞、形容詞、名詞之比為 105:62:30，名詞明顯佔優勢。中古時期漢語複音動詞、形容詞、名詞的比例是107：50：39，三類詞之間的差距稍小於上古時期。這意味著，中古時期動詞、形容詞在複音詞裏的比重比上古略有增加。換一個角度觀察，我們也能得到相同的結果：中古時期，名詞的平均百分比是 52.8%，動詞、形容詞的平均百分比分別是 25%、19.5%。而上古複音名詞的平均百分比是 52.5%，動詞和形容詞的平均百分比是 31%和 15%。這反映出另一個變化，即動詞的發展似乎呈現出減弱的趨勢。從詞彙史總的發展趨勢看，名詞佔絕對優勢，其次是動詞，形容詞穩步增長。(见表 1.2)

① 數據引自盧春紅：《〈荀子〉複音詞研究》，遼寧師範大學碩士學位論文，2002 年。
② 數據引自車淑婭：《〈韓非子〉詞彙研究》，浙江大學博士學位論文，2004 年。
③ 數據引自張雙棣：《〈呂氏春秋〉詞彙簡論》，《北京大學學報》1989 年第 5 期。
④ 數據引自楊海峰：《〈吳越春秋〉詞彙研究》，四川大學碩士學位論文，2005 年。
⑤ 數據引自喻遂生、郭力：《〈說文解字〉的複音詞》，《西南師範大學學報》1987 年第 1 期。
⑥ 數據引自劉志生：《東漢碑刻複音詞研究》，巴蜀書社 2007 年版。
⑦ 數據引自閆玉文：《〈三國志〉專題研究》，復旦大學碩士學位論文，2003 年。

表 1.3　　上古至中古各類合成詞發展趨勢

		《荀子》	《韓非子》	《戰國策》	《呂氏春秋》	《吳越春秋》	《說文解字》	東漢碑刻	《三國志》
偏正式	數量(個)	396	910	1913	459	317	430	2380	639
	百分比(%)	36.7	46.1	72.3	46.3	31.2	37.0	46.6	31.3
並列式	數量(個)	502	781	585	448	461	438	1971	1168
	百分比(%)	46.5	39.6	22.1	45.2	45.3	37.7	38.6	57.2
動賓式	數量(個)	19	133	75	35	89	39	308	88
	百分比(%)	1.8	6.7	2.8	3.5	8.7	3.4	6.0	4.3
補充式	數量(個)	7	13	3			1	100	74
	百分比(%)	0.6	0.7	0.1			0.1	2.0	3.6
主謂式	數量(個)	10	14	36	5	21		42	10
	百分比(%)	0.9	0.7	1.4	0.5	2.1		0.8	0.5
重疊式	數量(個)	18	10	7	10	19	225	129	
	百分比(%)	1.7	0.5	0.2	1.0	1.9	19.4	2.5	
派生詞	數量(個)		40			49	29	131	60
	百分比(%)		2.0			4.8	2.5	2.6	2.9

與上古相比,並列式構詞法在中古時期最為能產,已經超過了偏正式。根據以上 8 種文獻的統計,上古並列式構詞法的平均百分比是 38.4%,中古並列式構詞法的平均百分比是 44.7%。也就是說,中古漢語並列式構詞法的能產性比上古高 6.3 個百分點。偏正式構詞法在中古的平均百分比是 36.5%,比上古的 50.3%下降了 13.9%。動賓式構詞法在中古的平均百分比是 5.6%,比上古的平均百分比 3.7%上升了 1.9%。在詞彙史中,這個增長是十分微小的。補充式、主謂式、重疊式結構的合成詞在不同的典籍裏有所空缺。《說文解字》裏的重疊式尤其多,應該與它是訓釋類書籍有關。變化明顯的是派生式複合詞,從在上古的典籍裏難得一見,到中古佔有一定比重,派生式構詞是穩步增長的。(见表 1.3)

由表 1.1、1.2、1.3 可見,中古時期,複合詞的各個詞類已經逐漸發展齊全，尤其是上古空缺的補充式、派生式合成詞，在中古逐漸發展起來。派生式構詞的詞前成分和詞後成分，或是在上古已經演變為詞綴的基礎上，進一步使用，以至慢慢消失，如“如”“若”；或是由參與組成短語，漸漸成為詞內成分，如“老”“子”；或是從上古演變至中古，獲得新的生命力，構詞能力增強，比如“然”，在上古時充當形容詞性後綴，構成派生形容詞“宛然”“惠然”，在中古，虛語素“然”充當後綴的功能範圍擴大，也可以充當副詞性後綴，構成派生副詞，比如“欣然”“忽然”。另外，從表 1.3 裹也可見，聯合式構詞法的能產性逐漸顯著，這也是中古構詞法的一個特點。

從發展趨勢上看，派生式構詞法是漢語詞彙發展不可忽視的一部分。駱曉平觀察到：“在《論語》《孟子》等先秦典籍中，單雙音節詞的比例為 3.7∶1；《詩經》較多使用連綿詞，單複音詞的比例仍為 2.8∶1。”[①]這一資料反映了先秦單音詞佔優勢的實際情況。據《現代漢語頻率詞典》統計，使用頻率高的前 9000 個詞中，單音詞有 2400 個，雙音詞有 6285 個，它們之間的比率是1∶2.5。使用頻率最高的 2000 個詞裹，單音詞有 957 個，雙音詞有 1020 個，它们的使用頻率卻恰好倒過來，為 2.5∶1。2007 年《中國語言生活狀況報告》在 2005 年、2006 年、2007 年分別為 7.32 億字、9.79 億字、1007 億字的語料基礎上，調查顯示：“從高頻字佔總字種數的比例來看，隨着總字種數的增加，高頻字的比例呈減小的趨勢。”也就是說，單音詞是漢語詞彙的原始形態，在詞彙系統中一直發揮着核心的作用。而在之前表 1.1 的統計過程中，複音詞裹地名、人名、氏族名和職官名佔大多數。

《中國語言生活緑皮書——古籍漢字字頻統計》[②]是基於《康熙字典》、文淵閣《四庫全書》《四部叢刊》的大規模古籍漢字用字統計報告，總庫約涉文獻 86127 字（不計重複）。據此緑皮書統計，高頻 1000 詞覆蓋語料達 80.98%。本書取得公認的常用詞綴，頻率位元分別為“子”（No. 00013）、“然”（No. 00065）、“初”（No. 00183）、“老”（No. 00265）、“第”（No. 00366）、“頭”（No. 00402）。這幾個詞綴全部位元列前 500 個高頻字。據緑皮書統計，高頻 500 字時，語料覆蓋率是 67.19%。資料數據直觀地告訴我們，張永

---

① 駱曉平：《魏晉六朝漢語詞彙雙音傾向三題》，《古漢語研究》1990 年第 4 期。

② 北京書同文數字化技術有限公司編：《中國語言生活綠皮書——古籍漢字字頻統計》，商務印書館 2008 年版，第 28 頁。

言先生曾說過的基本詞彙也應包括虛詞(虛語素),此言不虛。這些詞保證了漢語從詞彙平面到語法平面組織結構的穩定性,為語言的交際作用提供了基本的材料和保障。

《2007年中國語言生活狀況報告》採集了2007年度254條新詞語,它們的共同特點是:第一,多字詞語佔優勢。其中三字詞語為36.61%,四字詞語為28.35%,二者合計近65%。第二,大量使用詞語模類推構詞,詞族化表現明顯,運用較多的類後綴是"族""客""奴""友""門""吧""日"。詞族化的新詞語佔27.55%。第三,名詞性詞語最多,佔91.33%。第四,構成材料以漢字為主,兼有別樣。254個新詞語中,13個為字母詞。第五,新詞語來源於多個管道,分佈在不同的領域,反映了社會生活的方方面面。其中生活、文化、科技和經濟領域產生的新詞語較多,佔67.32%。

由以上現代漢語資料可見,詞綴和派生式構詞在漢語發展中佔有一定的位置,值得我們進一步整理研究。

3 詞綴研究的現實意義

在信息化社會裏,信息的傳遞和掌握在社會生活中起着至關重要的作用。漢語教學講究有用、有效率,漢語研究講究立論有本、博聞廣見,這些都對我們漢語言學專業研究者提出了更高的要求。

3.1 對對外漢語詞彙教學的意義

漢語教學中最棘手的是詞彙教學。對母語非漢語的學生來講,記憶這些零散的一筆一劃的詞,實在是一件令人頭疼的事情。怎樣能夠使詞彙教學更有效,讓語言學習者較為簡便地掌握漢語詞彙,而不至於摸不著頭腦,面對大量詞彙產生畏難情緒?英語教學領域裏"詞以類記"的方法值得我們借鑒。但是,如果像英語那樣依外形的相似處而把一些詞簡單地聚集在一起,仍會因為忽略了漢語詞的內部意義和組合特點,而使學生們找不到規律,無法理解和掌握。從什麼地方入手,才可以讓學生們既有效地記憶漢語詞彙,又可以把詞義和字形準確對應,減少誤用呢?人類思維方式給事物分類的習慣是一樣的,根據他所理解的事物的內涵建立事物間的聯繫也是一樣的。依據這個特點,詞綴或許是解決漢語詞彙教學難題的一個途徑。[①]

據彭婷婷介紹,國外二語習得實證研究僅開始於最近 10 年。Schmitt & Meara 測試了學習者詞綴知識和詞義聯想知識的習得狀況,及其在一學期內的歷時性發展。他們發現,經過一學年的學習,受試的詞綴產出性知識增加到 47%,接收性知識增加到 66%,年增長率分別為 5%和 4%。這説明,詞綴知識的掌握有助於提高詞彙量。[②] 另外,Masamichi Mochizuki 對二語習得者的詞綴習得狀況,尤其是哪些詞綴更易習得作了研究,結果顯示,學習者對前、後綴的理解程度具有差異性,而且詞綴習得的準確程度是有一定順序的。這説明有一些詞綴比其他詞綴更容易學會,這有利於教師系統地教授詞綴知識,從而擴大詞彙量。後來 Masamichi Mochizuki 和 Kazumi Aizawa 的合作研究發現,詞綴的出現頻率(包含派生詞的出現頻率)及多功能性是影響詞綴習得順序的因素。

可見,詞綴的掌握與詞彙量的增減息息相關。漢語是母語非漢語的學生普遍認為最難學習的語言,漢語裏僅有的類似於形態語言的形態變化——詞綴,或許是幫助學生們突破詞彙關的有效方法。

3.2 對漢語信息化處理的意義

我國是四大文明古國之一,先賢給我們留下了無數的文獻寶藏。漢語史研究者是直接與這些寶藏打交道的學者,而繁重的整理、分析、歸納和檢索的工作消耗了老一輩學者大量的心力和時間。如何把"故紙堆"變成"聚寶盆",把學者們從卡片式的資料勞動裏解放出來,集中精力思考和研究,打破語言媒介的障礙,站在更高的地方與世界學術進行交流呢?這就需要我們把漢語言史的基本材料信息化,有學者稱之為"漢語的電腦輔助研究"

① 前賢的研究也已經體現了類分以方便教學這方面的考慮。比如,Talmy 認為它是概念的差別在不同語言中的反映的實例,另一個是"抽象特徵"脱離複雜的"深層結構"並在"表層固化的顯現形式"。Jerome L. Packard 把"摹畫""刻畫""版畫""字畫"等詞歸為一類,認為漢語的詞不是語法化中通常的一例,並"建議性地"(advisedly)把"畫"這樣的詞素看作漢語的"詞綴"。從詞彙的角度看,Packard 所説的這些漢語"詞綴"現象,既不是形態現象,"畫"本身也不是詞綴,而是一組有共同詞素的詞,它們是"同族詞"。國內學者如趙金銘、張博、程娟三位先生 2003 年寫的《關於修訂〈(漢語水準)詞彙等級大綱〉的若干意見》,五條改進意見中三條涉及詞綴或者虛語素。

② 參見彭婷婷:《國內外二語詞綴習得實證研究現狀述評》,《唐山師範學院學報》第 31 卷第 1 期。

(Computer-Assisted Research, CAR)。近兩年,隨著電子技術的發展,漢語史研究的信息化漸漸引起一些學者和社會團體的注意,陸續有相關的文章發表。[①] 漢語或漢語史研究的信息化包括兩方面的內容:一是古代典籍的數字化,而僅僅把古籍輸入電腦是遠遠不夠的;二是利用電腦技術,把它變成強有力的工具,促進學科研究。中文信息化處理是第一步。目前,現代漢語陸續在字頻統計、詞頻統計、漢語字詞的定量研究等領域取得了豐碩成果。[②] 但是,現有的詞頻或者短語頻率的統計,大多數仍不能擺脫初步的人工切詞,因而多年來很難展開真正大規模的漢語統計研究。這是由漢語書寫形式的特點造成的。那麼,什麼是漢語的詞?怎樣把詞從漢字串中切分出來?如果不對漢語的語素——這個最小的表達意義的單位的性質有清楚的認識,恐怕這些難題是很難解決的。這需要我們對詞彙結構和詞義進行深入恰切的理解、總結,找到其和信息技術的結合點。

而這一問題的解決,近來有越來越多的學者意識到,根由是漢語的特殊性,不深入漢語史中,從每一個漢字(詞)的演變中去考察它們的本質特徵,是無法用現代化的手段自動精確地描述這些看似簡單的音義結合體的。虛詞(虛語素)因其語言特徵顯著成為漢語信息化學者不約而同選擇的入手點。王惠在《〈現代漢語語法信息詞典〉的收詞原則》裏闡述了六條收詞原則,其中第四條"詞部件原則"是將帶有詞綴的派生詞作為整體直接錄入電腦,以減少詞典的儲存空間。王惠認為:"詞典中若把這些基本的詞部件(可以是語素詞或固定短語)收錄進來,並輔之以對這些詞部件的構詞能力及其組合規則的描寫,就可以讓電腦運用這些知識去處理未定義詞。這樣,電子詞典的規模不僅不會過於龐大,而且還可以大大增加詞典的容量。"[③]目前的

① 如陳海波:《關於資料庫在古漢語研究中的應用》,《古漢語研究》2000 年第 3 期。於亭:《電腦與古籍整理研究手段現代化》,《古漢語研究》2000 年第 3 期。尉遲治平:《電腦技術和漢語史研究》,《古漢語研究》2000 年第 3 期;《漢語信息處理與電腦輔助漢語史研究》,《語言研究》2004 年第 3 期;等等。

② 如尹斌庸:《漢語語素的定量研究》,《中國語文》1984 年第 6 期;李兆麟:《漢語計量研究初探》,《辭書研究》1986 年第 4 期;劉英林、宋紹周:《漢語常用字詞的統計與分級》,《中國語文》1992 年第 3 期;張凱:《漢語構詞基本字的統計分析》,《語言教學與研究》1997 年第 1 期;苑春法、黃昌寧:《基於語素資料庫的漢語語素機構詞研究》,《世界漢語教學》1998 年第 2 期;陳瑞端、湯志祥:《九十年代漢語詞彙地域分佈的定量研究》,《語言文字應用》1999 年第 3 期;等等。

③ 王惠:《現代漢語語法信息詞典的收詞原則》,《中國計算機報》1994 年第 21 期。

研究現狀是,詞綴還沒有明確的標準,也就是沒有明確的操作規則可以供我們直接利用,以減少工序,精密處理。在沒有完全認識清楚研究對象的情況下,我們無法讓其發揮在語言應用領域的功效。所以,對詞綴的歷史演變進行整理和歸納,是漢語史研究者應該完成的任務。

3.3 對漢語史詞彙史研究的意義

請見 1.2、2.1、2.2 裏闡述。

基於以上幾方面考慮,筆者選定中古漢語詞綴與詞綴構詞作為觀察對象,希望通過對中古漢語派生詞具體演變情況的描寫,對語言材料有一個系統的整理,能夠分析清楚中古漢語詞綴共時的構造特點,以及它們在歷時演變中的來源、演變情況、相互關係和相互影響。以冀從微小語言單位的"源"上,有補於漢語研究和應用。

第 2 章　研究方法

以往詞綴研究多用以下方法:(1)列舉法:按照語言經驗列舉詞綴成員。(2)排比歸納法:以排比例句、歸納特點的方法闡釋詞綴。本書擇取東漢(25)至隋滅(618)中古時期 17 個朝代的四個典型的詞綴作為研究對象,全面考察它們在中古時期的變化情況,客觀描寫它們在中古時期呈現出來的面貌,以期理清它們各自發展演變的脈絡。

1　重視語言的系統性和社會性

王力先生認為:“一種語言的語音的系統性和語法的系統性都是容易體會到的,唯有詞彙的系統性往往被人們忽略了,以為詞彙裏面一個個的詞好像是一盤散沙。其實詞與詞之間是密切聯繫着的。”[①]王力先生也一再強調,社會性是語言的根本屬性。

本書最基本的觀察出發點就是:語言的系統性和社會性這兩個語言的根本屬性。不強行分別,着力收集、整理、描寫中古漢語詞綴的實際情況。在此基礎之上,用客觀合適的理論加以分析、解釋、總結。

① 王力:《漢語史稿》中冊,科學出版社 1957 年版,第 545 頁。

2 從詞綴的顯性特徵入手

從研究對象較易觀察到的顯性特徵入手,層層剝離的研究方法,始創於德國生物學家孟德爾(Johann Gregor Mendel,1822～1884)。他選取皺皮豌豆,通過雜交實驗發現"性狀分離定律"和"獨立分配定律"兩條現代遺傳學定律,開啓了人類知識殿堂裹遺傳學的大門。他的研究方法,成為後來科學家們在實驗室裏研究相關學科領域問題的鑰匙。我們熟知的義素分析法,就是把音位分析中的區别特徵理論用到詞義分析中。區别性特徵就是一組音位的顯性特徵。

詞綴是漢語複音詞的一種特殊成分,由前面的闡述可知,它是漢語這個非典型形態語言裏的典型形態。它的演變也可以看作漢語詞彙的一組歷時顯性特徵。派生詞族的各個成員有各自演變成詞綴的語言基礎和發展機緣,它們的演變牽涉漢語各單位的歷史變動,而詞綴的性質也因此具有多層次交叉的複雜性。同時,詞綴的複雜性反過來也提供給研究者們綫索,可以從更廣闊的角度去觀察它、描寫它。

3 明確詞綴的概念義

我們的描寫對象是中古漢語的典型詞綴,然而學界至今對漢語的"詞綴"沒有公認的明確界定,這好比"意義的意義是什麽",從一個尚未掌握的東西出發去把握另一個等待求證的東西。有鑑於此,我們試圖從結果入手去尋找、界定"詞綴"的概念内涵的關鍵要素(詳見本書"漢語詞綴的判定標準")。

張聯榮先生指出:"概念既然反映的是事物的特有屬性(固有屬性或本質屬性),這樣解釋的目的就在於使人們對某種事物能有一個科學的本質的瞭解。我們可以把這樣一類定義稱作詞的術語義。"[①]定義一個語言單位最基本的是觀察它的形、音、義、功能四個方面,我們也從這四個方面入手考察。

① 張聯榮:《語文義 術語義 文化義》,《辭書研究》1997 年第 6 期。

4 具體方法

本書通過梳理研究對象的歷史演變與其他語言成分的關係，力圖对此有一个清楚的認識。

4.1 描寫和解釋相結合

分析、描寫語言材料所反映的現象之後，還須作出解釋，進行理論認識的歸納。觀察的角度、採用的理論、選擇的語料等因素，都會影響解釋結果。清朝晚期馬建忠嘗試以西方語言學理論重新認識漢語，雖然證明語言有相似之處，但亦反映了西方理論並非全然適用於漢語。有鑑於此，筆者選擇理論架構時，不以特定的理論為出發點，而是從問題出發，以找到合適的解釋理論為准。

研究的難點在於，關於詞綴歷時演變的詳細考察和研究沒有現成的解釋模式可以借鑒。因而，我們主要運用前輩研究歷史詞彙的方法，在此基礎上，希望能給紛繁的語言材料以合理客觀的解釋。

本書雖然是中古漢語斷代研究，但是具體到每一本書，則是專書研究。对於每一本書，學習張雙棣《〈呂氏春秋〉詞彙研究》的方法，客觀地統計和描寫，再注意歸納、總結，把語言現象放到歷史中去考察。也就是採取描寫與解釋相結合，重點是描寫的方法。大致如下：

第一步，閱讀前賢時彥的研究成果，統計出被前輩學者認定為詞綴的所有綴目，從中提取出中古典型詞綴共四個，它們是：名詞性前綴“老”、名詞性後綴“子”、代詞性後綴“馨”、序數詞性前綴“第”。

第二步，圍繞每個詞綴，以時代先後為序，逐個觀察它們的來源、詞綴化過程及在此過程中語言內部的原因、外部的原因、變化的條件、變化後的結構語義和語用。

第三步，在以上工作的基礎上，整理詞綴的歷史演變歷程，對它們的演變機理加以解釋。

4.2 歷時與共時相結合

索緒爾(Saussure)提出“共時(synchronic)”和“歷時(diachronic)”兩個

概念,用"共時態"和"歷時態"分別指稱語言的某種狀態和演變的一個階段。本書的語料涵蓋了"東漢→三國兩晉→南北朝隋"幾乎全部傳世文獻和出土文獻,時間跨度長,屬於歷時性考察。在描寫演變的過程中,亦和同時代關涉此綴的結構相比較,主要是觀察結構環境和語義環境對它的演變造成的影響,因此也屬於共時性考察。

4.3 定性與定量相結合

定量—定性的方法是目前詞彙學領域常用的研究方法。相對於定性分析,定量分析的優勢在於把事物定義在了人類能理解的範圍,由對量的認識而定性。前輩學者,如王力《漢語史稿》、史存直《漢語詞彙史綱要》、潘允中《漢語詞彙史概要》、向熹《簡明漢語史》、郭錫良《先秦漢語構詞法的發展》等對漢語單音詞複音化現象和各類複音詞產生的大致時間、原因等一系列涉及發展規律的問題,尋求論证的基礎,用統計分析的方法得出了大量有用的資料和計量,為研究漢語詞彙史的發展趨勢提供了很好的範例和依據。這一方法興起於 20 世紀 70 年代末 80 年代初的專書複音詞研究。"專書研究的風氣真正刮起來是在 20 世紀的 80 年代。這時各個歷史階段的專書都陸續有人進行了專門的研究,他們致力於反映該書的詞彙整體面貌,如何樂士的《左傳》《史記》研究、張雙棣的《呂氏春秋》研究、毛遠明的《左傳》研究等。張雙棣這樣描繪了《呂氏春秋》的詞彙概況:'全書有單音詞 2972 個,複音詞 2017 個,總共近五千詞。單音詞中,名詞最多,達 1371 個,動詞次之,有 1298 個,形容詞又次之,有 464 個,其他類詞共有 272 個。從這個數字中,我們清楚地看到,《呂氏春秋》中動詞的數量很大而形容詞的數量相對小得多,這與《呂氏春秋》的語言風格關係很大。'這已經是相當嚴格的定量研究了。"①筆者亦學習前輩學者的研究方法,對語言材料的處理、定量描寫,努力給以定性解釋。

4.4 詞彙和語法相結合

本書屬於跨類研究:兼跨詞彙學和語法學兩個研究領域。漢語是缺乏

---

① 蘇新春:《漢語詞彙定量研究的運用及其特點》,《厦門大學學報》(哲學社會科學版)2001 年第 4 期。

形態的語言，在語言類型分類上，屬於“孤立語”，語序和虛詞是漢語表情達意的基本手段。換一個角度考慮，正因為漢語是相對的非形態語言，所以虛詞(虛語素)在語言中的作用，一方面表示了語言成分間的關係，另一方面表達了語義的邏輯關係。這兩方面的作用是相輔相成的。

黎錦熙在《漢語構詞法和詞表研究》(上)裏，通過比較漢語和俄語、英語的構詞法，指出："漢語的詞類區分標準是‘詞彙·語法範疇’；構詞法上類型區分標準也可以看作‘語法·詞彙範疇’。前者的作用表現在語法方面，而後者的作用倒表現在詞彙方面。因此，如果學校裏的‘漢語教學大綱’把構詞法從‘語法’部門劃歸‘詞彙’部門去講，或者就把詞彙(一方面聯繫修辭)構詞法連詞類一起總稱‘詞法’，這在漢語是更為合適的。”[①]岑麒祥、王力、向熹、潘允中等先生也都持相同的看法。[②] 這樣，詞彙學、語法學領域的研究方法，我們都可以試着運用到本書中，以加深對研究對象的認識。

① 黎錦熙：《漢語構詞法和詞表研究》(上)，《北京師範大學學報》1959年第5期。

② 參見岑麒祥：《關於漢語構詞法的幾個問題》，《中國語文》1956年第12期；王力：《漢語史稿》，科學出版社1957年版；向熹：《〈詩經〉裏的複音詞》，商務印書館1980年版；潘允中：《漢語動補結構的發展》，《中國語文》1980年第1期。

第3章 語言材料

1 中古漢語語料概述

1.1 以往的整理

治史考證，無徵不信。黄雲眉在《古今僞書考補證序》中説："僞僞而知其所以僞，真其所真，僞其所僞，使真僞各得其用，此吾輩讀書應有之態度，亦所以為來者辟一坦途也。"[①]語言材料是治語言史的科學依託。然而我國典籍浩如煙海，歷代傳寫，其間大量的僞書和託名之作便成為歷時語言學研究者接近語言現象的真實狀況的障礙。加之宋代有雕版印刷以前文獻的流布主要靠手抄，故此文本的完整性和真實性更不能保證了。

近兩年來，隨着研究方法的科學化、研究思维的不斷深入和漢語史研究體系的日漸成熟，對基本語料的認識、整理越來越受到學者們的重視。在這方面注意較早的是日本學者太田辰夫，他在《中國語歷史文法·跋——盡信書則不如無書(孟子)》中把語料按照漢語史研究的可靠性分為同時資料和後時資料，主張以同時資料為基本，後時資料為旁證，並且認為材料越古越好。[②] 這一認識，無疑是科學的。

---

① 黄雲眉：《古今僞書考補證序》，齊魯書社 1980 年版，第 1 頁。

② 參見[日]太田辰夫著，蔣紹愚、徐昌華譯：《中國語歷史文法·跋——盡信書則不如無書(孟子)》，北京大學出版社 2003 年第 2 版，第 373～377 頁。

但是，“版本一般是越古越好”的斷言在實際操作中却很難簡單地運用。例如中古漢語語言材料，西晉王叔和編著的《脈經》，《全國中醫圖書聯合目錄》裏記錄了30餘種版本及日本珍藏本。但據馬繼興考證，幾乎所有刊本都是以南北朝時人高陽生的《脈訣》為底本的。馬繼興推斷書的撰寫年代上限在三國以後，下限當在隋唐以前。[①]《宋史・藝文志》裏即有“王叔和《脈訣》”，可知唐代《脈經》就已和《脈訣》竄亂而難辨真偽。

受輾轉傳抄、刊刻的歷史條件所限，只有原本重新被發現的時候，才知道之前盛傳的本子都是“後時資料”。這種情況下，希望便宜地得到時代確鑿、作者清楚、文卷完整的語料有一定難度。

除了太田辰夫，王力先生也談到了語料選擇的原則和方法。[②] 向熹列舉了治漢語史重要的古代文獻材料和擇取語料的方法。[③] 程湘清談到三條專書語料的選取法則，其中值得注意的是“第三，專書的篇幅是否具備相當的語言量”。[④] 蔣紹愚《近代漢語研究概況》專列“語言資料的鑒別”一節，在第六章裏又列“語言資料的斷代”，談到如何發現後人對資料的改動。蔣先生強調“語言的社會性”對辨別語料的作用，包括兩方面的內容：一是某種語言現象出現在一個作家筆下，與他同時代的其他作家的文作中也必然反映這一語言現象，我們可以根據這一線索尋找語言事實；二是孤證不足為例，“應該慎重對待，不能根據極少的例證來下結論”。[⑤]

從漢語語言史的角度鑒定古籍的真偽，高本漢《〈左傳〉真偽考》(1926)、勞幹《〈鹽鐵論〉校記》(1933)、楊伯峻《〈列子〉著述年代考》(1956)、徐復《從語言上推斷〈孔雀東南飛〉一詩的寫定年代》(1958)、許理和《最早的佛經譯文中的東漢口語成分》(1977)、梅祖麟《從詩律和語法來看〈焦仲卿妻〉的寫作年代》(1982)是較早的研究。也有學者注意到了對每一部語料書的版本

① 參見馬繼興：《中醫文獻學》，上海科技出版社1990年版，第110頁。

② 王力《漢語史稿》第一章第四節“漢語史的根據”提到了口語作品的價值。王力先生列舉口語比較多的書籍是：先秦的《詩經・國風》《論語》《易經》的“彖辭”“象辭”，漢代的《史記》《漢書》《古詩十九首》，魏晉的《抱樸子》，六朝的《世說新語》《顏氏家訓》、民歌《奏彈劉整》，隋唐佛教語錄，唐代變文，宋儒的語錄和宋詞，宋元話本，元曲，明清小說。

③ 參見向熹：《簡明漢語史》(上)，高等教育出版社1993年版，第10～11頁。

④ 參見程湘清：《漢語史專書複音詞研究》，商務印書館2008年版，第8頁。

⑤ 參見蔣紹愚：《近代漢語研究概況》，北京大學出版社1994年版，第29頁。

进行考證、整理,如柳士鎮《〈世說新語〉〈晉書〉異文語言比較研究》(1988)、《從語言角度看〈齊民要術〉卷前〈雜說〉非賈氏所作》(1989),張永言《從詞彙史看〈列子〉的撰寫年代》(1991),梁曉虹《從語言上判定〈舊雜譬喻經〉非康僧會所譯》(1996),方一新《東漢語料與詞彙史研究芻議》(1996)、《早期佛經翻譯年代的語言學考察》(2002)、《翻譯佛經語料年代的語言學考察》(2003)、《〈興起行經〉翻譯年代初探》(2003),曹廣順、遇笑容《也從語言上看〈六度集經〉和〈舊雜譬喻經〉的譯者問題》(1998)、《從語言的角度看某些早期譯經的翻譯年代問題——以〈舊雜譬喻經〉為例》(2000),方一新、高列過《〈分別功德論〉翻譯年代初探》(2003),董志翹《〈高僧傳〉的史料語料價值及重新校理與研究》(2004),胡敕瑞《中古漢語語料鑒別述要》(2005)等。

胡敕瑞《中古漢語語料鑒別述要》以為漢語史研究提供真實典型的語料為目的,討論了中古語料鑒別的方法,可以歸納為三條:第一,同書內證法,也就是同一典籍內,用別的篇什與被懷疑的篇目對比,從詞彙或是語法上找到證明它們是相同或是不同時代的作品的證據;第二,同人對比法,也就是被懷疑語料與同一作者的其他語料对比,如,列為安世高所譯的《法受塵經》,作者從代詞的用法、開篇的方式、"之"的使用等方面證明其不是安世高所處時代所能作的;第三,同時互參法,也就是把被懷疑語料和同時代其他語料對比。另外,作者指出,也可以從文獻學、文化學、語言學等綜合角度去考察語料的真偽,而且應該注意鑒別例證的準確可靠和代表性,並介紹了一些中古語料鑒別的成果。[①] 文章對於總結已有的中古漢語語料鑒別的成果、規範現有的漢語史研究領域的語料鑒別有重要的參考價值和意義。

由此前賢對語料擇取的原則可以概括為:第一,年代確切,口語性強,涵蓋面廣。第二,對於每一部書的詞彙現象的觀察,應注意聯繫同時代其他不同題材的作品,從宏觀共時的角度加以斟酌把握。

---

① 參見胡敕瑞:《中古漢語語料鑒別述要》,《漢語史學報》第 5 輯,2005 年第 5 期。

1.2　中古語料的分類

中古也是文學史上的繁榮時代，很多文學體裁產生於此時。一些學者的綜述裏对此已經有所分類，如趙振鐸《論中古漢語》①，王雲路《百年中古漢語詞彙研究述略》②、《中古漢語詞彙研究綜述》③，史光輝《20 世紀 80 年代以來中古漢語詞彙研究的回顧與反思》④，柳士鎮《試論中古語法的歷史地位》⑤。

1.2.1　體裁分類

按照體裁，中古文獻可以分為以下 15 類：

(1)雜貼書信：如《王羲之雜帖》《陶淵明集》等。

(2)詔書、奏疏、家訓：研究最多的是《顏氏家訓》，代表學者是王小莘(1993,1994,1998)和周日健(1998)。

(3)史書：如《吳越春秋》《漢書》《三國志》《後漢書》《晉書》《魏書》等。周一良曾著《魏晉南北朝史劄記》(1985)，訓釋了 340 多條從《三國志》一直到《隋書》中的疑難詞語。郭在貽的《魏晉南北朝史書詞語瑣記》(1990)考證了 37 條六朝史書詞語。吳金華(2002,2007,2013)是致力於《三國志》研究的學者。方一新曾作《東漢魏晉南北朝史書詞語箋釋》(1997)。

(4)注釋文獻：有趙岐的《孟子注》、郭璞的《方言注》、酈道元的《水經注》。其中《方言》的郭璞注研究得比較多，如：施民權《郭璞〈爾雅序〉注新析》(1981)、張猛《晉郭璞義相反而兼通例新析——古漢語詞義的圖形分析法》(1987)、董志翹《試論郭璞注釋的成就》(1989)、何志華《郭璞注釋語言中的雙音詞》(1989)等。研究趙岐《孟子注》的文章有張聯榮師的《〈孟子〉趙岐注中的並列複合結構》(2003)。

(5)詩歌：逯欽立輯有《先秦漢魏晉南北朝詩》(1983)，幾乎囊括此時全

---

① 趙振鐸：《論中古漢語》，《樂山師範學院學報》2001 年第 3 期。

② 王雲路：《百年中古漢語詞彙研究述略》，《浙江大學學報》(人文社會科學版)2001 年第 4 期。

③ 王雲路：《中古漢語詞彙研究綜述》，《古漢語研究》2003 年第 2 期。

④ 史光輝：《20 世紀 80 年代以來中古漢語詞彙研究的回顧與反思》，《福州大學學報》(哲學社會科學版)2004 年第 3 期。

⑤ 柳士鎮：《試論中古語法的歷史地位》，《南京大學學報》(哲學・人文科學・社會科學)2001 年第 5 期。

部詩歌作品。張相《詩詞曲語詞匯釋》(1953)是這一體裁作品研究的先驅。

(6)法制文獻:如《文選》裏的《奏彈劉整》《奏彈曹景宗》,出土文獻裏有《二年律令與奏讞書》,記載了較多口語詞彙。

(7)漢譯佛經:朱慶之提到,根據日本《大正新修大藏經》(簡稱《大正藏》)編者的統計,正編部分(前 55 冊)收佛典 2236 部,9006 卷。但作者的統計則為 2265 部,8978 卷。這其中雜有日本、朝鮮撰述共 59 部,79 卷。扣除之後,《大正藏》正編所收漢文佛典的總數是 2206 部,8899 卷。根據抽樣統計,佛典每卷的平均字數約為 8000 字,總字數約為 7000 萬字。[①] 由此可見漢文佛典數量之大。漢譯佛經一直是中古時期語言研究的熱點,學者們多從語言接觸的角度對諸多語言現象加以解釋。

(8)僧侶行記、傳記和寺院載記:《佛國記》(又名《法顯傳》)、《出三藏記集》《高僧傳》等。《洛陽伽藍記》是這一體裁的研究熱點。

(9)道藏:《太平經》已有很多學者對其中的詞語進行考釋。俞理明(2000,2001,2002,2010,2011)注意到了道藏裏道教戒律部分的語料價值。

(10)子書雜著:最具代表性的是《論衡》《抱樸子》。胡敕瑞《〈論衡〉與東漢佛經比較研究》(2002)是第一本利用佛經材料與傳世文獻進行對比研究的著作。

(11)筆記小說:《世說新語》是這一類語料體裁的研究熱點,張永言先生著有《〈世說新語〉詞典》(1992)。魯迅輯有《古小說鉤沉》(1973),保存了不少中古小說。

(12)農業醫學文獻:如《齊民要術》《傷寒論》《諸病源候論》等。這一部分的語料成分比較複雜,柳士鎮《從語言角度看〈齊民要術〉卷前〈雜說〉非賈氏所作》(1989)用考證詞語的方法判斷《雜說》當寫成於魏晉南北朝以後。

(13)字典與方言俗語文獻:如《通俗文》和《玉篇》。

(14)墓誌銘:有王壯弘、馬成名《六朝墓誌檢要》(1985),郝本性《隋唐五代墓誌匯編》)(1991),趙超《漢魏南北朝墓誌匯編》(1992),周紹良、趙超《唐代墓誌匯編》(1992)、《唐代墓誌匯編續集》(2001),羅新、葉煒《新出魏晉南北朝墓誌疏證》(2005),毛遠明《漢魏六朝碑刻校注》(2008),王其禕《隋代墓誌銘匯考》(2007)。

---

① 參見朱慶之:《佛典與中古漢語詞彙研究》,文津出版社 1992 年版,第 36 頁。

(15)磚文:有陸增祥《八瓊室金石補正》(1985),胡海帆、湯燕《中國古代磚刻銘文集》(2008),羅振玉《漢兩京以來鏡銘集錄》(2013)。很多散見於《文物》等專門研究出土文物的雜誌和已經出版的釋文專著。

1.2.2　媒介分類

按照古籍流傳的媒介,文獻可以分為傳世文獻和出土文獻,以上(1)～(13)類屬於傳世文獻,第(14)(15)類屬於出土文獻。

2　語言材料

對於傳世文獻,我們憑藉一般取得共識的對某書的版本、時代、作者的認識和前賢的探討,把涉及的語料書放到相應的時代中去,並參以文獻學界對中古古籍的考證,做適當調整。對漢譯佛經和出土文獻的選擇,則按如下原則操作。

2.1　漢譯佛經

中古時期的譯經,從語言學的角度研究較多、較深入的有《生經》《六度集經》《百喻經》《長阿含經》《舊雜譬喻經》《佛本行集經》《經律異相》《賢愚經》《興起行經》《大方便佛報恩經》《雜寶藏經》等。梁啓超將佛典翻譯分為三期,每一時期譯經的語言特色如下:第一期:東漢到西晉。所譯多是"零品斷簡",不成系統,翻譯文體亦未確立。第二期:東晉到南北朝,又可細分為前期"東晉二秦"、後期"劉宋元魏迄隋"。前期以翻譯輸入為主,後期譯經處於諸宗草創期,內容由經部漸移至論部。第三期:唐貞觀至貞元,是佛教全盛期,諸宗創立,以玄奘譯經為代表。① 這三個時期的譯經也可以看作譯經材料量多且典型的歷史時期。

據熊娟考訂,疑偽經的輯錄有兩種情況:收錄入《開元錄・入藏錄》者和未錄入《開元錄・入藏錄》者。前者保存在歷代刻印大藏經之中,並自然而然地收錄在近現代刊印的《大正藏》《中華大藏經》翻譯佛經部分,特點是大多數假託經部有明確的翻譯者和翻譯時代等信息。後者未收錄在歷代刻印

① 參見梁啓超:《中國佛教研究史》,三聯書店1988年版,第155頁。

大藏經中，一部分以寫本形式保存在敦煌寫經和日本古寫經中，沒有題署，作者及編纂時代不詳。[①] 去除熊娟所列疑僞經，並參考曹淩(2011)所述，本書選取基本可信的中古譯經語言材料如下：

表 3.1　　中古譯經語言材料

時代	譯者	總卷數	經名(卷數)
東漢	安世高	10	《佛說大安般守意經》(2) 《道地經》(1) 《人本欲生經》(1) 《陰持入經》(2) 《是法非法經》(1) 《長阿含十報法經》(2) 《一切流攝守因經》(1)
	支婁迦讖	10	《道行般若經》(10)
	安玄	1	《法鏡經》(1)
	竺大力與康孟祥	2	《修行本起經》(2)
	曇果與康孟祥	2	《中本起經》(2)
	支曜	1	《佛說成具光明定意經》(1)
	支謙	6	《佛說維摩詰經》(2) 《太子瑞應本起經》(2) 《月明菩薩經》(1) 《梵摩渝經》(1)
	康僧鎧	2	《佛說無量壽經》(2)
	康僧會	10	《六度集經》(8) 《舊雜譬喻經》(2)
	曇諦	1	《羯磨》(1)
	白延	1	《佛說須賴經》(1)

① 參見熊娟：《漢文佛典疑僞經研究》，上海古籍出版社 2015 年版，第 54～55 頁。第 290～306 頁系作者引牧田諦亮《疑經研究》和小野玄妙著、楊白衣譯《佛教經典總論》及王文顏《佛典疑僞經研究與考錄》整理的疑僞經名錄。

续表

時代	譯者	總卷數	經名(卷數)
西晉	竺法護	24	《正法華經》(10) 《佛說如來興顯經》(4) 《度世品經》(6) 《寶女所問經》(4)
	法炬、法立	6	《大樓炭經》(6)
	無羅叉	20	《放光般若經》(20)
	聶承遠	3	《佛說超日明三昧經》(2) 《佛說越難經》(1)
	聶道真	1	《異出菩薩本起經》(1)
	法祖	2	《佛般泥洹經》(2)
	支法度	1	《善生子經》(1)
	安法欽	7	《阿育王傳》(7)
東晉	法顯	49	《佛說大般泥洹經》(6) 《大般涅槃經》(3) 《摩訶僧祇律》(40)
南朝宋	施護	1	《佛說聖幡瓔珞陀羅尼經》(1)
	求那跋摩	9	《菩薩善戒經》(9)
	求那跋陀羅	11	《過去現在因果經》(4) 《大方廣寶篋經》(3) 《楞伽阿跋多羅寶經》(4)
姚秦	鳩摩羅什	29	《思益梵天所問經》(4) 《妙法蓮華經》(7) 《佛說華手經》(10) 《十住經》(4) 《持世經》(4)

续表

時代	譯者	總卷數	經名(卷數)
姚秦	竺佛念	108	《菩薩從兜術天降神母胎說廣普經》(7) 《大雲無想經卷第九》(1) 《四分律》(60) 《鼻奈耶》(10) 《出曜經》(30)
北涼	曇無讖	26	《悲華經》(10) 《金光明經》(4) 《優婆塞戒經》(7) 《佛所行讚》(5)
北朝魏	慧覺	13	《賢愚經》(13)
	菩提流支	12	《勝思惟梵天所問經》(6) 《佛說法集經》(6)
	佛陀扇多	1	《銀色女經》(1)
	吉迦葉與曇曜	10	《雜寶藏經》(10)
南朝齊	求那毗地	4	《百喻經》(4)
南朝梁	慧皎	14	《高僧傳》(14)
	僧伽婆羅	10	《阿育王經》(10)
北朝周	那連提耶舍	16	《月燈三昧經》(10) 《阿毗曇心論經》(6)
隋	闍那崛多	62	《佛本行集經》(60) 《佛華嚴入如來不思議境界經》(2)
	毘尼多流支	1	《大乘方廣總持經》(1)
	法智	1	《佛為首迦長者說業報差別經》(1)
	達摩笈多	10	《起世因本經》(10)

總計得中古漢譯佛典語料共70部。漢譯佛典語料皆以《中華大藏經》裏內容穩定、文學性和口語程度高者為主，同時參看專業學者的考證。

2.2　出土文獻

中古雖然產生了志人志怪小說一類的口語文學體裁，但總體來看，我們的研究基礎仍然是文獻語言，即文言文的變體。在這種條件下，研究斷代的漢語詞彙，口語性強的語料的比重就顯得十分重要。而如今我們能憑藉着重現古時語言狀況的，只有傳世文獻和出土文獻。傳世文獻的版本和時代不可簡單下定論，但是出土文獻除了辨偽和釋文的工作外，時間是可信的，作者也是基本可信的。加之考古界對這一時段的出土文物已經有了一定的整理，後漢到隋末的出土文物從語言量來講，也是豐富的。從文體上看，目前所見中古出土文獻，多為家信、券書、遣冊、法律爭訟記錄和政府官文，反映了中古漢語的實際使用狀況，口語成分較高且可信。所以，嚴可均輯校《全上古三代秦漢三國六朝文》[①]中已錄之金石碑刻，包括之後的考古成果有明確斷代者，筆者也一併收羅進來，期望能夠以這些同時資料為時間軸，來確定語辭產生的年代。按照文字的載體，有如下幾種：

2.2.1　碑刻

1. 墓誌

中古時期可資利用的出土文獻，經過考釋辨證的有墓誌銘，見前文 1.2.1(14)。漢碑取材只用《漢碑集釋》(1997)中有明確年代者。

2. 磚文

見前文 1.2.1(15)，取材只用有明確年代者。

2.2.2　簡帛

1. 遣冊

長沙走馬樓紀年吳簡約 10 萬片，年代跨度为黃龍元年至嘉禾六年(229～238 年)，體裁多為司法文書、名刺、帳簿、稅券和政府機關之間調撥物品的調撥券書。可以稍微彌補三國時期傳世文獻少的缺憾。

2. 書帛

1973 年底至 1974 年初，湖南長沙馬王堆漢墓出土了帛書《老子》(甲、乙本)、《五星占》《春秋事語》《相馬經》《六十四卦》《戰國縱橫家書》以及一些古佚書。

---

① (清)嚴可均:《全上古三代秦漢三國六朝文》，廣雅書局 1893 年初刻版。

居延新簡有近 2 萬枚,年代跨度為西漢昭帝始元時期(前 86～前 81)至西晉武帝太康四年(283)。選取有明確年代,簡文經考釋無誤者,各歸其所在的年代。

2.3 中土文獻

請見 1.2.1 及書後引用文獻。

2.4 本書語料

本書所獲語言材料按照文獻作品時代劃分,總共 130 部中土文獻,70 部佛典。筆者在太田辰夫提出的原則基礎上,依照張雙棣《〈呂氏春秋〉詞彙研究》"前言"中所述之選取語料的三條方法:第一,時代確鑿;第二,口語性強;第三,寫作語言儘量為當時通語。所選文獻按作者卒年排列,形成封閉語言材料。至於年代尚存爭議的文本,僅供參考,以資比較。引用的具體篇什目錄和版本附於文後。

第 4 章　漢語詞綴判定的標準

1　前人研究的回顧

1.1　漢語詞綴研究回顧

1.1.1　《馬氏文通》以前:泛虛詞研究階段

小學時期,也就是我們這裏所說的"泛虛詞(語素)研究階段",沒有"詞綴"的觀念。在孔穎達把漢語的詞明確分為虛、實兩類之前,這種意義不甚明晰的詞(語素)在訓詁著作裏稱為"助句辭""助語(語助)""發語(語已、別事、俱、願)詞",或只稱"辭"。劉淇在《助字辨略序》裏列了共約 30 種名目:"其類凡三十:曰重言,曰省文,曰助語,曰斷辭,曰疑辭,曰詠歎辭,曰急辭,曰緩辭,曰發語辭,曰語已辭,曰設辭,曰別異之辭,曰繼事之辭,曰或然之辭,曰原起之辭,曰終竟之辭,曰頓挫之辭,曰承上,曰轉下,曰語辭,曰通用,曰專辭,曰僅辭,曰歎辭,曰幾辭,曰極辭,曰總括之辭,曰方言,曰倒文,曰實字虛用。"[①]劉淇的分類雖然今天看來有不盡合理的地方,但是可見虛詞的內容包括了我們今天的代詞、副詞、介詞、連詞、助詞、嘆詞,這一分類在小學時期的虛詞研究者中具有普遍性。如:

(1)**辭**——漢有遊女,不可求思。(《詩經·周南·漢廣》)

---

① (清)劉淇:《助字辨略》,中華書局 2004 年版,第 1 頁。

毛傳："思，辭也。"

(2)**詞**——者，别事詞也。

矣，語已詞也。

寧，願詞也。(許慎《説文解字》)

(3)**語助**——何居，我未之前聞也。(《禮記・檀弓上》)

鄭玄注："居讀為姬姓之姬，齊魯之間語助也。"

(4)**發聲**——式微！式微！胡不歸？微君之故，胡為中露！(《詩經・國風・邶風》)

鄭玄箋："式，發聲也。"

(5)**語已辭**——乃致事。(《周禮・秋官・小司寇》)

鄭玄注："乃，緩辭。又語已辭。"

(6)**語辭**——羌內恕己以量人兮。(《楚辭・離騷》)

王逸："羌，楚人語辭也，猶言'卿何為也'。"(王逸《楚辭章句》)

(7)**助字**——吾立言狀物，未嘗求過人，亦不能明辨生之才致。但見生用助字，不當律令，唯以此奉答。……所謂乎歟耶哉夫者，疑辭也。矣耳焉也者，決辭也。(唐柳宗元《復杜溫夫書》)

(8)**發語辭**——夫爾雅者(郭璞《〈爾雅〉序》)

邢昺疏："夫者，發語辭，亦指示語。"

"詞語、助語、辭語之助、助詞、助句辭、助語之辭、助句之語、助字、助語辭、語助辭、虛字、助辭"等稱呼，指的都是虛詞。這些雜陳在舊注筆記裹的說解名詞，包含了所有古人認為"不為義"的虛詞，也包括本書的研究對象詞綴。

漢語表達語法的手段有兩個：語序和虛詞。語序在沒有和其他語言比較的情況下，很難發現它的特點和變化。而虛詞個性突出，運用靈活，是顯性的語法手段。它的數量有限，都知道"構文之道，不外虛實兩字"，但是在實際使用中又靈活多變，琢磨不定，所以馬建忠在《馬氏文通》裹說："經傳中實字易訓，虛字難釋。"[①]龔千炎指出："古人訓釋經籍，主要注重詞語的意義。

① 馬建忠：《馬氏文通》，商務印書館1983年版，第15頁。

可是有些詞語並無實在的意義,很不好解釋,同時這些詞語大多由實詞虛化而來,因此倘不判定其為虛詞,而仍作為實詞來注解,就不能達到通經的目的。所以,古人不得不把一部分精力轉到虛詞的研究上來。”[①]通經的需要和虛詞的靈活難訓,這兩方面原因促成了傳統語法以闡釋虛詞為主的特色。關於詞綴的訓釋也間或穿雜其間,如:

(1)**于**——贊曰:黃妖沖發,嵩乃奮鉞。孰是振旅,不居不伐。儁捷陳、潁,亦弭于越。(《後漢書·朱儁傳》)

杜預注:“于,語辭,猶云句吳之類矣。”

(2)**然**——風雨淒淒,雞鳴喈喈。(《詩經·邶風·風雨》)

毛傳:“風且雨淒淒然,雞猶守時而鳴喈喈然。”

(3)**有**——有周不顯,帝命不時。(《詩經·大雅·文王》)

毛亨傳:“有周,周也。”

孔穎達正義:“以‘周’文單,故言‘有’以助之。”

有,語助也,一字不成詞,則加“有”字以配之,若“虞、夏、殷、周”皆國名,而曰“有虞、有夏、有殷、有周”是也。(王引之《經傳釋詞》卷三)

(4)**阿**——阿者,助語之辭,古人以為慢應聲,《老子》:“唯之與阿,相去幾何?”今南人讀為入聲,非。(顧炎武《日知錄》卷三二)

另外,歐陽修《六一詩話》中談到“生”,王楙《野客叢書》談到“阿堵”,高似孫《緯略》談到“宁馨”,陸遊《老學庵筆記》談“兒”“老”“椅子”“兀子”“牌子”“骰子”,趙翼《陔余叢考》說“宋人字名多用老字”,說“夫子”等。

元代盧以緯有《語助》[②],全書共收 128 個詞條,是第一部專論虛詞用法的著作。盧以緯善於比較、辨別不同位置、不同作用的虛詞的“聲氣輕重緩急”,從而闡述虛詞在句中的語義關係和構詞、構句的功能。比如“所”字條,指出“所”旨在“指事為而言”,是“活字”,例如“所學”是“明指其習學之而為其事也”,而“於”是“死字”,如“志於學”“但指其事耳”。又如“然”字條下,舉例“儼然”“睟然”,指出這個“然”是“形容之語助”。盧以緯還認識到了“然”與“爾”“如”“若”有詞義的類聚性,功能相當於現在的後綴。盧以緯第一個

① 龔千炎:《中國語法學史稿》,語文出版社 1987 年版,第 7 頁。

② (元)盧以緯著,王克仲集注:《助語辭集注》,中華書局 1988 年版。

將"語助"作為虛詞的通稱。

清人的注疏筆記雜著裏也常討論到詞綴,如錢大昕《十駕齋養新錄》談到了前綴"阿""老",王念孫《讀書雜誌》、王引之《經義述聞》也時時有關涉詞綴的內容。此外,一些專門收集俗語詞的書籍,如翟灝的《通俗編》、錢大昕的《恒言錄》、錢大昭的《邇言》等,都或多或少涉及詞綴的問題。隨着朴學的復興,出現了劉淇的《助字辨略》和王引之的《經傳釋詞》,更是虛詞注釋的集大成者。

由上述可見,本書的研究對象詞綴在傳統語言學中,是歸為虛詞一類的。我國虛詞闡釋的歷史可謂源遠流長,但這並不意味着我們自漢代的毛亨就有了語法學,就有了對功能詞的語言學闡釋。訓詁學家們不自覺地對虛詞多著筆墨,是為了要說清它在文中的意思,以能簡便作文為起點,以意義為終點,並不關心它的特點、使用條件、性質和功能,也不給虛詞內部劃分類別,做進一步的歸納。所以王力先生談到訓詁學的更新時說:"我們所謂語義學的範圍,大致也和舊說的訓詁學相當。但是在治學方法上,二者之間有很大的差異。"①

小學時期,虛詞研究的特點是隨文釋義,一方面是虛詞本身沒有獨立於注釋之外的系統,一方面是說解者往往根據上下文更改解釋的內容。這往往造成一個虛詞(語素)有數個解釋,不成體系。

1.1.2 《馬氏文通》至 20 世紀 30 年代後期

學科意識建立的標誌是研究對象、研究規則、研究目的這三方面有明確的系統,不同於以往的散亂狀態。1898 年,《馬氏文通》以古代漢語為研究對象,把一向雜糅在文獻中或隱或現的詞,類分九種,分別舉例解說。雖然此時的研究還嫌稚嫩,但是它已一別於以往,標誌着中國現代意義上的語言學的建立。《馬氏文通》常因模仿泰西"葛朗馬"(grammar)而為人詬病,但正如朱德熙所說:"其實,作為第一部系統地研究漢語語法的書,能有如此的水準和規模,已經大大出人意表……只要看《文通》問世二十餘年以後出版的一批語法著作,無論就內容的充實程度論,還是就發掘的深度論,較之《文通》多有遜色,對比之下就可以看出《文通》的價值了。"②漢語研究從此走上了構

---

① 王力:《龍蟲并雕齋文集》第 1 冊《新訓詁學》,中華書局 1980 年版,第 315 頁。

② 陳望道:《漢語語法叢書・序》,商務印書館 1982 年版,第 1 頁。

建漢語語言學學科的最初探索時期。

在《馬氏文通》裏，馬建忠對詞的構成的分析，分散在各個章節之中，大部分我們今天已經取得公認的上古漢語詞綴，比如“有”“如”“爾”“若”等，馬氏基本都將其歸入了助詞。该書涉及了今天被稱為詞綴的若干虛詞（虛語素）的研究，如：“者”置於“接讀代字”；“若”置於“實字卷之三”的“論比三之八”，並說：“如下端為豆，則比事理者，助以‘也’字，比人者助以‘者’字，比容者助以‘然’字，此大較也。”馬建忠在這裏比較了“也”“者”“然”的區別，清楚地觀察到“然”是用來“比容”的。值得注意的還有他對“有”字的說解，他在“實字卷之二”中說：“名有一字不成詞，間加‘有’字以配之者，《詩》《書》慣用之。若所加‘有’字無實義之可指，而為有無之解，亦散見於他書。”名詞之前“有時加一狀字於靜字名字之先，而並為一名者”。[①] 可見馬建忠已經注意到“有”添加在名詞前面和名詞共同構成一個詞的情況。

下面我們分類對這個階段的詞綴研究史作概觀性的介紹。

（一）側重詞綴表義特點的研究

1. 注意到詞綴的詞彙意義

劉復的《中國文法通論》（1920）把詞的構成按性質分為四大類、八小類。四大類分別是：合音、合義、分體、複合。其中，分體字是：“其組成部分拆開后各有意義，但與結合時的意義各不相同。”分體字又可以分成“絕對的分體字”“孿生的分體字”“化合的分體字”三種。其中“孿生的分體字”，劉復所舉的例詞是“車前子”。[②] 劉復這裏所稱的“字”其實是“詞”。劉復的論述，一方面體現出他意識到派生詞各成分間的緊密關係，尤其是“孿生的分體字”類似“車前子”的“子”的語言成分，在單獨使用時可以表義，參與構成派生詞，在派生詞義中的地位完全不同；另一方面，從名詞術語上看，他混淆了字和詞以及語素和詞的界限。

金兆梓在《國文法之研究》（1922）第六類結合語“以加詞本詞相結合者，如‘名家’‘法家’‘科學’‘哲學’”中認為，加詞與本詞“結合時與分離時的字義無甚出入”。[③]

---

① 馬建忠：《馬氏文通》，商務印書館 1983 年版，第 39 頁。

② 轉引自潘文國、葉步青、韓洋：《漢語的構詞法研究》，華東師範大學出版社 2004 年版，第 24 頁。

③ 金兆梓：《國文法之研究》，中華書局 1983 年版，第 12 頁。

陳承澤的《國文法草創》(1922)列“象字”一節[1],其中丙類“語助象字”如“有”字、“阿”字,其特點是“並無意義,但以一種發語之聲冠於名字之上而已(概由詞來)”。其作用是稱呼人時使用,结构特点是“除為冠象外無他變化”,也就是加在詞根之前,在派生詞義、構詞上並沒有其他作用。他認為白話中這種語助象字較多,也有“接尾者”。

2. 注意到詞綴添加的附加意義

胡以魯的《國語學草創》(1913)第三編“說國語後天發展”說:“對於體詞之慣用者添‘兒’添‘子’,此在音由長音兩捲舌,在義遂傅會‘兒’或更轉而為‘子’,以示昵近乎。”“‘前’‘後’等狀詞附以‘頭’‘面’等形式詞以示方位。‘看’,用詞也,附‘了’以示其過去,附‘着’以示其現在。雖不無意義之可解,然而本義微矣。此晚近指發展,蓋亦語言有就二節以上之傾向故也。”[2]胡以魯不僅注意到了詞綴為派生詞添加了附加意義,而且分析了其產生是雙音化的結果。

1920 年,胡適在《國語文法概論》中分析了複音詞的形成,其中有:“本字後加‘子’‘兒’等語尾。例如兒子、妻子、女子、椅子、桌子、盆兒、瓶兒,……這種語尾,如英文之-let,德文之-chen,-lein,最初都是變小和變親熱的意味。”[3]他注意到名詞性後綴“子”“兒”為派生詞添加“小稱”和親暱義。

(二)側重詞綴構詞特徵的研究

1921 年,黎錦熙在《黎錦熙的國語講壇》附錄“詞類連書條例”中說:“單音節語的(monosyllabic)中國語,事實上早已變為關節語(agglutinative)了。”他把“複音名詞”分列六類,即“合成的”“並行的”“聯屬的”“對待的”“迭用的”和“帶語尾(suffix)的”。其中“帶語尾的”,包括帶附在名詞後面的“頭”“兒”“子”,如“石頭”“杏兒”“桌子”等,也包括附着於動詞、形容詞、副詞後的語助詞“了”“着”或其他虛詞,如附於形容詞後的“的”,副詞後的“地”。他認為:“只因漢字繁難,書面求簡,多不給寫出來,而現代又有新的發展,因此,漢語的構詞形態還在探討整理中,能決定作為某種語法範疇的充分條件和

① 陳承澤:《國文法草創》,商務印書館 1982 年版,第 41～42 頁。

② 胡以魯:《國語學草創》,商務印書館 1923 年版,第 57～58 頁。

③ 胡適:《胡適文存》(一集),黃山書社 1996 年版,第 334 頁。

必要條件還不多。”[①]

(三)側重詞綴功能的研究

楊樹達在《高等國文法》中仍以“字”為語法單位，在第三章“代名詞”、第四章“動詞”、第六章“副詞”等中論及詞綴“子”“有”“然”等；在第九章“助詞”下，將助詞分為“語首助詞”“語中助詞”“語末助詞”三類，並一一分析每個助詞的用法；在“語末助詞”下，認為“斯”“而”“爾”“然”“如”“若”等可作語尾。[②]

1919 年，薛祥綏撰文《中國言語文字說略》，運用了 19 世紀產生於西方語言學領域的類型學的觀點，分析漢語詞彙的特徵：

> 所謂孤立語者，字惟一音，一字一義，無語根語系之別，藉所安而別其職，如中國語是也。所謂關節語者，語根不變，綴以語系，職因語系而明；語根語系可以分離，如土爾基語是也。若語根變化，借別其職，語根語系不能制離，常合二字為一字，則為之詘詰語，如印度、日爾曼語是也。第奚氏如此區分，謂為言語運用之法則可，謂為言語之類則不可也。蓋以三者亦可互通，非必判然不合也。[③]

文中語根、語系的對立，也就是施萊格爾劃分出來的黏着語裏的詞根和詞綴。薛祥綏並不拘泥於“哲人”的劃分，認為中國字如“論”“綸”“淪”也有根系“侖”，和黏着語相似。他又把詞語分為複合譯音(“玻璃”)、虛助之字(“紛若”)，將複合又分疊語(“鶯鶯燕燕”)、連語(“山林”)、限定(“白璧”)、假借(“禿頭”)、帶數(“五典”)等。其中，“虛助之字”就是我們今天說的“詞綴”。從上面薛祥綏所舉詞例可以看出，他把我國傳統的訓詁學的內容，比如偏旁分化字用以區別意義，納入形態變化的範圍內，與西方語言對比觀察，並不盲從西方理論，其眼光確實是獨到而新穎的。潘文國、葉步青、韓洋認為，這篇文章“運用普通語言學理論研究漢語的最早一篇論文……他對構詞格式之分析不僅遠勝過在前之馬建忠、章士釗等人，以及同時及稍後之劉復、金兆梓、胡以魯等，甚至還勝過了黎錦熙”[④]。

---

① 黎錦熙：《黎錦熙的國語講壇》，中華書局 1921 年版，第 81、86 頁。

② 參見楊樹達：《高等國文法》，商務印書館 1920 年初版，第 54、119、214 頁。

③ 薛祥綏：《中國言語文字說略》，《國故》1919 年第 4 期。

④ 潘文國、葉步青、韓洋：《漢語的構詞法研究》，華東師範大學出版社 2004 年版，第 22 頁。

1.1.3 20世紀30年代後期至今

(一)側重詞綴表義特點的研究

張壽康在《略論漢語構詞法》(1957)中認為構詞單位是詞素,不是"字"。並且,他認為詞素是歷史地形成的:"按照詞素在詞中所含意義的虛實,可以給詞素分成實詞素和虛詞素……'畫兒''噴子'中的'兒''子'是虛詞素。"① 把詞素分為"獨用詞素"和"非獨用詞素"兩類。在"非獨用詞素"中以後綴"子"組成的詞為例,把它們分成"標誌式"和"變詞式"兩類。他指出在"標誌式"中,有的構成的詞與實詞素的意義無甚差異,而有的則意義變化很大,有的詞帶有嚴重的貶義,即改變了詞的感情色彩。

高名凱《漢語語法論》(1957)認為:"前加成分和後加成分的增添都是漢語構詞法上所應用的形態。"其中"前加成分"有:用"阿"為詞頭的,如"阿三""阿姨""阿媽";用"老"為詞頭的,如"老王""老高""老爺""老龍"。"後加成分"有:用"頭"為詞尾的,如"吃頭""玩頭""說頭""差頭""罰頭""事頭";用"子"為詞尾的,如"李子""桃子""杏子""瓜子""瘋子""麻子""小子";用"兒"為詞尾的,如"白麵兒""勁兒""小人兒""明兒""頭兒""信兒";用"者"為詞尾的,如"作者""說者""聽者""來者""買者""賣者""行者""侍者""尊者"等。判斷"前加成分"和"後加成分"的標準是意義是否有不同。他还注意到了詞綴與詞根關係的緊密度以及詞綴的語法作用。②

太田辰夫《中國語歷史文法》(1987)认为:"在兩個以上音節的句節中,有時包含無意義或者意義不明顯的部分。"③ 根據構詞位置分為"前綴""中綴""後綴",並舉出現代漢語中重要的詞綴:前綴——阿、老、打;後綴——子、頭、兒;中綴——里(例如"稀里糊塗")。他認為"詞綴沒有意義",但是具有以下功能:(1)構成單純詞,如"石頭""桌子""椅子""老弟";(2)黏附於單純詞,如"若是""只是""還是""說是"等。他認為詞綴的附着方式是由習慣決定的。

① 張壽康:《漢語學習叢論·略論漢語構詞法》,山東教育出版社1983年版,第133頁。

② 參見高名凱:《漢語語法論》,商務印書館1986年版,第93～95頁。

③ [日]太田辰夫著,蔣紹愚、徐昌華譯:《中國語歷史文法》,北京大學出版社2003年第2版,第22頁。

（二）側重詞綴構詞特徵的研究

我們在 1.1.2 裏曾提到過王力的《漢語史稿》(1957)對"歷史形態學"的建構，他早在 1944 年出版的《中國語法理論》中對詞綴就有涉及，稱之為"記號"。1946 年，王力先生《中國語法綱要》提出"從歷史的角度看，漢語構詞法的發展是單音詞向複音詞的發展"，把複音詞分為"聯綿詞""詞根加詞頭詞尾"和"短語的凝固化"。

周祖謨《漢語詞彙講話》(1959)根據詞素之間的關係，把詞的構造分為兩類：第一類由同樣重要的基本成分構成，包括聯合式("土地")、偏正式("火車")、支配式("動員")、補充式("說明")、表述式("地震")、重迭式("漸漸")六種；第二類由基本成分和輔助成分構成，其又分為詞幹帶有前加成分("第一""初一""老虎""老三""被加數""非馬列主義")、詞幹帶有後加成分("桌子""石頭""亮兒""乾巴""這麼""果然""幾乎""學者""老人家""工業化""人民性")、詞幹帶有前加成分和後加成分("被剝削者")三種。周祖謨先生認為輔助成分有兩個特點：第一，有些輔助成分可以給詞幹添加一些新的含義，而有些輔助成分沒有詞彙意義，只有語法意義。第二，輔助成分有的作為一個單詞來用的時候是有獨立意義的，但是在基本成分和輔助成分構成的結構中沒有實在的意義。[①] 這兩點歸納似有矛盾，可見當時尚未區分出作為虛語素的詞綴，經歷過由實到虛的歷時演變。

郭良夫《現代漢語的前綴和後綴》強調："確定一個語素是不是前綴或後綴，一要看它在語義上的虛化程度，二要看它能產的程度，兩者又是互相聯繫的，一個類前綴或類後綴，使用的次數多了，就會成為名副其實的前綴或後綴。"[②]

（三）側重詞綴功能的研究

孫常敘《漢語詞彙》(1956)第二章"詞的結構"談到漢語詞在結構上有兩種不同的劃分：造詞結構和用詞結構。造詞結構是詞的基本結構，用詞結構是在言語中依語法組織而使用的結構。而"前綴和後綴是造詞結構里的形態成分。它們不以明確的意義單位作為新詞結構中的基本組織，而是以形態上的結構特點來標誌詞根意義的變化"。"前綴和後綴都不能說明或限制

---

① 參見周祖謨：《漢語詞彙講話》，外語教學與研究出版社 2006 年版，第 6～7 頁。

② 郭良夫：《現代漢語的前綴和後綴》，《中國語文》1983 年第 4 期。

詞根意義，不增減詞根意義的內容，只能給予性質上的改變。嚴格說來，是一種語法意義的表現。"所舉的前綴是"第""初""阿""老"，後綴是"子""兒""頭""者""家""手"。①

岑麒祥在《關於漢語構詞法的幾個問題》中認為："許多語言的詞尾都是由實詞或其他虛詞發展來的，只要它加在一個詞的後面，互相結合得很緊，能夠表示一定的語法意義，我們就有權利把它叫做詞尾。"岑先生認為，構詞法可以分為形態學構詞法和造句法構詞法兩大類。"形態學構詞就是"一個詞根加上一個形態詞素如詞頭詞尾詞腹等構成不同的詞的，例如'第一'，'初三'，'老虎'，'桌子'，'亮兒'，'石頭'，'作家'，'非本質的'，'無條件地'等等。這一類詞我們都叫做派生詞。它們與許多單純的詞如'天'，'地'，'人'，'蝴蝶'，'玫瑰'等顯然是不同的。"不同之處在於"在這些詞裏面，各個成分已經結合得很緊密，失去了單詞的作用而變成詞素了"。②

陸志韋《漢語的構詞法》是漢語第一部構詞法專著。此書是以漢語構詞法的調查報告的形式出現的，收錄了 22 個詞綴；注意到了語音的輕重與詞綴的判定的關係，如對"子""兒"在北京話里讀音情況的分析。③

潘允中《漢語語法史概要》認為，"有"只是臨時湊數的虛字，跟語言學上的詞頭不能相提並論，屬於語助詞。同時他還認為："上古動詞也和名詞一樣，還沒有詞頭或後綴之類的附加成分。""言""於""曰""爰""聿"等"絕大部分見於《詩》《書》，而罕用於其他先秦典籍，在中古以後的漢語裏更是絕跡，其它新興的詞頭也沒有。因此，可以說，漢語的動詞不論古代任何時候都沒有所謂詞頭的東西"。比較能夠說是名詞詞頭的，是見於上古而成熟於中古時期的"阿"和"老"，而"老"是一個半實義詞。潘先生認為，可以承認為名詞詞尾的是"頭""子""兒"，並以意義是否虛化作為判斷的主要依據。④

陳光磊《漢語詞法論》認為語言的形態是功能的表現和標誌。他認為，現代漢語詞的形態變化主要有兩種類型：一是加綴法，二是重疊。詞綴是構詞成分，沒有實義，附着在詞根上才能起作用，或用於構詞，或用於構形，可

---

① 孫常敘：《漢語詞彙》，吉林人民出版社 1957 年版，第 38～42 頁。

② 岑麒祥：《關於漢語構詞法的幾個問題》，《中國語文》1956 年第 12 期。

③ 參見陸志韋：《漢語的構詞法》，科學出版社 1964 年版，第 126～133 頁。

④ 參見潘允中：《漢語語法史概要》，中州書畫出版社 1982 年版，第 31 頁。

稱為虛素。詞綴有兩個作用:一是標明一個詞的語義類型,二是表徵一個詞的語法功能(顯示詞類)。依位置來分,可分成前綴、後綴、中綴。詞綴有的能產,有的不能產,沒有絕對界限。[①]

(四)側重詞根、詞綴關係的研究

呂叔湘在《釋"您,俺,咱,喒",附論"們"字》(1940)、《說代詞後綴"家"》(1949)、《說"們"》(1949)中討論了複數後綴"們"和代詞性後綴"家",是第一個用"綴"稱呼這一類語言單位的學者。《中國文法要略》(1956)把構詞類型分為單詞和複詞,複詞裹又分"複音綴"一類,包括聯綿詞和派生詞。[②] 此外,呂叔湘在《說"自由"和"黏着"》一文中認為:"再拿那些附加成分構成的詞來看,詞尾總是黏着的,可是所謂詞根就不一定都是黏着的……說詞尾總是黏着的,指的是'者、然、乎、子、兒、頭'這些個,至於那些只是有點象詞尾的,就不一定,有完全自由的,如'人',有半自由的,如'家、界、員、度、量'。所謂詞頭,情形也差不多,很多是自由或半自由的。也就是說,在漢語的構詞法裹很難區別複合和派生。"[③]意思是說,從自由和黏着角度看詞綴,不同的詞綴對詞根的黏着度是不一樣的,像"子""兒""頭"一類"總是黏着的",而"家""界""員""度""量"一類僅"有點像詞尾"。

周法高《中國古代語法・構詞編》列"附加語"一章[④],試圖將助詞與詞綴從理論上區別開來。他說:"附加語和所謂'助詞'(partictes)都是'附着語語形'(bound forms),有時二者也不易作明顯的劃分。大概附加語為詞的構成分子,而助詞則附屬於句子或仂語,有時也附屬於單詞,但其附着性遠不如附加語之緊。所以,前附語、後附語、中附語,大體上和語首助詞、語末助詞、語中助詞是有分別的。不過其界線也不易嚴格劃分,只好隨着討論的方便放在相當的位置了。"從中可以看出,周法高不僅注意到了漢語詞綴在歷時發展中的中間形態,而且注意到了派生詞綴和屈折詞綴的功能的不同。他在劃分附加語時,先考慮附加語在詞中的地位,將其分為三類:前附語、後附語、中附語。再下一層,又根據各自的語法屬性進行劃分。比如前附語部分

① 參見陳光磊:《漢語詞法論》,學林出版社1994年版,第22~23頁。

② 參見呂叔湘:《中國文法要略》,商務印書館1982年新1版,第6頁。

③ 呂叔湘:《漢語語法論文集・說"自由"和"黏着"》,商務印書館1984年版,第370~384頁。

④ 參見周法高:《中國古代語法・構詞編》,中国研究院歷史語言研究所1962年版。

又分為"名詞的前附語、狀詞的前附語、動詞的前附語"三類，共羅列了"有、不、弗、夫、于、勾(句)、子、阿、老、其、思、爰、聿、言、遹、曰(越)、于、薄"等。後附語分為"名詞的後附語、狀詞的後附語、代詞的後附語"三類，羅列了"父(甫)、斯、也、子、兒、頭、然、若、如、爾、而、斯、焉、乎、諸、兮、馨"等。中附語則列了一個"之"字。

(五)側重詞綴判定標準的研究

趙元任《漢語口語語法》認為，只要一種語言里詞這個單位能夠標識清楚，那個語言里形態和句法的界限也就分明了。[①] 在第四章"形態類型"裏，趙元任先生指出古今漢語里語素、單音詞和雙音節(或多音節)詞的關係是"現代漢語裏，詞已經多數變成雙音節或多音節，很多早先是自由單音節語素——換句話說，詞——現在只是作為黏着語素出現在詞頭裏"，認為"少數出現在複合詞裏的黏着形式已經失去它們作為根素的意義，取得語綴的身份，標誌它所參加的詞的功能，用以形成各種類型的派生詞"。他还通過舉例，說明實語素意義實在，虛語素沒有意義，只是標誌實語素的語法功能。例如，"擦"這個實語素表示擦的動作，而"擦子"裏的"子"本身沒有意義，只是從動詞造成工具名詞；同樣，"擦着"裏的"着"也沒有意義，只是表示這個動作的進行態。并且強調一個語素的虛實與它出現的頻率、是否重讀有密切關係。趙元任先生還區別了漢語里"結合面寬的語素"和"嚴格意義的前綴"(阿、老、第、初)，分別列舉了"名詞後綴"(兒、子、頭、巴、們)、"動詞後綴"(來、去)、"表從屬的後綴"(的)和雜後綴(么、家、個、乎、得慌)等。在《中國話的文法》裏，趙元任先生將語綴改稱為"詞頭""詞尾"[②]，並且認為對於虛語位，"在沒意義的，出現頻率高的，不加輕重音的，語音上較為含糊的，跟列舉得完的各種特征"，可見以上這五點是其判定虛語素的標準。

王紹新《談談後綴》擇取15部著作、7部辭典中的材料，先列舉詞綴研究現狀，發現各家所舉的詞綴實例和不同辭書中注明為詞綴的條目差別很大，其中沒有任何兩種是完全相同的：少的只舉出四五個，多的則舉出四五十個；大家一致公認的後綴只有"子""兒""頭"三個；某些語素，有人算作後綴，

---

① 參見趙元任：《北京話口語語法》，商務印書館1979年版，第103～104頁。

② 參見趙元任著，丁邦新譯：《中國話的文法》，香港中文大學出版社1980年版，第116頁。

有人算作類後綴。[1] 這反映了人們在認識上實際存在的分歧。王紹新認為產生如此巨大的分歧，主要原因有三個：一是，有的人在使用"後綴"一詞時僅指構詞語素，有的人則兼指構詞語素和變詞語素，沒有區分構詞形態和構形形態；二是，有人把後綴的範圍劃得過寬，包括了許多普通實語素；三是，對"類後綴"的外延和內涵的理解也不一致。針對這些分歧，王紹新認為判斷是否後綴，當從五個方面着眼：一是，凡後綴均為構詞語素，不包括變詞語素；二是，後綴參加構詞時只能處於詞尾位置，不能處於詞首位置或起獨立作用，後綴須緊密結合在詞之內，也就是跟詞根緊密結合在一起組成一個詞；三是，後綴的意義必須高度虛化，有明確實義的語素不是後綴；四是，在形式上大多讀輕聲，凡重讀的不是成熟的後綴；五是，多數後綴有標誌詞性的作用，且往往有較強的構詞能力。他從形態屬性、構詞位置、語義特點、語音特點和語法屬性五個方面對漢語詞綴的判定標準進行了明確清晰的歸納。王紹新認為，類後綴的識別也應有大致的範圍，不能無限膨脹；並且對於常見的人們稱為"類後綴"的幾個語素予以厘分，認為"者""性""化"可以歸為類後綴，而"人""民""論""豪""場""站"等不宜算作類後綴。

可見，學界對詞綴的認識是隨着對漢語研究的深入，由平面到立體、由單一到多層次不斷發展的。

1.2 中古詞綴研究回顧

近年來，中近古漢語的詞彙研究（以複音詞研究為主）蓬勃興起，尤其是新種類語料的發掘大大拓寬了學者們的思路和視野。但是，中近古詞綴的研究似乎只是作為複音詞研究的附屬物而存在，在眾多的複音詞研究論文專著中，附加式複音詞僅以統計資料和舉例的形式存在，對詞綴的界定、詞綴在自然語言中的存在狀態及歷時發展則少有描述，研究對象多是具體詞綴的共時分析，如梁曉虹《禪宗典籍中"子"的用法》、汪大昌《〈兒女英雄傳〉中"兒"尾的使用情況及相關問題》等。

祝敏徹就動詞後綴以及"得""了""着""過"是否在唐宋時候用作詞綴發表了自己的意見。他認為：

---

① 參見王紹新：《談談後綴》，《語言學論叢》第17輯，商務印書館1992年版，第170頁。

漢語動詞後綴的產生,都經歷過一個動詞補語的階段。動詞後綴都是由動詞補語虛化而來的;唐宋時期真正的動詞後綴只有一個"得"字。"得"字與動詞的關係極為密切,二者之間絕對不能插入賓主或其它任何成分。"了"字與動詞之間唐宋時期有時還可被賓語(或"得"字和賓語)隔開,如"他自是做一番天地了"(《朱子語類輯略》卷三)"不是先理會得道理了方作文"(《朱子語類輯略》卷八)。"着"字與動詞之間雖然不能被賓語隔開,但"着"字還經常有"到""附着"等實在意義,還沒有完全虛化。"過"的詞彙意義還很強。因而"着""了""過"宋代還是動詞補語,當時它們正由動詞補語向動詞後綴過渡。元明以後,"着""了""過"進一步虛化,才完全成了動詞後綴。"將"字在唐宋時代有動詞後綴的性質,但後來卻沒有發展成為真正的動詞後綴,而被"了"字所取代了。①

潘允中認為"阿""子""頭""兒"是中古新興的附加法。②

蔣紹愚先生曾說:"在我們還無法描寫一個時期的詞彙系統的時候,只能從局部做起,即除了對單個的詞語考釋外,還要把某一階段的某些相關的詞語(包括不常用的和常用的)放在一起,作綜合的或比較的研究。"對於中古詞綴的研究便是從一個個的詞綴開始的,這一時期除了上述專書中"兒""子"等個別詞綴研究外,還出現了針對詞尾"復、自、生、們、打、動、巴、為、是"等單個詞綴的研究及討論。

江藍生先生在《魏晉南北朝小說詞語匯釋》中排比用例,探求確解,研究了這一時期若干口語詞彙。此書有解釋的前綴是"阿",後綴是副詞詞尾"自"。③

王雲路先生的相關文章有《中古詩歌附加式雙音詞舉例》《從〈唐五代語言詞典〉看附加式構詞法在中古漢語中的地位》《談"摒擋"及其相關詞語的附加式構詞特點》《談談詞綴在古漢語構詞法中的地位》等,不僅詳細描寫了中古漢語的詞綴狀態和歷時演變,而且深入論述了派生法構詞在漢語複音

① 祝敏徹:《祝敏徹漢語史論文集·〈朱子語類〉中的動詞補語》,中華書局2007年版,第113～114頁。

② 參見潘允中:《漢語詞彙史概要》,上海古籍出版社1989年版。

③ 參見江藍生:《魏晉南北朝小說詞語匯釋》,語文出版社1988年版。

詞中的地位。她認為派生式複音詞是複音詞中重要的組成部分:"附加式雙音詞很有規律,分佈廣泛,是漢語詞彙雙音化進程中的一個重要手段。""附加式複音詞在中古近代漢語中,佔據了越來越大的比重。""如果我們摒棄固有的對詞綴的簡單認識會發現中古漢語尤其近代漢語中有大量的附加式。"[①]在界定詞綴方面,王雲路先生提出:"後附加成分會因為漢語複音詞偏旁類化的規律而變得隱蔽起來,與平列複詞或連綿詞很相似,辨別難度也在加大。此類附加式複音詞應當引起我們的重視。"[②]關於中古派生式構詞的研究,王雲路先生清理了中古詩歌中出現的派生詞,其產生的原因主要是詩歌這種韻文體裁對音節有較高的要求,因而附加式雙音詞都相對較多。

中古漢語史研究的一個特色就是佛經語料的引進擴大了研究視野和範圍,讓漢語史研究在一個更廣闊的背景下審視漢語的發展。突出的有以下幾部著作:

朱慶之先生所著《佛典與中古漢語詞彙研究》,稱詞綴為"虛語素",性質是"自由構詞語素",列出的虛語素有"復""為""自""家""子""師""頭""等""曹";並指出,類似"家""師""匠"一類的詞在漢文佛經裹大量出現與原文構詞法有關。[③]

胡敕瑞先生《〈論衡〉與東漢佛典詞語比較研究》選擇了一個新穎的視角:"其相同的部分,可以呈現東漢斷代詞彙的部分面貌;其不同的部分,可以反映兩種材料詞彙上存在的具體差異,而這種共時的差異往往又可以折射出某些歷時的變化。"該書列舉了"行""自""復",指出它們的功能主要是擴充音節,"幾乎成了和'詞頭''詞尾'相類似的語素";並指出,這一類"特殊素材"在中古大量出現和漢語複音化迅猛發展有直接關係,並不是佛典所獨有的。[④]

1.3　取得的成就和存在的問題

1.3.1　取得的成就

從以上我們的總結可見,漢語詞綴的研究是伴隨着對漢語的性質的認

① 王雲路:《從〈唐五代語言詞典〉看附加式構詞法在中近古漢語中的地位》,《古漢語研究》2001年第2期。

② 王雲路:《談"摒擋"及其相關詞語的附加式構詞特點》,《語言研究》2002年第1期。

③ 參見朱慶之:《佛典與中古漢語詞彙研究》,(臺北)文津出版社1992年版。

④ 參見胡敕瑞:《〈論衡〉與東漢佛典詞語比較研究》,巴蜀書社2002年版,第1頁。

識一點點進步的。從20世紀初模仿、比對西方語言學的研究成果,到本世紀初努力分類廓清前輩的研究,力求尋找出漢語詞綴自身的特點,其在詞綴的分類、分佈、語法特徵、歷史演變等方面已經取得了相當大的成就。

首先,對漢語詞綴的分類目前主要有六種:(1)按照構造新詞的能力,詞綴分為能產性詞綴和非能產性詞綴;(2)按照詞綴構成新詞的數目多少,分為結合面寬的詞綴和結合面窄的詞綴;(3)按照詞綴的音節數,分為單音節詞綴、雙音節詞綴和多音節詞綴;(4)按照所成複音詞的詞性,分為名詞性詞綴、動詞性詞綴、形容詞性詞綴和副詞性詞綴;(5)按照能否改變詞性,分為加綴改變詞性和加綴不改變詞性;(6)按照詞綴在複音詞中的位置,可以分為前綴、中綴、後綴等。

其次,已得到公認的標準有如下幾條:(1)詞義虛化;(2)具有能產性;(3)範疇化;(4)定位性;(5)語音的弱化。

再次,在古代漢語和現代漢語研究領域已取得共識的詞綴有:多數古漢語語法著作是把上古漢語裏的"有、其、言、於、斯、思、然、爾、如、若、焉、忽、乎、諸"等語言成分視為詞綴,尤其是組成形容詞副詞的"然、如、若、焉、爾"等。現代漢語中典型的詞綴有"阿""老""子""兒""頭"等。相當一部分"新興詞綴"或"類詞綴"都存在爭議,有的可以認為還是詞根。其中"手""壇""星""吧""秀""熱""族"等是詞根的臨時用法;"嫂""爺""哥"等是稱謂詞的擴大用法,與語言心理和社會文化有關;"反""性""非""超""准"等是為翻譯英文根據英語詞頭(如 anti-,super-,un-)所選用的具有相同意義的漢語語素,其實義性是顯而易見的。

1.3.2 存在的問題

(一)判定標準尚無共識

詞綴的判定標準是派生構詞研究的老問題。詞義虛化是最受重視,也是爭議最多的標準。楊錫彭《關於詞根與詞綴的思考》一文認為,確認詞綴時,意義是否虛化應是必要條件:"判定意義是否完全虛化有一個較為嚴格的標準,就是看它是否跟詞根成分只有位置上的關係,而沒有意義上的關係。"[①]語義結構作為區分詞綴的一條標準,能兼顧意義和詞彙結構兩個方

① 楊錫彭:《關於詞根與詞綴的思考》,《漢語學習》2003年第2期。

面。如“畫家”“作家”中的“家”,有學者認為是準後綴,因為它的詞義幾乎與本義沒有關係了。但“畫家”“作家”都是偏正結構,“家”是“掌握某種專門學識或有豐富實踐經驗以及從事某種專門活動的人”[①],是中心語,前一語素都起修飾限制作用。這與典型詞綴“子”“兒”是非常不同的。

“定位”標準得到學界的普遍認同,不過有些研究者過於注重“定位”特點而將大量詞根(“半”“不”“超”“反”等)視作詞綴也是不妥的。

語音弱化原則是一條判定現代漢語詞綴的較為有效的標準。根據以往的研究,後綴多讀輕音;前綴多讀中音,雙音節疊音後綴讀陰平;多音節後綴第一個音節讀輕音,後面的音節一般讀陰平。這一標準可以用來判斷現代漢語的詞綴,然而放到漢語史的詞綴研究上,輕聲和兒化都是後起的語言現象,中古以前的詞綴該如何用語音標準判斷呢?我們只能看到書面語的記錄,其作為綴的語音索引標籤的輕聲、跟詞根聯繫的緊密度都失去了。

(二)基本成員還未確定

漢語詞綴的研究因為沒有明確的界定,各家劃分的範圍大小不一,相差甚遠。比如從甲骨文和先秦漢語中公認的詞綴“有”,到現代漢語中的“多”“熱”“戶”“爺”,甚至“火輪車”“火輪船”“火輪機”的“車”“船”“機”等,都被認為是詞綴。[②]

(三)術語名稱尚未統一

漢語詞綴的稱呼繁多,不夠統一。名目不確定,反映在工具書釋義上,就是“詞綴”條目下所囊括的一系列的語言現象的術語一直沒有得到規範。比如《漢語大詞典》:“兒……詞尾。形容詞詞尾。”“老……後綴。放在姓氏後,表示對人的泛稱。不含敬意。”[③]

黎錦熙《新著國語文法》(1923)把詞綴稱為“語頭”“語尾”;瞿秋白《新中國文草案》(1932)稱之為“字頭”“字尾”“詞尾”;王力《中國現代語法》《中國語法理論》(1943～1944)稱之為“記號”“附號”;趙元任《漢語口語語法》(1968)稱之為“語綴”。另外,有的學者稱之為“虛語素”,所附成分就是“實

---

① 《新華字典》,商務印書館 2012 年版,第 222 頁。

② [意]馬西尼著,黃河清譯:《現代漢語詞彙的形成》,漢語大詞典出版社 1997 年版,第 63 頁。

③ 漢語大詞典編輯委員會編纂:《漢語大詞典》,漢語大詞典出版社 1995 年版,第 2 卷 207 頁,第 8 卷 599 頁。

語素";有的學者稱之為"構形成分";有的學者稱之為"附加成分"……種種稱呼各有角度,概括起來,成序列的大致有以下五種(见表 4.1):

表 4.1　　詞綴稱名序列

序列 1	序列 2	序列 3	序列 4	序列 5
詞綴	接辭	記號	附加成分	語綴
前綴	接頭辭(字)	前附號	前附(置)成分	詞頭
中綴	插入辭	——	中加成分	詞嵌
後綴	接尾辭(字)	後附號	後附(置)成分	詞尾(語尾)

序列 4 中的附加成分容易和句法層面的定語、狀語、補語相混,不宜採用。序列 5 中的詞尾有時用來指構形成分,和構詞詞綴是分屬於句法和詞彙兩個平面的問題,也不宜採用。序列 2 的術語系列中存在語言單位界定的爭議,為了研究的方便,本書也不予以採用。序列 3 的術語系列不完整,語言單位的性質也不明顯,不採用。序列 1 中的詞綴術語系列完整,概念的上下位關係清晰,並且由於"詞綴"概念本身借自形態學,"綴"表達出了這個語言成分的部分性質和功用,故本書採用這一系列的概念術語。

前面我們討論時,談到了王紹新總結了三點造成前輩學者意見不一致的原因:第一,有的人在使用"後綴"一詞時僅指構詞語素,有的人則兼指構詞語素和變詞語素(即屈折詞綴);第二,有的人把後綴的範圍劃得過寬,包括了許多普通實語素;第三,對後綴的外延和內涵的理解也不一致。再結合我們上面總結的三點"判定標準尚無共識""基本成員還未確定""術語名稱尚未統一",可以看出,根本原因還是對"詞綴"的本質沒有認識清楚,也就是沒有認識清楚"綴"的歷史來源,沒有認識清楚"綴"的源流變化和搭配成分的相互關係,因而沒有掌握詞綴的區別特徵,自然無法掌握判定詞綴的根本標準。

下面,我們將通過具體分析既有的詞綴判定標準,從而找到定位詞綴的關鍵因素,進而初步確立本書判定詞綴的操作標準。

2 本書的標準

馮志偉先生提出"詞彙完整性假設"(lexical integrity hypothesis),即句法規則不能影響到詞彙内部的任何成分,説明合成詞應該具有完備的功能,而短語則不一定具有像合成詞那樣完備的句法功能。"詞彙完整性假設"是詞彙的"功能完備性"的一種反映,意味着:句法規則只表現於詞與詞之間;單詞具有完備的句法功能,而短語不能具有單詞那樣完備的句法功能。[①] 我們可以利用待測對象功能的完備性來判斷,功能完備的是合成詞,功能不完備的是短語。比如,形容詞前可以加"非常、特別"修飾:"可愛"前面可加"非常、特別"修飾("非常可愛""特別可愛"),因而可判定"可愛"是合成詞;"可喜愛"前面不能加"非常、特別"修飾("非常可喜愛""特別可喜愛"),因而可判定"可喜愛"是短語,應該切分。可見,短語往往會失去單詞所具有的完備的句法功能。因此我們可以使用功能完備性測定法來判定一個結構是詞還是短語。以上是從功能上判斷複音詞可參考的標準。功能標準放到漢語史中,需要派生前組合所處的語法史大環境提供條件和演變的可能。

從詞彙史上看,派生詞在各漢語構詞法類型中產生得早,并一直綿延在漢語詞彙發展史中。如何判斷一個帶有綴的複音組合是詞还是非詞,也同時需要考慮意義上的完備性。從意義上判斷複音詞,馬真先生認為可以根據複音組合結合得緊密程度來劃定合成詞,並提出劃定先秦複音詞的五條標準[②]:(1)兩個成分結合后構成新義,各成分的原義融化在新的整體意義中,這樣的複音組合是詞,不是詞組。例如"先生",不是簡單地表示"先出生"的意思,而是指年長的人,這説明"先"和"生"結合后已融合成新的整體意義。(2)兩個同義或近義成分結合,意義互補,凝結成一個更概括的意義,這樣的複音組合是詞,不是詞組。例如"道路","道"和"路"本來有細微差別,結合后就不表示這種細微差別了,而是表示一個更概括的意義。(3)兩個成分結合后,其中一個的意義消失了,只保留一個成分的意義。這樣的複

---

① Feng Zhiwei. Some Grammatical Considerations in the Determination of Unit in Word Segmentation, *Journal of Chinese Language and Computer*, 11(2), Dec 2001, pp. 127-136.

② 參見馬真:《先秦複音詞初探》,《北京大學學報》1980年第5期。

音組合是詞,不是詞組。例如“市井”,“市”是買賣的場所,“井”是水井,兩個字組合后,“井”的意思已經消失了,“市井”就是市場,即買賣的地方。(4)重疊的複音組合,如果重疊后不是原義的簡單重複,而是在原義的基礎上增加某種附加意義,這樣的重疊式是詞,不是詞組。例如“冥冥”,《說文》:“冥,幽也。”是表性狀的單音節形容詞,重疊后的“冥冥”則表示昏暗的樣子,增加了表示情貌的附加意義,應看作詞。(5)兩個結合的成分,其中一個是沒有具體詞彙意義的附加成分,這樣的複音組合是詞,不是詞組。例如:“有美一人,婉如清揚”(《詩經・鄭風・野有蔓草》)的“婉如”,“桑之未落,其葉沃若”(《詩經・衛風・氓》)的“沃若”。兩個成分結合后,是否構成新義(詞彙意義、語法意義和附加意義),結構是否緊密完備,是在中古史乃至漢語史上觀察和判斷派生詞形成過程的行之有效的觀察標準。

2.1 詞綴定性的切入點

表 4.2 是幾位专家在判定詞綴時的標準。

從表中,我們大致可得出一些共識,王力、呂叔湘、趙元任、周法高、陳光磊等同意詞綴體現出了“黏着性”“語義虛化”“定位性”“能產性”“多讀輕聲”“範疇化”的特點。

在“定位性”這一特點上,各位前輩的意見體現出了一致性,都認為詞綴是定位語素。在“範疇化”這一點上,呂叔湘先是肯定詞綴有範疇化的作用,後來又改變了態度。經常被提及的“能產性”的特點,反而沒有受到很大關注。其中“虛化”因為難以把握,歷來是爭論最集中的地方。呂叔湘先是認為詞綴的詞彙意義不明顯,後來又完全否定了詞綴具有詞彙意義。然而詞綴表示一定的附加意義現在已經被大部分學者認可。在某種程度上,“虛化”和“詞彙意義”成了不能並存、非此即彼的選擇。但是我們知道,語言的演變是有一個過程的,總有一個時期語言材料在這兩個特點上区分得不那麼明瞭。

前輩們沒有達成共識,有那麼多標準可供選擇,我們該選擇哪幾條作為標準,或者該聽從誰的呢?我們從哪裏入手可以尋找到詞綴的本質屬性呢?其實可以換個角度,從結果入手,去解決問題。

表 4.2　**专家詞綴判定標準**

標準 / 专家(时间/年)	語法				語義		語音
	定位性	黏着性	範疇化	能產性	虛化	詞彙意義	輕聲或其他
呂叔湘(1941)	√	√	√	×	√	○不很明顯	×
呂叔湘(1979)	√附着對象還可以是短語	√	×	×	√	×	×
王力(1944)	√	√	√	×	√	×	×輕聲
王力(1958)	√	√“了”“着”是形尾	√	×	√	×	×
太田辰夫(1953)	√	√ 附於單純詞				○不很明顯或×	
孫常敍(1956)	√		√	√	√		
陸志韋(1957)	√		√				√一般是輕音，“兒”不成音節
崔復爰(1957)	√		√ 是詞類的標誌				
高名凱(1957)	√		√			√ 表示某種感情	
周法高(1962)	√	√					

续表

標準 专家(时间/年)	語法				語義		語音
	定位性	黏着性	範疇化	能產性	虛化	詞彙意義	輕聲或其他
丁聲樹(1961)	√		√ 改變詞性			√	√ "子"輕讀
胡附、文煉(1962)	√		√		√	√ 表附加意義	
趙元任(1968)	√		√		√	√	
任學良(1981)	√		√		√	×	
朱德熙(1982)	√	√	√		√		√"子"永遠輕聲,"兒"不自成音節
沈夢瓔(1986)	√		√	√ 程度不一	√ 程度不一		
馬慶株(1995)	√	√	√	×	√	√ 非本義	√輕化或陰平化,可調整節奏
王紹新(1992)	√	√	√是構詞語素,不是變詞語素	√	√		√"子""兒""頭"永遠讀輕聲
陳光磊(1994)			√	√ 程度不一			
劉叔新(1990)	√	√	×	×	√	√	

(說明:√表示肯定判斷;×表示否定判斷;○表示专家猶豫之處;空白為未曾論及)

漢語是語素文字，也就是一個字大致和一個語素相當，一個語素在語言裏既可能是詞，也可能是語素。詞綴是派生詞內的成分，是虛語素。這樣，我們可以從詞綴表現出來的各種特點和語素的屬性的對應關係中，尋找詞綴的本質。

首先，"定位性"和"黏着性"意味着詞綴在詞根前或詞根後，而且和詞根語素不可分割。那麼，詞根和詞綴的組合不僅要意義完整，而且結構也要完備，詞綴和詞根當屬於同一個音步。如圖 4.1 所示：

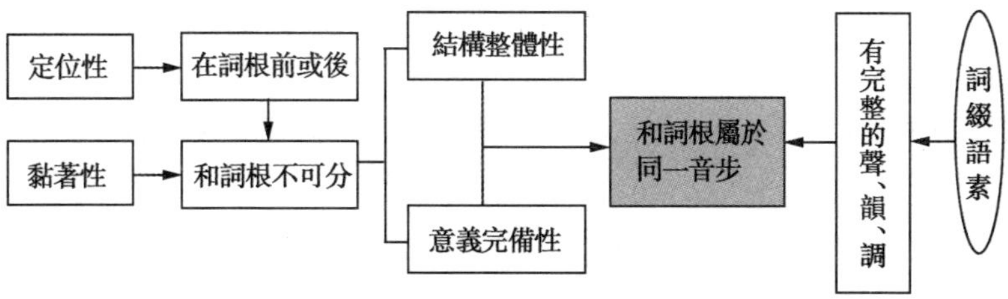

图 4.1　詞綴語素與定位性、黏附性關係

其次，既然詞綴由語素充當，而語素是有一定的語法功能的語言成分，是可以獨立運用的最小語言單位，那麼關係則如圖 4.2 所示：

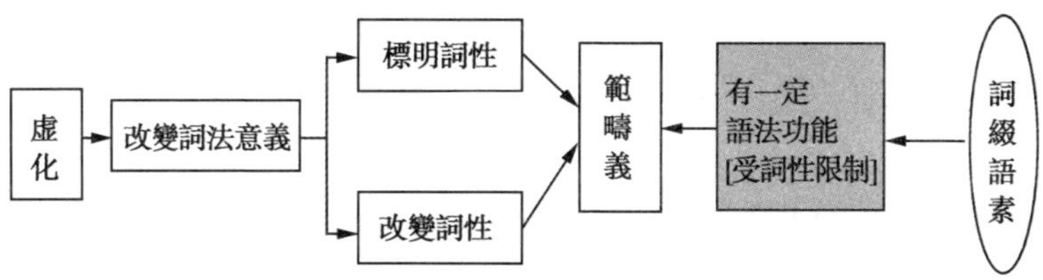

图 4.2　詞綴語素與虛化的關係

並且，詞綴參與構成的詞多為名詞、動詞、形容詞。

再次，"虛化"不僅意味着詞法意義的改變，還意味着詞彙意義的改變。從詞綴的角度講，主要是為整個詞增加附加色彩，如圖 4.3 所示：

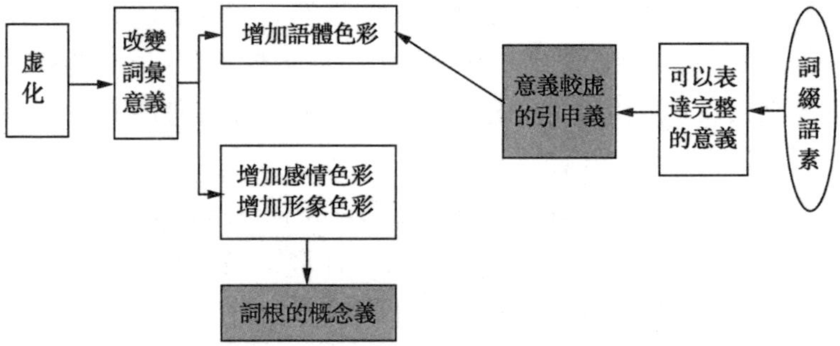

图 4.3　詞綴語素虛化與詞義的關係

附加色彩包括語體色彩、感情色彩、形象色彩等。感情色彩和概念義有關，而詞綴是虛化的成分，沒有實在的詞彙意義，因此感情色彩是詞根賦予的。另外，只有具有描狀功能的詞才有形象色彩，詞綴是虛化的成分，沒有描狀功能，因此形象色彩是詞根的意義賦予的。

詞綴和語素的關係告訴我們：

(1)詞綴口語化的色彩是原語素“虛化”(向虛義方向引申義)賦予的；

(2)派生詞側重語義的範疇義，是詞綴語素的引申義賦予的；側重語法的範疇義是原語素的語法性質，也就是詞性賦予的；

(3)感情色彩和形象色彩與詞綴義關係較小，部分是詞根的詞彙意義賦予的；

(4)“定位性”和“黏着性”是詞綴的現象。

我們需要整理的是：詞綴源語素的概念義、引申序列和詞綴語素的語法性質、詞根語素的詞性。而“定位性”“能產性”“詞性一致”“易變性”“黏着性”都不是掌握詞綴屬性的要素。這樣，通過分析我們注意到，充當詞綴的語言單位的那些屬性和詞綴表現出來的特點有關。以上四點，就是我們整理詞綴分析判定標準的切入點。我們初步把判定詞綴的標準定為：

(1)意義上：距離原虛語素的本義最近的意義較虛的引申義，是詞綴開始虛化的意義起點；形成的新派生詞的詞義與原結構的意義所指不同，同時具有意義的完備性；原虛語素的引申序列即為真詞綴和類詞綴區分的根源所在。

(2)功能上：詞綴轉化原詞根的詞性或者標明原詞根的詞性；所形成的派生詞在歷史上大多為短語跨詞彙一句法層。

(3)讀音上：詞綴語素與詞根語素形成同一音步。

2.2 研究對象

中古是漢語詞綴發展的中興期,"阿、老、第、子、頭、自、復、當、馨"等一批新興詞綴得以形成并被較廣泛地使用。[①] 依據以上初步確立的標準,筆者劃定最終的研究對象為典型的中古詞綴:名詞性前綴"老"、名詞性後綴"子"、代詞性後綴"馨"、序數詞性前綴"第"共四個。

① 參見蔣紹愚、曹廣順:《近代漢語語法史研究綜述》,商務印書館 2005 年版,第 66 頁。

第5章　中古名詞性前綴“老”

1　前人研究概述

“老”是大多數學者公認的一個漢語名詞性前綴，很多現代漢語、古代漢語的教材上都談到它，各種古代漢語、現代漢語的工具書也都講到它。但是，對於前綴“老”的屬性特徵和判斷標準，各家意見分歧很大。

任學良《漢語造詞法》說：“《方言》有‘老鼠’的稱呼，可見這個詞頭‘老’起源很早，而且一直傳留到現在，真‘有自來矣’！”任學良舉了《爾雅》中的例子，認為這裏的“老”是前綴：“《爾雅·釋鳥》有一種鳥，名叫‘老鵵(tù，兔)’，是鴟鵂的一種，這個‘老’也是詞頭。”[①]把前綴“老”的產生年代上推到先秦。

而《漢語大詞典》《漢語大字典》共舉巴金《憩園》為例：“楊家四兄弟，老大死了幾年，其餘三個好象都在省裏，老二老四做生意相當賺錢，老三素來不務正業，是個出名的敗家子。”[②]認為“表示排行”的“老”產生於現代。可見，除了前綴“老”產生的年代問題，還有詞綴“老”的劃分標準，以及“老”綴和由“老”構成的派生詞的來源和發展機制等問題。

用籠統的眼光看，似乎只要一個詞根前邊有個“老”，它就是一個派生

① 任學良：《漢語造詞法》，中國社會科學出版社1981年版，第32頁。

② 漢語大詞典編輯委員會編纂：《漢語大詞典》第8卷，漢語大詞典出版社1995年版，第599頁。漢語大字典編輯委員會編纂：《漢語大字典》第5卷，四川辭書出版社2010年版，第2970頁。

詞，這個“老”就是詞綴，這其實是一種誤解。站在共時平面看，似乎凡是由“老”形成的派生詞，就是同一個“老”，就是同一個來源，這也是一種誤解。因為用“老”作前綴的詞，不同類的詞，甚至不同的詞，有不同的來歷。換句話說，“老”用在不同類的詞根，甚至不同的詞根前面，有不同的來歷。“老大”“老二”的“老”不是同一個來源，來源的結構也不相同；“老王”“老李”的“老”跟“老鼠”“老虎”的“老”也不是同一個語素；“老鼠”的“老”跟“老虎”的“老”也並不是同一個來源。正是由於它們的來源不同，帶來了不同的構式義和範疇義。因此，對於在現代看來由同一個詞綴構成的詞，需一類一類、甚至一個一個地研究。

2　前綴“老”的基礎

2.1　語素義基礎

前綴“老”的產生和發展有其語義基礎和結構基礎。漢語中還沒有發現專門為合成詞直接創造虛語素的現象。虽然前綴“老”是虛語素，但它的來源當是實語素。王力先生認為：“詞頭‘老’字來源於形容詞‘老’字，最初是表示年老或年長的意思。後來由這種形容詞‘老’字逐漸虛化為詞頭。”①

“老”字甲骨文作、，象老人服冠、長髮、曲背、柱杖之形。② 西周金文作，戰國文字作，小篆作。杖，金文、小篆訛變為了“匕”。到《說文解字》訛變為會意字。《說文解字・老部》：“老，考也，七十曰老。從人、毛、匕，言鬚髮變白也。”

根據甲骨文字形，考之於文獻，“老”的本義為“年紀大的人”，是名詞。如：

(1)不憖遺一老，俾守我王。

陳奐《詩毛氏傳疏》：“言皇父不愿遺一老，使守衛我王也。”(《詩經・小雅・十月之交》)

① 王力：《漢語語法史》，商務印書館1989年版，第7頁。

② 參見王延林：《常用古文字字典》，學林出版社2012年版，第480頁。

(2)大夫若入,其若申、息之老何?(《左傳・僖公二十八年》)

(3)老有加惠。(《左傳・宣公十二年》)

(4)二老者,天下之大老也。(《孟子・離婁上》)

(5)老弱孤寡為意。(《莊子・天下》)

(6)有老者哭之。(《莊子・養生主》)

(7)上老老而民興孝,上長長而民興弟。

鄭玄注:"老老,長長,謂尊老,敬長也。"(《禮記・大學》)

(8)老病孤寡,慎之慎之。(《嶽麓書院藏秦簡(壹)・為吏治官及黔首》)

由"年紀大的人"引申為特指七十歲的人,仍是名詞。譬如:

(1)七十曰老,而傳。(《禮記・曲禮上》)

由"年紀大的人"引申為"臣僚的稱謂",名詞。"老"用為名詞以稱人,從語用上分為兩種情況:一是他稱,一是自稱。

第一,他稱。可以稱公卿大夫、大夫的家臣、羣吏之尊者和鄉里尊者,含有尊敬的意味。

公卿大夫稱"天子之老":

(1)八伯各以其屬屬於天子之老二人,分天下以為左右曰二伯。

鄭玄注:"老,謂上公。"(《禮記・王制》)

(2)天子之老,請帥王賦。元戎十乘,以先啓行。(《左傳・昭公十三年》)

杜預注:"天子大夫稱老。"

大夫的家臣也稱"老":

(1)授老幣。(《儀禮・聘禮》)

賈公彥疏:"大夫家臣稱老。"

羣吏之尊者也稱"老":

(1)授老雁。(《儀禮・士昏禮》)

鄭玄注:"老,羣吏之尊者。"

鄉里尊者也稱"老":

(1)老醴婦於房中,南面,如舅姑醴婦之禮。(《儀禮・士昏禮》)

(2)用享孝於兄弟婚顜(媾)者(諸)老。(《殳季良父壺》)

第二,自稱。可以用於公卿大夫的自稱和列國大夫的自稱,或稱"王老";也可以作定語標明中心語的身份,比如用以稱公侯的妻子。

公卿大夫自稱“王老”：

(1)九州之長，於外自稱曰王老。(《禮記·曲禮下》)

列國大夫自稱“寡君之老”：

(1)列國之大夫，於其國曰寡君之老。(《禮記·曲禮下》)

(2)諸侯使人於諸侯，使者自稱曰寡君之老。(《禮記·曲禮下》)

公侯的妻子自稱“老婦”：

(1)公侯有夫人，有世婦，有妻，有妾。夫人自稱於天子曰老婦。(《禮記·曲禮下》)

有時“王老”也可以用“姓氏＋老”稱呼：

(1)晉獻文子成室，晉大夫發焉。張老曰：“美哉輪焉！美哉奐焉！歌於斯，哭於斯，聚國族於斯。”(《禮記·檀弓》)

(2)見張老而語之，張老曰：“善矣，從欒伯之言，可以滋；范叔之教，可以大；韓子之戒，可以成。物備矣，志在子。若夫三郤，亡人之言也，何稱述焉！智子之道善矣，是先主覆露子也。”(《國語·晉語》)

(3)知張老之智而不詐也，使為元候。(《國語·晉語》)

(4)始合諸侯於虛朾以救宋，使張老延君譽於四方，且觀道逆者。……使張老為司馬，使范獻子為候奄。(《國語·晉語》)

(5)魏絳為司馬，張老為候奄。(《左傳·文公十八年》)

“張老”，《禮記》凡1見，《左傳》凡3見，《國語·晉語》凡9見，所指皆為同一個人，是晉悼公的司馬，為人智而德高，是傳說人物張果老的前身。

由“年紀大的人”引申為泛指“年紀大”，形容詞。譬如：

(1)老夫灌灌，小子蹻蹻。(《詩經·大雅·板》)

(2)嘉我未老，鮮我方將。(《詩經·小雅·北山》)

(3)雞犬之聲相聞，民至老死不相往來。(《老子》第八十章)

(4)發憤忘食，樂以忘憂，不知老之將至云爾。(《論語·述而》)

(5)及其老也，血氣既衰，戒之在德。(《論語·季氏》)

(6)令壯者無取老婦，令老者無取壯妻。(《國語·越語》)

(7)余幼好此奇服兮，年既老而不衰。(《楚辭·九章·涉江》)

(8)臣有老母，將以遺之。(《呂氏春秋·慎大覽》)

上面八例中的“老”都是形容詞，泛指“年紀大”，在這個義位上“老”可以作定語、謂語、主語、賓語。

由泛指“年紀大”引申為對年紀大的人持有的態度“養老、敬老”,後面可以直接接賓語或者介詞短語補語,轉變為動詞:

(1)成請老於崔,崔子許之。(《左傳·襄公二十七年》)

杜預注:“成欲居崔邑以終老。”

(2)老吾老以及人之老。(《孟子·梁惠王上》)

例(1)是叫成的人向崔子請求能夠居住在崔邑養老。“老”後接介詞“於”引出表處所的介賓短語補語,“老”是動詞“養老、敬老”的意思。

從人的角度講,“年紀大”意味著涉世時間長,由此引申為“經歷長,富有經驗的”,可以加在名詞性成分前面,其語法屬性是形容詞。譬如:

(1)雖無**老成人**,尚有典刑。(《詩經·大雅·蕩》)

(2)樊遲請學稼,子曰:“吾不如老農。”請學為圃,曰:“吾不如**老圃**。”(《論語·子路》)

(3)既無**老謀**,又無壯事。(《國語·晉語》)

(4)長於上古而不為老。(《莊子·大宗師》)

(5)臣不能以喻臣之子,臣之子亦不能受之於臣,是以行年七十而**老斫輪**。(《莊子·天道》)

(6)魏有**老儒**而不善濟陽君,客有與**老儒**私怨者,因攻**老儒**殺之,以德於濟陽君曰:“臣為其不善君也,故為君殺之。”(《韓非子·內儲說下》)

從“年紀老”,又引申為“疲憊、衰弱”。譬如:

(1)申侯見曰:“師老矣,若出於東方而遇敵,懼不可用也。若出於陳鄭之間,共其資糧扉屨,其可也。”(《左傳·僖公四年》)

(2)老師費財,亦無益也。(《左傳·僖公三十三年》)

“老”在先秦的義位可以歸納如下:

①A. 名詞性義位:年紀大的人。

義位{老}=[+人+年齡老]

置於名詞前,構成修飾關係的偏正短語。

B. 名詞性義位:年齡在七十歲左右的人。

義位{老}=[+人+年齡老+七十歲]

獨用,或置於名詞後構成修飾關係的偏正短語。

②名詞性義位：統治階層的稱謂或指地位尊的人。

義位{老}＝[＋人±年齡老＋職官＋地位尊]

獨用，或置於名詞後構成修飾關係的偏正短語。

③形容詞性義位：泛指年紀大。

義位{老}＝[＋人＋年齡老]

置於名詞前，構成修飾關係的偏正短語。

④動詞性義位：養老，敬老。

義位{老}＝[（＋人）＋奉養＋尊敬＋年齡老的人]

作為動詞可以後接名詞，構成動賓短語。

⑤形容詞性義位：經歷長，富有經驗的。

義位{老}＝[＋人＋涉世＋時間長＋閱歷深＋經驗多]

後接名詞，構成定中關係的偏正短語。

⑥由“經歷長，富有經驗的”引申出形容詞性義位：成精怪。義例不見於上古。

義位{老}＝[－人＋時間長＋成精怪]

作為形容詞，後接名詞，構成偏正短語。

⑦由“經歷長，富有經驗的”引申出形容詞性義位：程度深。義例不見於上古。

義位{老}＝[－人＋時間長＋程度深]

⑧形容詞性義位：疲憊、衰弱。

義位{老}＝[－人＋疲憊＋衰弱]

引申序列如下表所示：

表 5.1　“老”先秦義位引申關係

<table>
<tr><td rowspan="4">①年紀大的人/特指七十歲</td><td rowspan="4">②統治階層的稱謂或指地位尊</td><td rowspan="4">③泛指年紀大</td><td colspan="2">④養老，敬老</td></tr>
<tr><td rowspan="3">⑤時間長，富有經驗</td><td>⑥老練有經驗</td></tr>
<tr><td>⑦成精怪</td></tr>
<tr><td>⑧程度深</td></tr>
</table>

“老”的這八個義位，①②③④⑤⑧在先秦都是能夠獨立使用的。從理論上講，這些義位都應該是此後由“老”參與創造派生詞的基礎。但是，由於

各個義位本身的特點,它們參與創造新詞的機會並不相等。如義位①"年紀大的人""年齡在七十歲左右的人",都是特指人或特殊的人,語義很實,不容易虛化。跟其他詞素的結合能力有限,不容易跟其他語素配合,至今沒有見到大量由①②提供的詞素義形成的合成詞。

義位②"統治階層的稱謂或指地位尊的人",也不容易在較廣的範圍內跟其他義位組合。公侯的夫人"自稱於天子曰老婦"中的"老婦","老"並不表示年齡的老少長幼,表面看似乎已經成了前綴,但其實這是誤解。公卿大夫被稱為"天子之老",自稱為"王老",也就是"王之老",那麼公卿大夫的夫人稱"老婦"就是"老之婦",也就是"天子之老之婦""王之老之婦"的省稱。"老婦"的"老"不是形容詞義位,而是名詞義位。"老婦"是以"老"的義位⑤為基礎形成的唯一一個合成詞。義位④"養老,敬老",是動詞性義位,組合能力弱。以義位⑤為基礎創造的新詞有:老成、老練、老到、老農、老手等。義位⑧"疲憊、衰弱",組合能力也很弱。義位⑥⑦,義例不見於上古,論述見下。義位③"泛指年紀大",充當詞素和詞素義創造的合成詞或短語就比較多了,如:老臣、老漢、老將、老夫、老父、老母、老翁、老宿、老僧、老丈、垂老、告老、養老、衰老、長老等。

可見,義位①②④⑤⑧都沒有作前綴語素"老"的可能性,能在"老+X"中充當前綴語素義基礎的只有義位③,也就是形容性義位"年紀大""年齡老"。王力先生關於"詞頭'老'字來源於形容詞'老'字,最初是表示年老或年長的意思"的見解,是非常精闢的,指的就是義位③。

2.2 結構基礎及結構意義

"老"參與創造合成詞,上古已有的結構基礎有兩類:"老+X"和"X+老"。由於搭配環境不同,以上兩種不同詞序中的"老"得以凸現的結構特徵義也不相同,下面試以例分析。

2.2.1 老+X

基於"老"義位②語素義的"老+X"在先秦的合成詞或短語有:老臣、老夫、老婦、老父、老母、老成、老彭等。

(一)老+單音節稱謂名詞

【老臣】

(1)且先君而有知也,毋寧夫人,而焉用<u>老臣</u>。(《左傳·襄公二十九年》)

(2)時充國年七十餘，上老之，使御史大夫丙吉問誰可將者，充國對曰："亡踰於老臣者矣。"(《漢書·趙充國傳》)

(3)老臣病足，曾不能疾走，不得见久矣。(《戰國策·趙策三》)

(4)鮑叔履其足曰："事之濟也，在此時。事若不濟，老臣死之。公子猶之免也。"(《管子·大匡》)

(5)鮑叔乃告小白曰："夫國之疑二三子，莫忍老臣。事之未濟也，老臣是以塞道。"(《管子·大匡》)

由例(2)可知"老臣"指年龄老的臣子。

【老夫】

(1)枯楊生稊，老夫得其女妻，無不利。(《易·大過》)

(2)叔仲惠伯曰："吾子相之，老夫抱之，何幼君之有?"(《公羊傳·成公十五年》)

(3)衛國褊小，老夫耄矣，无能为也。此二人者，实弑寡君，敢即圖之。(《左傳·隱公四年》)

(4)女既勤君而兴諸侯，牵帅老夫以至於此，既无武守，而又欲易余罪，曰："是实班师。不然，克矣。"余羸老也，可重任乎？七日不克，必尔乎取之！(《左傳·襄公十年》)

例(1)李鼎祚集解："二體乾老，故稱老夫。"高亨注："夫，男子……老男娶得少女為妻，轉向年輕，故無不利。""老夫"指的是年龄老的男子，是偏正短語。《禮記·曲禮上》："大夫七十而致事。若不得謝，則必賜之几杖，行役以婦人。適四方，乘安車。自稱曰老夫，於其國則稱名；越國而問焉，必告之以其制。"郑玄注："老夫，老人称也。"也是年龄老的男子的自称。

【老婦】

(1)九五，枯楊生華，老婦得其士夫，無咎無譽。(《易·大過》)

(2)(句踐)命壯者無取老婦，令老者無取壯妻。(《國語·越語上》)

(3)太后明謂左右："有復言令長安君為質者，老婦必唾其面。"(《戰國策·趙策三》)

(4)公侯有夫人，有世婦，有妻，有妾。夫人自稱於天子曰老婦。(《禮記·曲禮下》)

(5)太后曰："老婦不知長者之計。"(《戰國策·燕策》)

“老婦”既可以作他稱,指老年的婦女,也可以作老年婦女的自稱。自稱時也可以特指公侯的夫人向天子的自稱。

【老母】

(1)孟嘗君問:“馮公有親乎?”對曰:“有**老母**。”(《戰國策·齊策四》)

(2)**老母**在,政身未敢以許人也。(《戰國策·韓策二》)

(3)臣有**老母**,將以遺之。(《呂氏春秋·慎大覽》)

“老母”,指年紀大的母親,偏正短語。

(二)老+單音節形容詞

【老成】

(1)今彪聰明康彊,可謂**老成**黃耇矣。(《後漢書·和帝紀》)

李賢注:“老成,言老而有成德也。”

(2)汝無侮**老成**人,無弱孤有幼。(《尚書·盤庚上》)

(3)雖無**老成**人,尚有典刑。(《詩經·大雅·蕩》)

朱熹集傳:“老成人,舊臣也。”

“老成”這裏有兩個含義:一是“老而有成德”,一是“舊臣”。

(三)老+姓氏

【老彭】

(1)述而不作,信而好古,竊比於我**老彭**。(《論語·述而》)

何晏集解引包咸曰:“老彭,殷賢大夫。”一說為老聃、彭祖的並稱。劉寶楠正義引鄭玄曰:“老,老聃;彭,彭祖。”後泛指傳說中長壽的彭祖。

這部分內容整理如表 5.2。

表 5.2　　先秦文獻“老+X”使用情況

<table>
<tr><th colspan="2">結構類型</th><th>詞項</th><th>詞義構成成分分析</th><th>用例數</th><th>百分比</th></tr>
<tr><td rowspan="5">作定語</td><td rowspan="4">老+單音節稱謂名詞</td><td>老臣</td><td>[+年齡老+官吏]</td><td>9</td><td rowspan="5">95.71%</td></tr>
<tr><td>老夫</td><td>[+年齡老+男子]</td><td>10</td></tr>
<tr><td>老婦</td><td>[+年齡老+女子]</td><td>8</td></tr>
<tr><td>老母</td><td>[+年齡老+母親]</td><td>3</td></tr>
<tr><td>老+姓氏</td><td>老彭</td><td>[+年齡老+姓彭]</td><td>1</td></tr>
<tr><td>並列</td><td>老+單音節形容詞</td><td>老成</td><td>[+年齡老+成熟]</td><td>3</td><td>4.29%</td></tr>
</table>

可見,“老＋X”結構中“老”的詞彙意義在先秦非常實在,與後一詞組成偏正短語所佔比率最高,為95.71%。其中“老”作為修飾限定成分,都是基於上節所討論的義位③“泛指年紀大”。同時,“老”作偏正結構的定語,起修飾作用明顯是其主要的表意功能。並列結構的短語佔比為4.29%。兩種“老”參與的組合結構有一個共同的特點,就是義位構成里都包含語義特徵[＋年齡老],並且我們可以在所參與組成的結構意義中明確地分析出來。

2.2.2　X＋老

語素“老”在先秦參與構造的合成詞有:一老、二老、三老;國老、庶老、宗老、室老、家老、鄉老、張老;上老、元老、先老、大老、寡老、孤老、故老,昏老、癃老、犁老、羸老、耆老、耇老、衰老、長老;休老、偕老、歸老、貴老、告老、養老、老老。

(一)數詞＋老

【一老】

(1)不憖遺**一老**,俾守我王。(《詩經·小雅·十月之交》)

指年高德劭之人。

【二老】

(1)**二老**(伯夷、呂望)者,天下之大老也。(《孟子·離婁上》)

(2)昔三仁去而殷墟,**二老**歸而周熾。(揚雄《解嘲》)

尊稱同時或異代齊名的長者二人。

【三老】

(1)故宗祝在廟,三公在朝,**三老**在學。(《禮記·禮運》)

古代掌教化之官。鄉、縣、郡均曾先後設置。

(2)王乃召冢卿**三老**三吏大夫百執事之人,朝於大庭。(《逸周書·大匡》)

朱右曾校釋:“三老,國老也。謂致仕者。”指國三老,多以致仕三公任之。

(二)名詞＋老

【國老】

(1)中春,羅春鳥,獻鳩以養**國老**。(《周禮·夏官·羅氏》)

孫詒讓正義:“國老之內,以老更為尤尊。”

(2)**國老**皆賀子文。(《左傳·僖公二十七年》)

孔穎達疏:"《王制》云:'有虞氏養國老於上庠,養庶老於下庠。'然則國老者,國之卿大夫士之致仕者也。"

(3)春秋入學,坐**國老**,執醬而親饋之,所以明有孝也。(賈誼《治安策》)

此指告老退職的卿大夫士。

(4)宜為**國老**。(《孔子家語·弟子行》)

王肅注:"國老,助宣德教。"

也指掌教化的官。

【庶老】

(1)大夫士七十而致仕,老於鄉里,大夫為父師,士為少師……上老平明坐於右塾,**庶老**坐於左塾,餘子畢出,然後皆歸。(伏生《尚書大傳》卷五)

鄭玄注:"上老,父師也;庶老,少師也。"

(2)有虞氏養國老於上庠,養**庶老**於下庠。(《禮記·王制》)

孔穎達疏引熊安生云:"國老,謂卿大夫致仕者;庶老,謂士也。"

"庶老"指的是古代士之告老退休者。《魏書·高祖紀下》:"(二月)丙午,詔畿內七十以上暮春赴京師,將行養老之禮……三月丙寅,宴羣臣及國老庶老於華林園。"

一說"庶老"兼指士人告老退休者與庶人之老者:

(3)《王制》曰:"周人養國老於東膠,養**庶老**於虞庠。"(《周禮·天官·外饔》鄭玄注)

孫詒讓正義:"庶老亦當兼有庶人之老。依《大司徒》注及賈疏義,庶人之老蓋七十養於鄉、六十養於國、九十養於學,與卿大夫士之老異也。"

【宗老】

(1)公父文伯之母,欲室文伯,饗其**宗老**,而為賦《綠衣》之三章。(《國語·魯語下》)

韋昭注:"家臣稱老。宗,宗人,主禮樂者也。"

(2)屈到嗜芰。有疾,召其**宗老**而屬之,曰:"祭我必以芰。"(《國語·楚語》)

古代大夫家臣之管理宗事者,本身為宗人。范文瀾、蔡美彪等《中國通史》第一編第四章第一節:"替宗子管理宗事的人叫'宰'或'宗老'……宗族實際是一個小國家。"

【室老】

(1)傳曰:公卿大夫、室老、士,貴臣,其餘皆衆臣也。(《儀禮·喪服》)

鄭玄注:"室老,家相也。"

(2)歠主人、主婦、室老,為其疾也,君命食之也。(《禮記·檀弓下》)

孔穎達疏:"室老,家之長相。"

"室老"是家臣之長。《左傳·襄公二十一年》:"室老聞之,曰:'樂王鮒言於君,無不行,求赦吾子,吾子不許。'"楊伯峻注:"室老,羊舌氏家臣之長。"《魏書·禮志四》:"唯近臣閹寺,隨君而服耳。若大夫之室老,君之所服,無所不從,而降一等。"

【家老】

(1)叔向聞之,見宣子曰:"聞子與龢未寧,徧問於大夫,又無決,盍訪之訾祏?訾祏實直而博,直能端辨之,博能上下比之,且吾子之家老也。"(《國語·晉語八》)

韋昭注:"家臣室老。"

(2)定公即位,乃命之,辭曰:"先臣有遺命焉,曰:'夫禮,人之幹也,非禮則無以立。'"囑家老使命二臣必事孔子而學禮,以定其位。(《孔子家語·正論》)

"家老"指上古大夫家臣中的長者。

【鄉老】

(1)鄉老,二鄉則公一人。(《周禮·地官·序官》)

鄭玄注:"老,敬稱也。王置六鄉,則公有三人也。三公者,內與王論道,中參六官之事,外與六鄉之教,其要為民,是以屬之鄉焉。"

《周禮》官名,地官之屬,掌六鄉教化,每二鄉由三公一人兼任。在朝謂之"三公",在鄉謂之"鄉老"。一說,鄉老為致仕之尊官,或鄉黨重望,故尊之曰公,非朝廷公卿。

【張老】

(1)晉獻文子成室,晉大夫發焉,張老曰:"美哉輪焉!美哉奐焉!歌於斯,哭於斯,聚族於斯!"(《禮記·檀弓下》)

春秋晉大夫張孟之別稱。獻文子築室成,張老因其華侈,歌以諷之。

(三)形容詞+老

【上老】

(1)大夫士七十而致仕,老於鄉里。大夫為父歸,士為少師……**上老**平明坐於右塾,庶老坐於左塾。(伏生《尚書大傳》卷三)

鄭玄注:"上老,父師也。庶老,少師也。""上老"是古代对致仕大夫的敬称。

【元老】

(1)方叔**元老**,克壯其猶。(《詩經·小雅·采芑》)

毛傳:"元,大也。五官之長,出於諸侯,曰天子之老。"

天子的老臣。後稱年輩資望皆高的大臣或政界人物。《後漢書·章帝紀》:"行太尉事節鄉侯熹三世在位,為國元老。"

【先老】

(1)適東序,釋奠於**先老**。(《禮記·文王世子》)

孔穎達疏:"天子親自釋奠於先世之老。"

"先老"謂先世長老。

【大老】

(1)二老者,天下之**大老**也。(《孟子·離婁上》)

"二老"是伯夷、太公。"大老"指的是德高望重的老人。

【寡老】

(1)別離分散,長子從軍,稚叔就賊,**寡老**獨居。(焦贛《易林·漸》)

謂孤獨的老人。

【孤老】

(1)再會諸侯,令曰:"養**孤老**,食常疾,收孤寡。"(《管子·幼官》)

謂孤獨無依的老人。

【故老】

(1)召彼**故老**,訊之占夢。(《詩經·小雅·正月》)

鄭玄箋:"君臣在朝,侮慢元老,召之不問政事,但問占夢。"

(2)古制,書必同文,不知則闕,問諸**故老**。(《漢書·藝文志》)

"故老"指元老、舊臣。

【昏老】

(1)得百年者千無一焉。設有一者,孩抱以逮**昏老**,幾居其半矣;夜眠之所弭,晝覺之所遺,又幾居其半矣……則人之生也,奚為哉?奚樂哉?(《列子·楊朱》)

謂昏瞶老邁。

【犁老】

(1)今商王受,力行無度,播棄**犁老**,昵比罪人。(《尚書·泰誓中》)

“犁老”指老人,老人面色黧黑,故稱。犁,通“黧”。蔡沈集傳:“犁黧通,黑而黃也。”

【羸老】

(1)余**羸老**也,可重任乎?(《左傳·襄公十年》)

“羸老”指衰弱的老人。

【癃老】

(1)公所身見**癃老**者七十人,振贍之。(《晏子春秋·問下一》)

“癃老”指衰老病弱。

【耆老】

(1)養**耆老**以致孝,恤孤獨以逮不足。(《禮記·王制》)

“耆老”謂老年人。

【耇老】

(1)下邑小國,克有**耇老**。(《逸周書·皇門》)

孔晁注:“耇老,賢人也。”

(2)肅恭明神,而敬事**耇老**。(《國語·周語上》)

“耇老”亦作“耈老”,指年高有德的賢人。

(四)動詞+老

【休老】

(1)百官齊戒受質,然後**休老**勞農,成歲事,制國用。(《禮記·王制》)

“休老”指使老人得到休養。

【偕老】

(1)執子之手,與子**偕老**。(《詩經·邶風·擊鼓》)

“偕老”指共同生活到老。常特指夫妻相偕到老。

【歸老】

(1)孟嘗君因謝病,**歸老**於薛。(《史記·孟嘗君列傳》)

“歸老”指辭官養老。

【貴老】

(1)先王之所以治天下者五:貴有德,貴貴,**貴老**,敬長,慈幼。此五者,先王之所以定天下也。(《禮記·祭義》)

謂尊老。

【養老】

(1)江傍家人常畜龜飲食之,以為能導引致氣,有益於助衰**養老**,豈不信哉!(《史記·龜策列傳》)

(2)醴泉者,美泉也,狀若醴酒,可以**養老**也。(班固《白虎通義·封禪》)

謂保摄调养以延缓衰老。

【老老】

(1)上**老老**而民興孝,上長長而民興弟。(《禮記·大學》)

(2)所謂**老老**者,凡國皆有掌老。年七十已上,一子無征,三月有饋肉;八十已上,二子無征,月有饋肉;九十已上,盡家無征,日有酒肉。死,上共棺槨。勸子弟:精膳食,問所欲,求所嗜,此之謂老老。(《管子·入國》)

(3)**老老**而壯者歸焉。(《荀子·修身》)

謂以敬老之道侍奉老人。鄭玄注:"老老,長長,謂尊老敬長也。"楊倞注:"老老,謂以老為老而尊敬之也。"

這部分内容整理如表5.3。

表5.3　先秦文獻"X+老"使用情況

結構類型		詞項	詞義構成成分分析	用例數	百分比
偏正	數詞+老	一老	[+人+年齡老+品德高尚]	1	10.23%
		二老	[+人+年齡老+齊名]	1	
		三老	[+人+年齡老+掌教化]	16	
	名詞+老	國老	[+人+年齡老+退職+官吏]	11	34.75%
		宗老	[+人+年齡老+大夫家臣+管理宗事]	4	
		室老	[+人+年齡老+大夫家臣之長]	9	
		家老	[+人+年齡老+大夫家臣+長者]	7	
		鄉老	[+人+年齡老+掌教化]	4	
		長老	[+人+年齡老+晉國大夫]	14	

续表

結構類型		詞項	詞義構成成分分析	用例數	百分比
偏正	形容詞＋老	庶老	[＋人＋年齡老＋退職＋士人]	8	51.06%
		上老	[＋人＋大夫＋年齡老(＋七十歲以上)]	1	
		元老	[＋人＋年齡老＋資望高＋臣吏]	1	
		先老	[＋人＋先世的＋年齡大＋資望高]	1	
		大老	[＋人＋德高望重]	2	
		寡老	[＋人＋年齡老＋孤獨]	2	
		孤老	[＋人＋年齡老＋孤獨＋無依靠]	3	
		故老	[＋人＋年齡老＋時間長＋臣吏]	4	
		犁老	[＋人＋年齡老＋面色黧黑]	1	
		羸老	[＋人＋年齡老＋衰弱]	1	
		癃老	[＋人＋年齡老＋病弱]	1	
		耆老	[＋人＋年齡老]	16	
		耇老	[＋人＋年齡老＋德高]	4	
動賓	動詞＋老	休老	[＋人＋年齡老＋得到休養]	2	36.36%
		偕老	[＋人＋一起＋年齡老]	5	
		歸老	[＋人＋年齡老＋辭官＋修養]	2	
		貴老	[＋尊重＋人＋年齡老]	5	
		養老	[＋奉養＋人＋年齡老]	44	
		老老	[＋以敬老之道＋侍奉＋人＋年齡老]	6	

在“X＋老”結構中，“老”作為被飾詞，詞彙意義在先秦非常實在，共同的特點就是都包含[＋人＋年齡老]的語義特徵，指具有“年齡老”這個特點的人。其中“老”充當動賓結構賓語的比率較高，是36.36%。

基於以上不同語序語例的對比，我們可以得出如下兩點結論：

第一，在先秦相同詞義特徵[＋年齡老]的前提下，“老＋X”裏的“老”是修飾限定成分，其後接名詞性中心語，其語義功能是描述後一中心語所具有的屬性,是形容詞性的。也就是前置語素"老"指的是[+年齡老]這個屬性本身。"X+老"裏的"老"是中心語,其語義功能是被描述的語義中心,是具備[+年齡老]屬性的主體[+人],是名詞性的。通過對比,前綴語素"老"在先秦的詞彙範疇義基礎是[+年齡老]。

第二,由"老"形成派生詞的結構基礎,顯然"老"必須是結構的前一成分。漢語表意的手段是語序和虛詞,在合成詞的形成過程中,除並列式有的前後兩個成分易位而詞義不變外——如"衰老"說成"老衰",語義不變——其他結構還沒有發現可以易位或移位的情況,如"老臣"與"臣老"語義不同,"老父"與"父老"語義不同。"形容詞性語素'老'+詞根語素"是"前綴語素'老'+詞根語素"的結構基礎,是"老"詞綴化的語法環境和前提條件。也就是"老"的屬性由它所在的語法位置和起到的語法功能決定,並且,由於其語法位置的限定,"老"的表義重心也被凸顯了出來。這二者在"老"族派生詞形成初期,相互作用,互為因果。

3 "老"在中古的發展

"老"在中古符合以上結構、語義基礎的詞共有66個,其中沿用上古詞語16個,中古新詞50個。部分詞語是舊形表新義,例如"老師""老公"等詞。根據"老"的搭配環境,分為如下幾類,試舉例說明之。

3.1 前綴源語素"老"+名詞性詞根

3.1.1 老+亲属稱謂

【老公】

(1)嫗大怒曰:"君常言兒體質聲氣喜學似我,老公欲死,為作狂語。"(應劭《風俗通義·愆度》)

(2)徵為侍中,人吏送別悲號,有老公數百人相率具饌。(《北齊書·彭城王淑傳》)

(3)昔有老公,其家巨富。而此老公,思得肉食。詭作方便,指田頭樹。(《雜寶藏經》T04/0203)

(4)有何三老公,卒來在我旁?(《古詩十九首》)

(5)有一**老公**過，請飲，因相呂后曰："夫人，天下貴人也。"(王充《論衡·骨相》)

(6)有王孫之狡獸，形陋觀而醜儀。顏狀類乎**老公**，軀體似乎小兒。(王延壽《王孫賦》)

(7)觀彼**老公**之愚，其為弘普矣，日以罾網殘羣生命，蓋無絲髮之惻隱。(《六度集經》T03/0152)

(8)時有貪**老公**與相近居，日日飲食魚肉自恣賓客不絕。(《舊雜譬喻經》T04/0206)

(9)佛告阿難："譬**老公**嫗生十數女，當能典家成門戶不?"阿難言："不能也。"(《舊雜譬喻經》T04/0206)

(10)或仰而踟躕，或悲嘯而吟呻。既似**老公**，又類胡兒。或低眩而擇颯，或抵掌而胡舞。(傅玄《猿猴賦》)

(11)七十**老公**復反，欲何所求哉?(段灼《上書追理鄧艾》)

(12)正始中，有人於長安東霸城，見與一**老公**共摩娑銅人，相謂曰："適見鑄此，已近五百歲矣。"(干寶《搜神記》卷一)

(13)三年久服，**老公**反成童子；五年不闕，可役使鬼神，入火不燒，入水不濡，踐棘而不傷膚，與仙人相見。(葛洪《抱樸子·仙藥卷》)

(14)輅曰："當有**老公**從東方來，攜豚一頭，酒一壺。主人雖喜，當有小故。"明日果有客，如所占。(《三國志·魏書·方技傳》)

(15)十月戊寅，行至曲阿，有**老公**干休叩頭曰："事久變生，天下喁喁，願陛下速行。"(《三國志·吳書·三嗣主傳》)

(16)須菩提，向者**老公**所病已愈，取兩健人各扶一腋各持一臂，語老人言，安意莫懼。(《放光般若經》T08/0221)

(17)並往桑弓一張，材理乃快，先所常用，既久廢射，又多病，略不能制之。便成**老公**，令人歎息。良材美器，宜在盡用之地。(劉義隆《賜蕭思話弓琴手敕》)

(18)見一**老公**，坐桂樹下，以玉杯承甘露漿與猛，猛遍與弟子。(魯迅《古小說鈎沉·述異記》)

(19)縣有壺口關，故曰壺關矣。呂后元年，立孝惠後宮子武為侯國。漢有壺關三**老公**乘輿上書訟衛太子，即邑人也。(酈道元《水經注·

浊漳水》)

(20)有一白衣老公在道旁,曰:"努力!信都為長安城守,去此八十裏耳。"言畢,失所在。(《宋書·符瑞上》)

(21)桓玄之國在荊州,詣刺史殷仲堪。行至鶴穴,逢一老公,驅青牛,形色瑰異。(《宋書·五行志》)

(22)嘗謂興世:"我雖田舍老公,樂聞鼓角,可送一部,行田時吹之。"興世素恭謹畏法憲,譬之曰:"此是天子鼓角,非田舍老公所吹。"(《宋書·張興世傳》)

(23)靈哲躬自祈禱,夢見黃衣老公曰:"可取南山竹筍食之,疾立可愈。"(《南齊書·劉懷珍傳》)

(24)謝允字道通,歷陽人,小時為人所略,賣往東陽。後告官被誣,在烏傷獄事,將欲入死,夜有老公授其符,又有黃衣童子去來,於是得免。(陶弘景《真誥》卷十四)

(25)吳興錢乘,孫權時,曾晝臥久,不覺兩吻沫出數升。其母怖而呼之,曰:"適見一老公,食以熇蔻,恨未盡而呼之。"乘本尪瘠,既爾之後,遂以力聞。官至無難監。(魯迅《古小說鈎沉·幽明錄》)

(26)高祖曰:"朕昨夜夢一老公,頭鬢皓白,正理冠服,拜立路左。朕怪而問之,自云晉侍中嵇紹,故此奉迎。神爽卑懼,似有求焉。"(《魏書·任城王傳》)

(27)澄又然燈,油變為血,廄中馬一夕無尾,二歲小兒作老公聲。(魯迅《古小說鈎沉·還冤記》)

(28)至七日夜夢見一長鬚老公,拄杖將義往壁處指示云:"是此石下。"(釋慧皎《高僧傳·釋慧義傳》)

(29)後(竺法慧)語弟子云:"新野有一老公當命過。吾欲度之。"(釋慧皎《高僧傳·竺法慧傳》)

(30)昔有老公,其家巨富。而此老公,思得肉食。(《雜寶藏經》T04/0203)

"老公"是老年男子的意思。顏師古《漢書》注曰:"公者,老人之稱也。"又服虔《漢書·陳勝項籍傳》曰:"南公,南方之老人也。"

【老母】

(1)高宗曰:“南人奇好,能重室家之義,此**老母**復何所任,乃能如此致費也。”(《魏書·張讜傳》)

(2)今旦為老母求菜,**老母**待歸為命。願得歸,食母畢,還就。(劉珍《東觀漢紀·薛苞傳》)

(3)菩薩一言,便成**老母**,頭白齒落,眼冥脊傴。(《修行本起經》T03/0184)

(4)復出財貨給彼**老母**,至於齋日數數懺悔,冀得罪薄免於地獄,是故說曰常能攝身也。(《出曜經》T04/0212)

(5)後(東方朔)游鴻蒙之澤,有**老母**採桑,自言朔母。(班固《漢武故事》)

(6)方今天下豪傑並起,吾子姿才,尤宜今日。急還迎**老母**,無事滯於東城。(劉曄《遺魯肅書》)

(7)建安十六年,上西征,余居守,**老母**諸弟皆從,不勝思慕。(曹丕《感離賦》)

(8)大勝王,便上金錢一千,使得供養**老母**。(《佛說義足經》T04/0198)

(9)王復前行,見諸**老母**,衣不蓋形,身羸目瞑啼哭而行。(《佛說孛經抄》T17/0790)

(10)是以昔忝濮陽,棄官遠跡,扶持**老母**,攜將細弱,越長江歸陛下者,誠以道之所存,願托餘蔭故也。(王廙《奏中興賦上疏》)

(11)乞食揚州市上,一**老母**姓沈字光姜,惠臣一餐。(王獻之《進書決表》)

(12)松柏之下,不滋非類之草,猥有長生育於域內,豈**老母**至行表徵於嘉木哉!(嵇含《長生樹賦》)

(13)祐(王祐)曰:“**老母**年高,兄弟無有,一旦死亡,前無供養。”(干寶《搜神記》卷五)

(14)又汝南彭氏墓近大道,基口有一石人,田家**老母**到市買數片餅以歸,天熱,過蔭彭氏墓口樹下,以所買餅暫着石人頭上,忽然便去,而忘取之。(葛洪《抱樸子·內篇·道意》)

(15)宮(陳宮)曰:“宮聞將以孝治天下者不害人之親,**老母**之存否,在明公也。”(《三國志·魏書·呂布傳》)

(16)唯**老母**小兄為居,家貧守約,祿養未呈,放遠奉迎,旦夕歸安。(《北

京西郊西晉王浚妻華芳墓清理簡報》,《文物》1965年第12期)

(17)攜少妹於華省,棄**老母**於下宅。(到洽《奏劾劉孝綽》)

(18)吳興軍又將至,顧琛與子寶素攜其**老母**泛海奔會稽,海鹽令王孚邀討不及。(《宋書·孔覬傳》)

(19)方回異之,遣問信,(劉真)答云:"**老母**朝來未得食,至市貨履,不得展詣。"後過,劇呼之使來與共語,覺其佳。(魯迅《古小說鈎沉·俗說》)

(20)(王融)臨死歎曰:"我若不為百歲**老母**,當吐一言。"融意欲指斥帝在東宮時過失也。(《南齊書·王融傳》)

(21)見**老母**立岸側,如有所候,望見船過,因問云:"君向來不見湖中采菱女子邪?"球云:"近在後。"尋射,復獲老獺。(魯迅《古小說鈎沉·幽明錄》)

(22)恐不得仰奉明時,歸養**老母**,苟存尺蠖,屈以求伸。(《魏書·盧玄傳》)

(23)(羅企生)答曰:"昔晉文王殺嵇康,而嵇紹為晉忠臣。從公乞一弟以養**老母**。"(劉義慶《世說新語·德行》)

(24)遭王莽亂,奮(孔奮)與**老母**幼弟避兵河西。(《後漢書·孔奮傳》)

(25)時有一**老母**,唯有二男,偷盜無度,財主捕得,便將詣王,平事案律,其罪應死。(《賢愚經》T04/0202)

(26)爾時太子摩訶薩埵,豈異人乎,我身是也,爾時虎母今此**老母**是,爾時二子,今二人是。(《賢愚經》T04/0202)

(27)如是我聞,一時佛在羅閱祇竹園精舍。爾時世尊,而與阿難,着衣持鉢,入城乞食。時有老翁**老母**,兩目既盲,貧窮孤苦,無止住處,止宿門下。(《賢愚經》T04/0202)

"老母"可以泛指老年妇女,如例(1)(3),也可以指年老的母亲,如例(2)(7)(13)等。

【老姆】

(1)阿母謝媒人:"女子先有誓,**老姆**豈敢言。"阿兄得聞之,悵然心中煩。(《孔雀東南飛》)

"姆"指古代以婦道教女子的女師。這裏"老姆"是母親的自稱,對他人謙稱自己。

【老父】

(1)(呂后)生孝惠魯元公主。嘗有老父過乞漿,相呂后孝惠魯元公主皆大貴也。(荀悦《前漢紀·高祖皇帝紀》)

(2)漢興,老父授張良書,已化為石。是以石之精,為漢興之瑞也。(王充《論衡·無形》)

(3)(李少君)屍解而去,太史公宜紀其狀,不宜言死,其處座中年九十老父為兒時者,少君老壽之效也。(王充《論衡·道虛》)

(4)魯有執長竿入城門者,初豎執之,不可入,横執之,亦不可入,計無所出。俄有老父至,曰:“吾非聖人,但見事多矣。何不以鋸中截而入。”遂依而截之。(魯迅《古小説鈎沉·笑林》)

(5)師問之,(趙至)答曰:“自傷不能致榮華,而使老父不免勤苦。”(嵇紹《敘趙至》)

(6)吴赤烏三年,句章民楊度至余姚。夜行,有一年少,持琵琶,求寄載。度受之。鼓琵琶數十曲,曲畢,乃吐舌擘目,以怖度而去。復行二十里許,又見一老父,自云姓王名戒,因覆載之。謂曰:“鬼工鼓琵琶,甚哀。”戒曰:“我亦能鼓。”即是向鬼。復擘眼吐舌,度怖幾死。(魯迅《古小説鈎沉·搜神記》)

(7)彭城老父者,楚之隱人也,見漢室衰,乃自隱修道,不治名利,至年九十餘。(皇甫謐《高士傳·彭城老父》)

(8)劉向於成帝之末校書天祿閣,專精覃思。夜有老人,着黄衣植青藜杖登閣而進見。向暗中獨坐誦書,老父乃吹杖端煙燃因以見。(魯迅《古小説鈎沉·拾遺記》)

(9)乞以身代老父命,使嬰弱眾孤得蒙存立。(長孫慮《列辭尚書》)

(10)木蘭抱杼嗟,借問復為誰。欲聞所慽慽,感激強其顏。老父隸兵籍,氣力日衰耗,豈足萬里行?(《木蘭詩二首》)

(11)後漢鄭玄字康成,師馬融三載無聞。融鄙而遣還玄,過樹陰假寢。夢一老父以刀開腹心,傾墨汁着內曰:“子可以學矣。”(魯迅《古小説鈎沉·異苑》)

(12)張(張允)既出宦仕進,累遷位煮(諸)元凱,後為南郡太守,即以城號以志老父之言焉。(魯迅《古小説鈎沉·述異記》)

(13)(漢光武)遇白衣<u>老父</u>曰:"信都為長安守,去此八十裏。世祖赴之,任光開門納焉。漢氏中興,始基之矣。"尋求<u>老父</u>不得,議者以為神。(酈道元《水經注·衡水》)

(14)(解仲恭)母病經時不差,入山采藥,遇一<u>老父</u>語之曰:"得丁公藤,病立愈。此藤近在前山際高樹垂下便是也。"忽然不見。(《南齊書·孝義傳》)

(15)元方曰:"<u>老父</u>在太丘,強者綏之以德,弱者撫之以仁,恣其所安,久而益敬。"(劉義慶《世說新語·政事》)

(16)俄而見一<u>老父</u>,謂勒(石勒)曰:"向羣鹿者,我也。君應為中州主,故相救耳。"(崔鴻《十六國春秋別傳》)

(17)臣有<u>老父</u>,不忍遺棄,冒犯王法,藏着地中。(《雜寶藏經》T04/0203)

(18)有<u>老父</u>獻蒸雞,帝受之。(《晉書·惠帝紀》)

(19)初,太延中,有一<u>老父</u>投書於敦煌城東門,忽然不見。(《魏書·僭僞附庸》)

(20)岸側有一<u>老父</u>,自稱善相,謂元景曰:"君方大富貴,位至三公。"(《南史·柳元景傳》)

"老父"有二義:一是對人稱自己的父親,如例(10)(15)(17);二是泛指對老年人的尊稱,如例(1)(2)(3)等。

【老姑】

(1)東海有孝婦,少寡無子,養<u>老姑</u>甚謹,姑欲嫁之,終不肯去。(荀悦《前漢紀·孝宣皇帝紀》)

(2)少寡滎陽刁思遵妻,魯氏女也。始笄,為思遵所娉,未逾月而思遵亡。其家矜其少寡,許嫁已定,魯聞之,以死自誓。父母不達其志,遂經郡訴,稱刁氏吝護寡女,不使歸寧。魯乃與<u>老姑</u>徒步詣司徒府,自告情狀。普泰初,有司聞奏,廢帝詔曰:"貞夫節婦,古今同尚,可令本司依式標榜。"(《魏書·列女傳》)

(3)婦聞姑語,欣然歡喜,求如姑法投身火坑,而白夫言:"<u>老姑</u>今者,緣投火坑。得此財寶,由其力弱,不能多負。若我去者,必定多得。"夫如其言,為作火坑投身燋爛,於即永沒。(《雜寶藏經》T04/0203)

"老姑"是偏正短語,相對於婚姻雙方,女方稱婆婆為"姑"。

【老翁】

(1)**老翁**復丁壯,耆嫗成姹女。改形免世厄,號之曰真人。(魏伯陽《周易參同契·金丹妙用章》)

(2)已成**老翁**,但未白頭耳。(曹丕《與吴質書》)

(3)餘嘗與郎冷喜出,見一**老翁**,糞上拾食,頭面垢醜,不可忍視。(桓譚《新論·辨惑》)

(4)凡可冀者,以**老翁**變為嬰兒,其次白發復黑,齒落復生,身氣丁強,超乘不衰,乃可貴也。(王充《論衡·命義》)

(5)上嘗輦至郎署,見一**老翁**,須鬢皓白,衣服不整。(班固《漢武故事》)

(6)(菩薩)時行歷市,覩一**老翁**鬥(斗)量賣魚,哀慟曰:"怨乎皇天,吾子何咎而早喪身。"(《六度集經》T03/0152)

(7)區區諸**老翁**,為事誠殷勤。如何絕世下,六籍無一親。(陶淵明《飲酒詩二十首》)

(8)須臾,有一**老翁**乘船載葦,嫗從索渡。(干寶《搜神記》卷五)

(9)開户視之,得一**老翁**,可百餘歲,言語了不相當,貌狀頗類於獸。(干寶《搜神記》卷十四)

(10)以缺盆汁和服之,九十**老翁**,亦能有子,與金公合火之,即成黃金。(葛洪《抱樸子·內篇·金丹》)

(11)玄曰:"矛頭淅米劍頭炊,百歲**老翁**攀枯枝。"(魯迅《古小說鈎沉·裴子語林》)

(12)羣抽所佩書刀投猿,猿化為一**老翁**,握中有玉版,長八寸,以授羣。(魯迅《古小說鈎沉·拾遺記》)

(13)復有人言:"汝不知耶沙門釋子出家無父,養此**老翁**當作父想。"(《摩訶僧祇律》T22/1425)

(14)晉安北將軍司馬恬於病中夢見一**老翁**。(魯迅《古小說鈎沉·異苑》)

(15)後帝問左右:"見宗室有白頭**老翁**何在?"(魯迅《古小說鈎沉·殷云小說》)

(16)飲訖辭還,老翁送元寶出,云:"後會難期!以為淒恨,別甚殷勤。"**老翁**還入。(楊衒之《洛陽伽藍記·大統寺》)

(17)忽聞人語云:"老臣冒死自訴。"不見其形,尋覓良久,梁上見一**老翁**長八九寸,面目黧皺,須發皓白,拄杖僂步,篤老之極。(魯迅《古小說鉤沉·幽明錄》)

(18)**老翁**等並起拜爵,各飲數升不醉。(魯迅《古小說鉤沉·幽明錄》)

(19)后晝寢,夢一**老翁**具衣冠告之曰:"吾賜汝一子,汝勿憂之。"寤而私喜。(《魏書·昭成子孫傳》)

(20)謝奕作剡令,有一**老翁**犯法,謝以醇酒罰之,乃至過醉,而猶未已。(劉義慶《世說新語·德行》)

(21)市中有**老翁**賣藥,懸一壺於肆頭,及市罷,輒跳入壺中。(《後漢書·方術列傳》)

(22)**老翁**老母,兩目既盲,貧窮孤苦。(《賢愚經》T04/0202)

(23)有**老翁**,皓首,白裙襦衣,來食而去。(《隋書·五行志》)

(24)又說謠云:"高山崩,槲樹舉,盲**老翁**背上下大斧,多事老母不得語。"(《北齊書·祖珽傳》)

(25)仲堪曰:"百歲**老翁**攀枯枝。"有一參軍云:"盲人騎瞎馬臨深池。"(《晉書·文苑傳》)

(26)俄見**老翁**策杖來慰,復有一嫗攜引少女。(玄奘《大唐西域記》)

"老翁"是沿用上古的舊搭配,指年老的男子,含尊重意。

【老姥】

(1)阿母謝媒人,女子先有誓,**老姥**豈敢言?(徐陵《玉臺新詠·古詩為焦仲卿妻作》)

(2)聞南市有蜀嫗,作茶粥賣之。廉事打破其器物,使無為賣餅於市,而禁茶粥,以困**老姥**,獨何哉?(傅咸《司隸校尉教》)

(3)邛都縣下,有一**老姥**,家貧孤獨,每食,輒有小蛇,頭上戴角,在床間,姥憐而飴之食。(干寶《搜神記》卷二十)

(4)昔有**老姥**,雨夜紡績,斷失其所在。姥獨罵,云:"何物鬼。"擔去戶外,即有應聲,言:"暫借避雨,實不偷。"(魯迅《古小說鉤沉·異苑》)

(5)先是有書生遇一**老姥**,姥待之厚,生謂姥曰:"此縣門石龜眼血出,此地當陷為湖。"(魯迅《古小說鉤沉·述異記》)

(6)菩薩以足指按地,魔兵卻散,三女變為**老姥**。(《法顯傳》T51/2085)

(7)漢何比干夢有貴客,車騎滿門,覺以語妻子。未已,門首有老姥年可八十余,求避雨,雨甚盛而衣不沾濡。(魯迅《古小說鈎沉·幽明錄》)

(8)有田舍老姥尝诉得符,还至县,县吏未即發,姥语曰:“蕭监州符,火燭汝手,何敢留之!”其为人所畏敬如此。(《梁書·蕭景傳》)

(9)(王羲之)又尝在蕺山见一老姥,持六角竹扇賣之。(《晉書·王羲之傳》)

(10)賣針賣糖老姥争團丝來詣琰(傅琰),琰挂團丝於柱鞭之,密視有鐵屑,乃罚卖糖者。(《南史·循吏列傳》)

例(1)是老妇人自称。例(2)泛指老妇人。

【老兄】

(1)若開門歸順,自可不失富貴,將佐小大,並保榮爵,何故苟困士民,自求齏膾,身膏斧鑊,妻息並盡,老兄垂白,東市受刑邪。幸自思之,信言不爽,有如皎日。(劉休祐《與殷琰書》)

(2)高祖笑曰:“但令老兄平安,必無過慮。”出為使持節督北青州軍郡事征虜將軍北青州刺史,領青河太守,尋領冀州刺史。(《宋書·劉敬宣傳》)

(3)司州覺惡,便輿床就之,持其臂曰:“汝詎復足與老兄計?”(劉義慶《世說新語·忿狷》)

(4)裕(劉裕)惡之,因挼五木久之,曰:“老兄試為卿答。”既而四子俱黑,其一子轉躍未定,裕厲聲喝之,即成盧焉。(《晉書·劉毅傳》)

“老兄”一是對男性的尊稱,如例(1)(2);二是用於自稱,如例(3)(4)。

【老姊】

(1)奕(郭奕)有寡姊,隨奕之官,姊下僮僕多有奸犯,而為人所糾。奕省按畢,曰:“大丈夫豈當以老姊求名?”遂遣而不問。(《晉書·郭奕傳》)

“老姐”稱自己的姐姐。

3.1.2　老+一般稱謂

【老婦】

(1)六〈九〉五:枯楊生華,老婦得其士夫,無咎無譽。(國家文物局文獻研究室《馬王堆漢墓帛書·六十四卦·大過》)

(2)曰:“老婦恃輦而還。”(國家文物局文獻研究室《馬王堆漢墓帛書·

戰國縱横家書》)

(3)太后明謂左右曰:"有復言令長安君質者,**老婦**必唾其面。"(國家文物局文獻研究室《馬王堆漢墓帛書·戰國縱横家書》)

(4)汝不顧義,我漢家寡**老婦**,旦暮且死,用此璽俱葬。(荀悦《前漢紀·前漢孝平皇帝紀》)

(5)足下兼懷,並數問不,**老婦**頃疾篤,救命恒憂慮,餘粗平安,知足下情至。(王羲之《雜貼》)

(6)高辛氏,有**老婦**人居於王宫,得耳疾歷時。(魯迅《古小説鈎沉·搜神記》)

(7)且吕尚之未遇文王也,亦曾隱於窮賤,凡人易之,**老婦**逐之,賣庸不售,屠釣無獲,曾無一人慕之。(葛洪《抱樸子·内篇·逸民》)

(8)時命不可以力求,遭遇不可以智違。故尚父者,**老婦**之棄夫;韓信者,乞食之餓子;蕭公者,鬥(斗)筲之吏;黥布者,刑黜之亡隸。(葛洪《抱樸子·内篇·博喻》)

"老婦"有二義:一是指年紀老的婦女,如例(1)(4)(5)等;二是老年婦女的自稱,如例(2)(3)。

【老臣】

(1)兵勢國之大事,當為後法,**老臣**不以餘命,一為陛下言兵之利害。(荀悦《前漢紀·孝宣皇帝紀》)

(2)吴王大怒,曰:"**老臣**多詐,為吴妖孽。乃欲專權擅威,獨傾吾國。寡人以前王之故,未忍行法,今退自計,無沮吴謀。"(趙曄《吴越春秋·夫差内傳》)

(3)胥,先王之**老臣**,不忠不信,則不得為先王之**老臣**。(袁康《越絶書·越絶請糴内傳》)

(4)時充國年七十餘,上老之,使御史大夫丙吉問誰可將者,充國對曰:"亡踰於**老臣**者矣。"(《漢書·趙充國傳》)

(5)孔融上書曰:"先帝褒厚**老臣**,懼其隕越,是故扶接助其氣力。三公刺掖,近為憂之,非警戒也。云備**大臣**,非其類也。"(劉珍《東觀漢記·孔融傳》)

(6)唯世子燔翳捐褶,以塞衆望,不令**老臣**獲罪於天。(崔琰《諫世子書》)

(7)**老臣**慺慺,願國家同祚於軒轅之五五,而未及周文之二五,用為伊邑。(王朗《屢失皇子上疏》)

(8)古之王道,正直而已。陛下不可以一**老臣**為加曲私,臣亦何心屢陳日月。(山濤《表謝久不攝職》)

(9)豈惟**老臣**獨懷戰灼,三軍上下咸盡喪氣。(杜預《上書自理》)

(10)漢武帝與近臣宴會於未央殿,忽聞人語云:"**老臣**冒死自陳。"乃見屋樑上有一翁,長八九寸,拄杖僂步,篤老之極;緣柱而下,放杖稽首,默而不言;因仰首視殿屋,俯指帝腳,忽然不見。(魯迅《古小說鈎沉·祖臺之志怪》)

(11)臣雖言不足采,誠不亮時,但猥蒙先朝忘醜之眷,復沾廬陵矜顧之末,息晏委質,有兼常款,契闊戎陣,顛狽艱危,厚德無報,授令路絕,此**老臣**兼不能自已者也。(《宋書·范泰傳》)

(12)今極難之餘,開泰唯始,誘勸既加,引納彌篤。**老臣**見存,遐外無棄,仰荷愷悌之仁,俯蹈康哉之詠。(《魏書·沮渠蒙遜傳》)

(13)實答曰:"**臣**年迫桑榆,氣同朝露,人間稍遠,日近松邱,臣已久乞閑退。陛下渭陽興念,寵及**老臣**,使夜行罪人,裁錦萬里,謹奉明敕,不敢失墜。"(楊衒之《洛陽伽藍記·秦太上君寺》)

(14)烈對曰:"**老臣**歷奉累朝,頗以幹勇賜職。今日之事,所不敢辭。"(《魏書·于栗磾傳》)

(15)西蕃**老臣**蒙遜,奉事朝廷,不敢違失,而天子信納佞言,苟見蹙迫,前遣表求留曇無讖,而今便來徵索,此是門師,當與之俱死,實不惜殘年,人生一死,詎覺幾時。(釋慧皎《高僧傳·晉河西曇無讖》)

(16)若社稷靈長,宜令醜徒冰碎,如或大運去矣,幸使**老臣**先死。(衛玄《屯軍金谷掃地祭高祖》)

(17)華(張華)曰:"臣先帝**老臣**,中心如丹。臣不愛死,懼王室之難,禍不可測也。"遂害之於前殿馬道南,夷三族,朝野莫不悲痛之。時年六十九。(《晉書·衛瓘列傳》)

(18)後劉顯謀逆,道武輕騎歸訥,訥驚拜曰:"官家復國,當念**老臣**。"(《北史·外戚傳》)

"老臣"有二義:一是指年紀老的臣子,如例(2)(3)(4)(5)(17);二是指年老的臣的自称,如例(11)(13)。

【老吏】

(1)吏民大驚。後博徐問,果此老吏從事教民聚會,博殺此吏。自此州郡吏民畏服其威。(荀悦《前漢紀·孝哀皇帝紀》)

(2)見司隸官屬,皆相指視之,極望老吏或垂涕曰:"粲然復見漢官威儀。"賢者蟻附。(劉珍《東觀漢記·世祖先武皇帝紀》)

(3)老吏或垂涕曰:"不圖今日復見漢官威儀!"由是識者皆屬心焉。(《後漢書·光武帝紀》)

(4)老吏抱案死。(《後漢書·劉玄傳》)

"老吏"指原來有經驗的治事者。

【老民】

(1)侃怒曰:"使君前云不憂無士衆及糧食也,唯欲得老民為主耳。"(《魏書·司馬衍傳》)

民,百姓。《詩經·大雅·假樂》:"宜民宜人,受祿於天。"朱熹注:"民,庶民也。"張衡《東京賦》:"民忘其勞。"李善注引薛綜曰:"民,百姓也。""老民",並不指年紀老的"民",獲得了新義,指老百姓,具有結構、意義的完整性,是派生詞。"老"是名詞性前綴。

【老叟】

(1)山陰縣有五六老叟,龙眉皓髮。(《後漢書·劉寵傳》)

(2)忽有老叟曰:"此吾子也,不幸罹此祸。汝独不食,吾厚报汝。若东门石龟目赤,城当陷。"(干寶《搜神記》卷二十)

(3)尊事老叟,以敦孝悌之行。(葛洪《抱樸子·內篇·君道》)

(4)帝顓頊高陽氏,黃帝孫昌意之子。昌意出河濱,遇黑龍負玄玉圖。時有一老叟,謂昌意云:"生子必葉水德而王。"(魯迅《古小說鈎沉·拾遺記》)

(5)則向見羽蓋螭鵠相隨從口中而出。尸羅常坐日中,漸漸覺其形小,或化為老叟,或為嬰兒。倏忽而死,香氣盈室。(魯迅《古小說鈎沉·拾遺記》)

(6)不期枚乘老叟,忽降時恩;馮唐暮年,見申明主。(徐陵《讓五兵尚書表》)

(7)山陰縣有五六**老叟**,尨眉皓髮,自若邪山谷間出,人賫百錢以送寵。(《後漢書·循吏列傳》)

(8)勒聞之,凄然改容曰:“亡國之人,足令**老叟**數之。”(《晉書·張軌列傳》)

(9)以我逸才持我正論,逐斥世親挫其鋒鋭。無令**老叟**獨擅先名。(玄奘《大唐西域記》)

(10)仙人見而不悦,乃謂王曰:“輕吾**老叟**配此不妍。”(玄奘《大唐西域記》)

“老叟”稱男性老年人,也用於對老年男子的尊稱,是派生詞。“老”為名詞性前綴。叟,老頭兒,名詞。《釋名·釋親屬》:“叟,老者稱也。”

【老生】

(1)贛**老生**不習吏禮,主簿且教拜起,閑習乃止。(《漢書·朱博傳》)

(2)洪(葛洪)既著“自敘”之篇,或人難曰:“昔王充年在耳順,道窮望絕,懼身名之偕滅,故自紀終篇。先生以始立之盛,值乎有道之運,方將解申公之束帛,登穆生之蒲輪,耀藻九五,絕聲昆吾,何憾芬芳之不揚,而務**老生**之彼務?”(葛洪《抱樸子·內篇·自敘》)

(3)颺(鄧颺)曰:“此**老生**之常譚。”輅答曰:“夫**老生**者見不生,常譚者見不譚。”(《三國志·魏書·方技傳》)

(4)**老生**不仁,侵陵貞淑,原其強暴,便可戮之。而女守禮履節,沒身不改,雖處草萊,行合古跡,宜賜美名,以顯風操。(拓跋宏《旌兕先氏詔》)

(5)**老生**有言:“知我者希,則我者貴矣。”(蕭繹《金樓子序》)

(6)**老生**云:“後其身而身先。”若能爾者,更招巨利,汝當自勖,見賢思齊,不宜忽略,以棄日也。(徐勉《為書誡子崧》)

(7)酉迎戰,進至咸陽北濁谷,圍僞司空長洛王繆**老生**,合戰,又大破之,**老生**走還長安。(《南齊書·魏虜列傳》)

(8)朕伏膺道化,念存清靜,慕釋氏不貳之門,貴**老生**得一之義,總齊區有,思至無為,若能高蹈清虛,勤求出世,咸可獎勸,貽訓垂範。(楊堅《詔蘇威》)

(9)**老生**輕躁,破之不疑。定業取威,在茲一決。(溫大雅《大唐創業起居注》)

(10)老生出自寒微,勇而無智,討捕小盜,頗有名聲。(溫大雅《大唐創業起居注》)

在"老生"中,"生"作為詞素有兩義:一是"先生"的省稱,指讀書人、有學問的人。"老生"等於老年先生,如例(1)(2)(3)(5)(6)(8)等。二是指人。"生"本義指植物生長,引申為"活着的",又引申為"活着的人",特指人。"老生"等於老年人,特指老年男人,如例(4)(7)(9)(10)等。

【老革】

(1)超問羕曰:"卿才具秀拔……寧當外授小郡,失人本望乎?"羕曰:"老革荒悖,可復道邪!"裴松之注:"古者以革為兵,故語稱兵革,革猶兵也。羕罵備為老革,猶言老兵也。"(《三國志·蜀志·彭羕傳》)

(2)帝悟曰:"老革多奸,將賊脅我。欲搭其口,但隱忍之,誠極難耐。"蘊知上意,遣張行本奏威罪惡,帝付蘊推鞫之,乃處其死。(《隋書·裴蘊列傳》)

"老革"指老兵,多用為詈詞。揚雄《方言》曰:"悈鰓乾都耇革,老也。"郭璞注曰:"皆老者皮毛枯瘁之形也。臣松之以為皮去毛曰革。古者以革為兵,故語稱兵革,革猶兵也。羕罵備為老革,猶言老兵也。"

【老婢】

(1)敦聞怒曰:"我兄老婢耳!門戶衰矣!"(《晉書·王敦列傳》)

(2)炊有一老婢識此,還白大家曰:"市中見一人乘車,賣崔氏女郎棺中鋺。"(干寶《搜神記》卷十六)

(3)征苻犍還,於北方得一巧作老婢,乃是劉越石妓女。(魯迅《古小說鉤沉·裴子語林》)

(4)欻有一老婢問充得鋺之由,還報其大家。大家,即女姨也,遣視之,果是。(魯迅《古小說鉤沉·孔氏志怪》)

(5)左右常使二老婢,戴五絛五辮,着青紋袴襦,飾以朱粉。(《宋書·王敬弘傳》)

(6)素忻喜,養至十三,當祠祀,家有老婢。(魯迅《古小說鉤沉·幽明錄》)

(7)居拒馬河,將一老婢作食,妻子不自隨從。又避地大寧山,不營世事,居無所業,惟在注解。(《魏書·盧景裕傳》)

(8)人問顧長康:"何以不作洛生詠?"答曰:"何至作老婢聲!"(劉義慶

《世說新語·輕詆》)

(9)帝遣中軍司馬曹渾等擊含於越城,含軍敗。敦聞,怒曰:"我兄老婢耳,門戶衰矣!兄弟才兼文武者,世將處季皆早死,今世事去矣。"語參軍呂寶曰:"我當力行。"(《晉書·王敦傳》)

(10)遂幸李后家,以鳴鏑射后母崔,正中其頰。因罵曰:"吾醉時尚不識太后,老婢何事!"(《北史·顯祖文宣皇帝紀》)

(11)三問,(太姬)乃下床拜曰:"老婢合死,本見和士開道孝徵多才博學,言為善人,故舉之。此來看之,極是罪過,人實難容,老婢合死。"後主令韓鳳檢案,得其詐出敕受賜十餘事,以前與其重誓不殺,遂解珽侍中僕射,出為北徐州刺史。(《北史·祖瑩傳》)

(12)察母龔保林數岸於眾,岸曰:"老婢,教汝兒殺汝叔,乃枉殺忠良。"(《南史·杜岸傳》)

(13)臨死曰:"我兄老婢也,國敗家亡,實余之責,今日就死,豈非天乎。"(《南史·柳元景傳》)

"老婢"有三義:一為年老的女僕,如例(2)(3)(4)(5)等;二為蔑視他人之詞,詈詞,如例(1)(9)(10)等;三為老年婦女自稱之詞,如例(11)。

【老蒼頭】

(1)儉(龐儉)作府吏,躬親家事,行求老蒼頭謹信屬任者,年六十餘,直二萬錢,使主牛馬耕種。(應劭《風俗通義·補遺》)

(2)南陽龐儉,少失其父,後居廬裏,鑿井,得錢千餘萬,行求老蒼頭,使主牛馬耕種,直錢二萬。(歐陽詢《藝文類聚》卷三五引《風俗通》)

"老倉頭"指老年僕人。

【老奴】

(1)客罷,婢語次,說:"老奴無狀,為妄語,所說不可道也。"(應劭《風俗通義·佚文》)

(2)忽見其兩孫迎之,扶持百候步,便促伯頸着地,罵:"老奴,汝某日捶我,我今當殺汝。"伯思惟某時信捶此孫。(干寶《搜神記·秦巨伯》)

(3)臨刑,俱出獄,固又罵康曰:"老奴,汝死自分耳。若令死者有知,汝何面目以行地下也。"(《三國志·魏書·王淩傳》)

(4)光祿大夫范泰好戲謂曰:"司徒公缺,必用汝老奴。我不言汝資地所

任,要是外戚高秩次第所至耳。"倫之大喜,每載酒肴詣泰。(《宋書·趙倫之傳》)

(5)義宣送止獄户,坐地歎曰:"臧質老奴誤我。"(《宋書·武二王傳》)

(6)主於是擲刀,前抱之曰:"阿子!我見汝亦憐,何況老奴?"遂善之。(魯迅《古小説鈎沉·俗説》)

(7)王輔嗣注《易》,笑鄭玄云:"老奴甚無意。"於時夜分,忽聞外閣有着屐聲,須臾即入,自云是鄭玄,責之曰:"君年少,保以穿鑿文句,而妄譏誚老子邪?"極有怒色,言竟便退。(殷芸《殷芸小説·魏世人》)

(8)但聞户外有諸鬼共呼云:"老奴貪食至此,甚快。"(魯迅《古小説鈎沉·幽明録》)

(9)延伯馳見寶夤曰:"此賊非老奴敵,公但坐看。"(《魏書·崔延伯傳》)

(10)既婚,交禮,女以手披紗扇,撫掌大笑曰:"我固疑是老奴,果如所卜。"(劉義慶《世説新語·假譎》)

(11)充密遣語妃云:"衛瓘老奴,幾破汝家。"(《晉書·后妃傳上》)

(12)及聞女為貴人,哭曰:"老奴不死,唯有二兒,男入九地之下,女上九天之上。"奮既舊臣,兼有椒房之助,甚見寵待。(《晉書·胡奮傳》)

(13)光祿大夫范泰好戲,笑謂曰:"司徒公缺,必用汝老奴。我不言汝資地所任,要是外戚高秩次第所至耳。"(《南史·趙倫之傳》)

"老奴"有二義:一為臣僕自稱,如例(1)(6)(9)等;二為調笑罵人語詞,如例(2)(3)(4)(5)(7)(8)(13)等。

【老物】

(1)婦於夫邊試誦其偈。時夫聞是偈已,心即不喜。便作是念:"咄!是老物,發我臭穢,從是已後常作軟語。"(《摩訶僧祇律》T22/1425)

(2)帝嘗卧疾,后往省病。帝曰:"老物可憎,何煩出也!"后慚恚不食,將自殺,諸子亦不食。帝驚而致謝,后乃止。帝退而謂人曰:"老物不足惜,慮困我好兒耳!"魏正始八年崩,時年五十九,葬洛陽高原陵,追贈廣平縣君。咸熙元年,追號宣穆妃。及武帝受禪,追尊為皇后。(《晉書·后妃傳下》)

"老物"義同今天的詈詞"老東西",指稱物件老旧。"老"是有實義的前置修飾成分。從"老"的語義上看,不同於指稱"修煉成精"義的臘祭對象"老物"。

【老賊】

(1)吾嘗於衆人中言，萌可為社稷臣，將軍等得無笑吾言？**老賊**當族。其各勵兵馬，會睢陽。（劉秀《龐萌反下詔》）

(2)勒兵堅守，慎無與窮寇交鋒；**老賊**疲弊，必當束手事吾也。以飽待饑，以逸擊勞，折捶而笞之耳。（劉秀《征鄧禹還軍敕》）

(3)權（孫權）曰："**老賊**欲廢漢自立久矣，徒忌二袁、呂布、劉表與孤耳。今數雄已滅，惟孤尚存，孤與老賊，勢不兩立。君言當擊，甚與孤合，此天以君授孤也。"（《三國志・吳書・周瑜傳》）

(4)護**老賊**，經變多矣。觀其為備之道，未易卒平。今圍之窮城，樵采路絕，內無蓄積，外無強援，不過十旬，其斃必矣，何必遽殘士卒之命而趣一時之利哉！（《晉書・慕容暐載記》）

(5)盛罵曰："**老賊**，何物語！"不及被甲，與左右十餘人逆拒之，為亂兵所殺。（《北史・獨孤楷傳》）

(6)松贇罵厚曰："**老賊**何敢辱賢良！"言未卒，賊斷其腰。（《北史・節義傳》）

(7)愚少習放恣，自陷沒冥池，不見賊失財，為**老賊**無勢。（《出曜經》T04/0212）

"老賊"是詈词。

【老匠】

(1)巧師白王："我等不堪取泡作鬘。"其中有一**老匠**，自佔堪能取泡，即前白王："我能取泡與王作鬘。"（《出曜經》T04/0212）

(2)時彼**老匠**白王女言："我素不別水泡好醜，伏願王女躬自取泡我當作鬘。"女尋取泡隨手破壞不能得之，如是終日竟不得泡，女自疲厭而捨之去。（《出曜經》T04/0212）

"老匠"指手藝嫻熟的或年紀大的工匠。"鬘"指纓絡之類的裝飾品。印度風俗，男女多取花朵相貫，以飾身或首。唐白居易《遊悟真寺》詩："疊霜為袈裟，貫雹為華鬘。"《百喻經・贫人作鴛鴦鳴喻》："昔外國節法慶之日，一切婦女，盡持優鉢羅華為鬘飾。"

3.1.3　老十民族名

【老虜】【老虜曹】

(1)老虜邊寇，越險深入，曠日持久。（曹丕《詔答吳王》）

一說為詈詞，猶“老奴”。漢劉向《說苑・反質》：“始皇望見侯生，大怒曰：‘老虜不良，誹謗而主，迺敢復見我！’”

【老白】

(1)戎者，兇也，其類有六：一曰僥夷，二曰戎夷，三曰老白，四曰耆羌，五曰鼻息，六曰天剛。（應劭《風俗通义・補遺》）

“老白”為少數民族之一種。“戎”泛指我國西部的少數民族。《禮記・王制》：“西方曰戎。”《大戴禮記・千乘》：“西辟之民曰戎。”《三國志・蜀志・諸葛亮傳》：“西和諸戎，南撫夷越。”

3.1.4　老十姓氏

中古除了已見於上古的“老聃”“老彭”“老君”以外，又有以下幾種：

【老氏】

(1)思仲尼之克己，履老氏之常足。（張衡《東京賦》）

(2)安神閨房，思老氏之玄虛；呼吸精和，求至人之仿佛。（仲長統《昌言・闕題》）

(3)老氏稱：“上德不德，是以有德；下德不失德，是以無德。法令滋章，盜賊多有。”師古曰：“老子德經之言也。上德體合自然，是以為德；下德務於修建，更以喪之。法令繁則巧詐益起，故多盜賊也。”（《漢書・酷吏列傳》）

(4)甄宇，字長文，拜太子少傅，清靜少欲，常稱老氏知足之分也。（劉珍《東觀漢記・甄宇傳》）

(5)感老氏之遺誡，將回駕乎蓬廬。（張衡《歸田賦》）

(6)君惟老氏，名遂身退，色斯翻翔，紆精衡門。（《隸釋・山陽太守祝睦碑(延熹七年八月)》）

(7)烈烈褒貶辭，老氏用長嘆。（《阮籍集・詠懷詩八十二首》）

(8)若質之志，實在所天，思投印釋黻，朝夕侍坐，鑽仲父之遺訓，覽老氏之要言，對清酤而不酌，抑嘉肴而不享，使西施出帷，嫫母侍側，斯盛德之所蹈，明哲之所保也。（吳質《答東阿王書》）

(9)閉情塞欲,**老氏**所珍。(卞蘭《座右銘》)

(10)自然者,道也。道本無名,故**老氏**曰:"強為之名。"(何晏《無名記》)

(11)杜漸防萌,豫有所抑,是**老氏**絕禍於未萌,豈不信邪!(秦宓《報李權》)

(12)座中咸曰:"**老氏**稱美言不信,信言不美;仲尼亦云書不盡言,言不盡意。"明聖人意深邃無極。(《法句經序》T04/0210)

(13)恬和為道基,**老氏**惡強梁。(阮侃《答嵇康詩二首》)

(14)弼幼而察慧,年十餘,好**老氏**,通辯能言。(《全晉文·王弼傳》)

(15)進無忠孝之節,退違推賢之義,每仰詠**老氏**、周任之誡,常恐死亡無日,憂及宗祀,豈在微身而已!(王羲之《為會稽內史稱疾去郡於父墓前自誓文》)

(16)堯孔之學,隨時設教。**老氏**之言,一其所尚。(孫盛《老子疑問反訊》)

(17)向子誘我以聾耳之樂,棲我以家之屋,田遊馳蕩,利刃駿足,既**老氏**之攸戒,非吾人之所欲,故靡德而應子。(張協《七命》)

(18)卻馬務田,**老氏**所以稱有道,豈利之所以會哉?(束皙《廣田農議》)

"老氏"指老子。

【老童】

(1)老氏,顓頊子**老童**之後。(應劭《風俗通義·補遺》)

(2)羨斯嶽之弘敞,心慷慨以忘歸!情舒放而遠覽,接軒轅之遺音。慕**老童**於馬鬼隅,欽泰容之高吟。(嵇康《琴賦》)

(3)顏氏本出顓頊之後。顓頊生**老童**,**老童**生吳回,為高辛氏火正,是謂祝融。(顏師古《顏氏家訓》注)

一說"老童"是"彭祖"的父親,二者都是傳說中的人物。一說"老童"也稱"耆童",古代神話中的神名。《山海經·大荒西經》:"有榣山,其上有人,號曰太子長琴。顓頊生老童,老童生祝融,祝融生太子長琴。"袁珂校注:"《西次三經》云:'騩山,神耆童居之,其音常如鐘磬。'郭璞注:'耆童,老童,顓頊之子。'即此老童也。"三國魏嵇康《琴賦》:"慕老童於騩隅,欽泰容之高吟。"

【老萊子】【老萊】

(1)老萊灌園以遠之，從其所好，莫與易也。（葛洪《抱樸子・外篇・逸民》）

(2)勞思萬機，身勤心苦，雖老萊子嬰兒其服，方叔克壯其猷，公旦納於台屋，正考父俯而循禮，曷以尚茲！（蔡邕《太傅胡廣碑》）

(3)老萊子，楚人也。事親至孝，衣服斑連，嬰兒之態，令親有歡。君子嘉之，孝道大焉。（闕名《武梁祠堂畫像贊》）

(4)老萊妻賢明，不顧夫子相荊。相將避祿隱耕，樂道閒居采萍。（嵇康《六言詩》）

(5)天地之德曰生，生之所恃者親，親存則歡泰情盡，親亡則哀悴理極。故老萊婆娑於膝下，曾閔泣血於終年，哀悼之思至矣，自然之性篤矣。（孫綽《表哀詩》）

(6)若乃莊周偃蹇於漆園，老萊婆娑於林窟，嚴平澄漠於塵肆，梅真隱淪乎市卒，梁生吟嘯而矯跡，焦先混沌而槁杌，阮公昏酣而賣傲，翟叟遁形以倏忽。（郭璞《客傲》）

(7)俗人貪榮好利，汲汲名利，以己之心，遠忖昔人，乃復不信古者有逃帝王之禪授，薄卿相之貴任，巢許之輩，老萊、莊周之徒，以為不然也。（葛洪《抱樸子・內篇・論仙》）

(8)老萊子耕於蒙山之陽，著書十五篇，言道家之事，織畚為業。（謝靈運《山居賦》）

(9)凝之慕老萊嚴子陵為人，推家財與弟及兄子，立屋於野外，非其力不食，州里重其德行。（《宋書・隱逸傳》）

(10)縣東二里，有縣人劉凝之故宅。凝之字志安。兄盛公，高尚不仕。凝之慕老萊嚴子陵之為人，立驚天動地江湖，非力不食。（酈道元《水經注・江水》）

(11)《列女傳》曰：老萊子孝養二親，行年七十，嬰兒自娛，着五色采衣，嘗取漿上堂，跌僕，因臥地為小兒啼，或弄烏鳥於親側。（歐陽詢《藝文類聚》）

(12)四晧潛南嶽，老萊竄河濱，顏回樂陋巷，許由安賤貧，伯夷餓首陽，天下歸其仁，何患處貧苦，但當守明真。（《阮瑀全集・四皓詩》）

(13)老萊子親沒，隱蒙山之陽，杞木為床，蓍艾為席。（皇甫謐《高士傳》）

“老萊子”是孝親敬老的典範人物，在民間流傳中已經固化下來，成為這一類民俗事象的代表。

【老嚴】

(1)嗣雖修儒學，然貴**老嚴**之術。(《漢書·序傳》)

顏師古注：“老，老子也。嚴，莊周也。”

“老嚴”意指傳說中成仙得道的人。

3.1.5　老＋動物名

【老物】

(1)故少陰見於申。申者，身也，律中夷則，壯於酉。酉者，**老物**收斂，律中南呂。(班固《白虎通義·京師》)

(2)思月建帝氣者致大神，思相氣者致中神，思殺氣者致小神，思月建後老氣者致**老物**，思月建後病衰氣者致邪鬼，思月建後死氣者致純鬼，思月建後破氣者致破殺兇惡咎害也。(《太平經·斗前後六辰生死訣》)

(3)鄭君云，左君告之，言諸小小山，皆不可於其中作金液神丹。凡小山皆無正神為主，多是木石之精，千歲**老物**，血食之鬼，此輩皆邪。(葛洪《抱樸子·內篇·金丹》)

(4)時夫聞是偈已，心即不喜。便作是念：“咄！是**老物**，發我臭穢。從是已後常作軟語。”(《摩訶僧祇律》T22/1425)

(5)升麻。味甘，辛。主解百毒，殺百**老物**殃鬼，辟溫疾障邪毒蠱。久服，不夭。(《神農本草經·草部上品》)

【老物精】

(1)鬼者，**老物精**也。(王充《論衡·訂鬼》)

(2)其死時，皆從九孔中或於脅下肉中出去，所以出門常須帶雄黃麝香神丹諸大辟惡藥，則百蠱猫鬼狐狸**老物精**魅永不敢着人。養生之家大須慮此。(孫思邈《備急千金要方》)

此“老”代表超越了自然規律，要麼人類“老”卻不死，要麼非人類“老”而像人，都是[＋時間長＋成精怪]的意思。以下幾例亦是。

【老狗】

(1)其後飲醉形壞，但得**老狗**，便樸殺之，推問里頭沽酒家狗。(應劭《風

俗通義·神怪》)

(2)上(漢武帝)嘗與栗姬語,栗姬怒弗肯應,又罵上**老狗**,上心銜之。(班固《漢武故事》)

(3)後伺之,見一**老狗**,黑頭白軀猶故,至閣便為人。(干寶《搜神記》卷十八)

(4)僧達答曰:"家養一**老狗**,放無處去,已復還。"(《南史·王僧達傳》)

【老青狗物】

(1)汝南許季山者,素善卜卦,蔔之曰:"家當有**老青狗物**,內中侍禦者名益喜,與共為之。誠欲絕,殺此狗,遣益喜歸鄉裏。"(應劭《風俗通義·怪神》)

【老貍】

(1)伯夷持被掩,足跣脱,幾失再三,徐以劍帶擊魅脚,呼下火上照視,**老貍**正赤,略無衣毛,持下燒殺。(應劭《風俗通義·石賢士神》)

(2)夜時有异物稍稍轉近,忽來覆伯夷,伯夷屈起,以袂掩之,以帶係魅呼火照之,視得一**老貍**,色赤無毛,持火燒殺之。(魯迅《古小說鈎沉·列异傳》)

(3)董仲舒下帷講誦,有客來詣,舒知其非常。客又云:"欲雨。"舒戲之曰:"巢居知風,穴居知雨。卿非狐狸,則是鼷鼠。"客遂化為**老貍**。(干寶《搜神記》)

(4)師遂作聲入,父即成大**老貍**,入牀下,遂擒殺之。(干寶《搜神記》)

(5)忽有一**老貍**,眇眇在案前,持刀者欲舉刀斫之,伯祖呵止。自著承塵上,須臾大笑曰:"向者啖羊肝,醉忽失形,與府君相見,大慚愧。"(葛洪《抱樸子·內篇·登涉》)

(6)山中寅日,有自稱虞吏者,虎也。稱當路君者,狼也。稱令長者,**老貍**也。(葛洪《抱樸子·內篇·登涉》)

(7)夜時有异物稍稍轉近,忽來覆伯夷,伯夷屈起,以袂掩之,以帶係魅,呼火照之,視得一**老貍**,色赤無毛,持火燒殺之。(魯迅《古小說鈎沉·列异傳》)

(8)猫鬼者,云是**老貍**野物之精,變為鬼蜮,而依附於人。(巢元方等《諸病源候論》)

【老狐】

(1)呼下火上,照視之,**老狐**正赤,略無衣毛,持下燒殺。(應劭《風俗通義·怪神》)

(2)青衣曰:“**老狐**不智,不聽我言,今日禍已及我,其可逃乎!”乃發聲而泣,攸然不見。使乃伐其木,血流,便將木歸。燃之以照書生,乃一斑狐。(干寶《搜神記》卷十八)

(3)鬼但急言:“死。”大賢遂殺之。明日視之,乃**老狐**也。自是亭舍更無妖怪。(干寶《搜神記》卷十八)

(4)**老狐**獨不去,乃是皓首書生。(干寶《搜神記》卷十八)

(5)崗頂有一,是古時塚,見一**老狐**蹲塚中,前有一卷簿書,**老狐**對書屈指,有所計校。(陶潛《搜神後記》)

文中“老狐”是修煉成精,常穿着人的衣服出來作祟的妖物。

【老樹】

(1)謹按桂陽太守江夏張遼叔高去鄢令家居,買田,田中有大樹十餘圍,扶疏蓋數畝地,播不生穀,遣客伐之,木中血出。客驚怖,歸,以其事白叔高。叔高大怒,曰:“**老樹**汁出,此何等血。”(應劭《風俗通義·怪神》)

(2)稱時君者,龜也。午日稱三公者,馬也。稱仙人者,**老樹**也。未日稱主人者,羊也。(葛洪《抱樸子·內篇·登涉》)

【老鱉】

(1)汝南有妖,常作太守服,詣府門椎鼓,郡患之。及費長房知是魅,乃呵之。即解衣冠叩頭,乞自改,變為**老鱉**,大如車輪。(魯迅《古小說鈎沉·列異傳》)

【老榆】

(1)時庭下有一**老榆**,君山指而謂曰:“此樹無情欲可忍,無耳目可闓,然猶枯槁腐朽,而子駿乃言可不衰竭,非談也。”君山援榆喻之,未是也。(曹植《辯道論》)

【老馬】

(1)冀高世之德,施以田子**老馬**之惠,贈以秦穆駿馬之恩,使長有依歸,以效忠心。(馮衍《又與陰就書》)

(2)若子方惠及於**老馬**,西巴不忍而放麑,皆仁之端也。推而廣之,可以及乎遠矣。(傅玄《仁論》)

(3)昔田子方養**老馬**,而窮士知所歸,況居天下之廣居,立天下之正位,行天下之大道乎!(段灼《上表陳五事》)

(4)帝又問:"乾為天,而復為金,為玉,為**老馬**,與細物並邪?"(《三國志·魏書·三少帝紀》)

(5)其三,以**老馬**多買陳船而匿之,買弊船五六十艘於瀆內。陳人覘知,以為內國無船。(賀若弼《禦授平陳七策》)

(6)所乘**老馬**,常稱騮駒。(《北齊書·祖珽傳》)

【老鼠】

(1)蝙蝠,自關而東,謂之伏翼,或謂之飛鼠,或謂之**老鼠**,或謂之仙鼠;自關而西,秦隴之間,謂之蝙蝠。(揚雄《方言》卷八)

(2)曾不如**老鼠**,翻飛成蝙蝠。(陸機《失題》詩)

(3)予為國郎中,親領此土,荊州俗語云:"是**老鼠**所作,名曰鬼侯。"(魯迅《古小說鈎沉·荀氏靈鬼志》)

(4)在姑孰,有鬼附之,每占吉凶,輒先索琵琶,隨彈而言事有驗,或云是**老鼠**所作,名曰靈侯。(魯迅《古小說鈎沉·異苑》)

(5)穎達大罵約曰:"我今日形容,正是汝**老鼠**所為,何忽復勸我酒!"(《南史·穎孚傳》)

例(1)即《方言》中的"老鼠",其實是蝙蝠的異稱。例(2)(3)(4)(5)中的"老鼠"所指是真鼠,二者是不同的。

【老鵄】

(1)大鵬從南來,眾鳥皆戢翼。何忽凍**老鵄**,腩腩低頭食。(習鑿齒《嘲道安詩》)

(2)何等是僧,老烏亦僧,**老鵄**亦僧。僧如穿白漏槽不可滿足。僧於汝有何利益?能為汝活男活女?能至王家斷理官事那?(《摩訶僧祇律》T22/1425)

【老羝】

(1)公知不可得,乃令就羊中告之曰:"曹公不復相殺,本試君術耳。今既驗,但欲與相見。"忽有一**老羝**,屈前兩膝,人立而言曰:"遽如許。"

於是遂莫知所取焉。(干寶《搜神記》卷一)

(2)操知不可得,乃令就羊中告之曰:“不復相殺,本試君術耳。”忽有一老羝屈前兩膝,人立而言曰:“遽如許。”即競往赴之。而群羊數百,皆變為羝,並屈前膝人立,云“遽如許”,遂莫知所取焉。(《後漢書·方術列傳》)

【老蝎】

(1)曰:“汝復誰耶?”曰:“我是老蠍也。”於是書生密便誦書至明,不敢寐。天明,亭民來視,驚曰:“君何得獨活?”書生曰:“促索劍來,吾與卿取魅。”乃握劍至昨夜應處,果得老蠍,大如琵琶,毒長數尺。(干寶《搜神記·安陽亭鬼怪》)

【老鹿】

(1)於是二人顧視鏡中,乃是鹿也。因問之曰:“汝是山中老鹿,何敢詐為人形!”言未絕,而來人即成鹿而走去。(葛洪《抱樸子·內篇·登涉》)

【老魅】

(1)是以古之入山道士,皆以明鏡徑九寸已上,懸於背後,則老魅不敢近人。(葛洪《抱樸子·內篇·登涉》)

(2)又老魅若來,其去必卻行,行可轉鏡對之,其後而視之:若是老魅者,必無踵也;其有踵者,則山神也。(葛洪《抱樸子·內篇·登涉》)

(3)石下長卿:主治鬼疰精物邪惡氣,殺百精蠱毒,老魅注易,亡走啼哭,悲傷恍惚。(陶弘景《本草經集注》)

(4)龍骨:主治心腹鬼疰,精物老魅,咳逆,泄痢膿血,女子漏下,癥瘕堅結,小兒熱氣驚癇。(陶弘景《本草經集注》)

(5)黃門從官騶蹋踧蕃曰:“死老魅!復能損我曹員數,奪我曹稟假不?”即日害之。(《後漢書·隗囂公孫述列傳》)

【老雞】

(1)申日稱人君者,猴也。稱九卿者,猿也。酉日稱將軍者,老雞也。稱捕賊者,雉也。戌日稱人姓字者,犬也。(葛洪《抱樸子·內篇·登涉》)

【老蚌】

(1)昨日仲將復來,懿性真實,文敏篤誠,保家之主也。不意雙珠,近出老蚌,甚珍貴之。遣書通心。(孔融《與韋休甫書》)

(2)世祖見廣之子珍國應堪大用,謂廣之曰:"卿可謂**老蚌**也。"廣之曰:"臣不敢辭。"上大笑。(《南齊書·王广之傳》)

【老牛】

(1)卿是天上獨尊有威神,何以不能得此願。卿譬如**老牛**不能挽車,亦復不能耕犁無益於主。(《佛說七女經》T14/0556)

(2)蓋**老牛**不犧,禮有常制,而自頃眾官拜授祖贈,轉相誇尚,屠殺牛犢,動有十數,醉酒流湎,無復限度,傷財敗俗,所虧不少。(虞預《致雨議》)

(3)我等是汝**老牛**耶。(《出曜經》T04/0212)

(4)畏死而懷懼,假名為沙門,身被僧袈裟,如**老牛**長尾。(《出曜經》T04/0212)

(5)爾時眾多比丘,聞天說偈瞋恚隆盛。尋報天曰:"我等是汝**老牛**耶。"時彼天神報道人以此偈。(《出曜經》T04/0212)

(6)所謂長老者,不以耆年。形骸老朽以離少壯不知法禁,亦復不知善惡之法好醜進趣,亦復不知戒與不戒犯與不犯,不知輕重。不知二百五十戒威儀進趣,形熟面皺肌皮舒緩,猶如**老牛**老象,雖為年至蠢愚而已。(《出曜經》T04/0212)

(7)霸先義則臣民,任惟輔佐,禦下暴於戾虎,輕上逾於**老牛**。(嚴可均《全後周文·為行軍元帥鄖國公韋孝寬檄陳文》)

(8)愚癡之人,行來履涉,猶如**老牛**入在深泥。(《佛本行集經》T03/0190)

(9)波旬汝今一切軍眾,諸力摧折,如負重乏羸瘦**老牛**。(《佛本行集經》T03/0190)

(10)武帝在雲陽宮,敕諸屯簡**老牛**,欲以享士。(《隋書·盧愷傳》)

(11)愷進諫曰:"昔田子方贖老馬,君子以為美談。向奉明敕,欲以**老牛**享士,有虧仁政。"帝美其言而止。(《隋書·盧愷傳》)

(12)蓋**老牛**不犧,禮有常制,而自頃眾官拜授祖贈,轉相誇尚,屠殺牛犢,動有十數,醉酒流湎,無復限度,傷財敗俗,所虧不少。(《晉書·虞預傳》)

(13)官有**老牛**數十,將賣之,茂曰:"殺牛有禁,買者不得輒屠。齒力疲老,又不任耕駕,是以無用之物收百姓利也。"帝乃止。(《晉書·張茂傳》)

(14)唯有一**老牛**,其兄子賣之,擬供薪米。(《北史·孟信傳》)

(15)**老牛**涎如棗核大,納水中飲之,終身不復噎。(孫思邈《備急千金要方》)

【老鶴】

(1)猶如**老鶴**伺立池邊望魚上岸,乃取食之,終日役思不果其願,用意不息自致亡軀。老有老法壯有壯力,鶴以老法行於壯力終日不果。但念少壯捕魚,不覺耆年已至,今此耆年長老亦復如是。自念力壯歌舞戲笑博弈戲樂,不慮今日年邁耆艾,抱膝蹲踞憶彼所更,不行老法但念少壯欺詐萬端,是故說如鶴在池守故何益。(《出曜經》T04/0212)

【老禾】

(1)前任趙州,闇於職務,政由羣小,賄賂公行,百姓吁嗟,歌謠滿道。乃云:“**老禾**不早殺,餘種穢良田。”(《隋書·柳彧傳》)

【老桑】

(1)東陽郡永康縣,吳時有人入山,逢大龜,擔之,未至家,遇夜,纜舟於岸,見**老桑**呼龜曰:“元緒,汝當死矣!”(魯迅《古小說鉤沉·述異記》)

(2)明日,其人將龜獻吳王,命煮之,三日三夜不死,遂問諸葛恪,恪曰:“此龜有精,須得多載老桑為薪,煮之立爛。遂命**老桑**斫之為薪,既燃即爛。”(魯迅《古小說鉤沉·述異記》)

(3)膚如**老桑**皮,耳如側兩手。(劉思真《醜婦賦》)

“老+動物名”結構在中古突然增多,和中古道教思想興起有關。當時的人們認識有限,體現在文學上,就是記載這些詞語的典籍多是志怪小說和傳教的道佛典籍。

3.1.6　老+事物名

【老屋】

(1)宣帝時,河內女子壞**老屋**,得《易》一篇。(王充《論衡·謝短》)

“老屋”到現代也在使用,指時間長的舊房子。

【老氣】

(1)王者之後老氣者,王侯之位也。**老氣**之後衰氣者,宗室之位也。衰氣之後病氣者,宗室犯事之後象也。(《太平經·天讖干支相配法》)

(2)請問:"四時之神氣以助理致善除惡,何者致大神?何者致中神?何者致小神?"曰:"思月建帝氣者致大神,思相氣者致中神,思殺氣者致小神,思月建後老氣者致老物,思月建後病衰氣者致邪鬼,思月建後死氣者致純鬼,思月建後破氣者致破殺兇惡咎害也。"(《太平經·斗前後六辰生死訣》)

(3)助老氣也。行猶賜也。(《禮記·月令》鄭玄注)

"老氣"指轉衰之趨勢。

3.2 前綴源語素"老"+形容詞性詞根

3.2.1 "老"表[+年齡大]

【老弱】

(1)老弱凍餓,痛號道路,守闕告哀,終不見省。(崔寔《政論》)

(2)更始元年,遣使徵霸,百姓老弱,相攜號哭,遮使者車,或當道而臥,皆曰:"願乞侯復留期年。"(《後漢書·侯霸傳》)

(3)初平二年,黄巾三十萬眾入郡界。劭糾率文武,連與賊戰,前後斬首數千級,獲生口老弱萬餘人,輜重二千兩,賊皆退卻,郡內以安。(《後漢書·應劭傳》)

(4)殺降卒,繫虜老弱。(《前漢紀·高祖皇帝紀》)

(5)楚欲戰則不得,攻城則力不能,老弱轉輸千里之外。漢堅守不動。(荀悅《前漢紀·高祖皇帝紀》)

(6)老弱饋餉,男子不耕。(荀悅《前漢紀·高祖皇帝紀》)

(7)向者,天下戶過千萬,除其老弱,但戶一丁壯,則千萬人也。(仲長統《昌言·損益》)

(8)然,天地生凡物,無德而傷之,天下雲亂,家貧不足,老弱飢寒,縣官無收,倉庫更空。(《太平經·五事解承負法》)

(9)令一人為大欺於都市中,四面行於市中,大言地且陷成涵水,垂泣且言;一市中人歸道之,萬家知之,老弱大小四面行言,天下俱得知之,乃使天下欺,後者增益之,其遠者尤劇。(《太平經·五事解承負法》)

(10)臣觀吳王北會諸侯於黃池,精兵從王,國中空虛,老弱在後,太子留

守。兵始出境未遠,聞越掩其空虛,兵還不難也。(趙曄《吳越春秋·勾踐十五年》)

(11)河南**老弱**萬餘人守關,欲入上書,關吏以聞。(《漢書·魏相丙吉傳》)

(12)久之,河水盛溢,泛浸瓠子金隄,**老弱**奔走,恐水大決為害。(《漢書·王尊傳》)

(13)貴壯健,賤**老弱**。(《漢書·匈奴列傳》)

(14)更始元年,遣謁者侯盛荊州刺史費遂齎璽書徵霸,百姓**老弱**相攜號哭,遮使者車,或當道而臥。(劉珍《東觀漢記·侯霸傳》)

(15)民訛言相驚,棄捐舊居,**老弱**相攜,窮困道路。(劉祐《敕司隸校尉冀並二州刺史》)

(16)既乃殘殺**老弱**,幽土憤怨,眾叛親離,孑然無黨。(《魏志·公孫瓚傳》注引《漢晉春秋》)

(17)去死就生,與**老弱**復相見,莫不歡喜。(郭躬《上封事言赦宜及亡命》)

(18)原野蕭條兮烽戍萬里,俗賤**老弱**兮少壯為美。(蔡琰《胡笳十八拍》)

(19)而此郡守義,丁壯荷戈,**老弱**負糧。(曹丕《復潁川一年田租詔》)

(20)丁夫戰於外,**老弱**獲於內,多持炬火,急則燒穀而走。(蔡謨《征西將軍庾亮移鎮石城議》)

(21)廣陵吏民佩其恩德,共拔郡隨登,**老弱**繈負而追之。(《三國志·魏書·陳登傳》)

(22)若先多積谷,安而給之,豈有驅督**老弱**糊口千里之外?(李彪《表上封事七條》)

(23)六年,沮漳暴水,汎濫原隰,南岸邑居,頻年為患,**老弱**遑遽,將至沈溺。(徐勉《梁故侍中司徒驃騎將軍始興忠武王碑》)

(24)薛包分財,取其**老弱**;高鳳自穢,爭訟寡嫂。(任昉《奏彈劉整》)

(25)**老弱**不堪遠汲,貧寡單於負水。(《宋書·范泰傳》)

(26)湯使亳眾往為之耕,**老弱**饋食。(酈道元《水經注·汳水》)

(27)或征貨貿粒,還拯親累;或提攜**老弱**,陳力糊口。(《南齊書·顧憲之傳》)

(28)母即語言:"我死生天,多獲財寶。而語婦言,香瓔珠璣金釧耳璫,

是汝父母姑姨姊妹用來與汝。由吾**老弱**,不能多負。語汝使來,恣意當與。"(《雜寶藏經》T04/0203)

(29)子弟死於兵役,**老弱**困於蓬蒿。(王義《上煬帝書陳成敗》)

(30)**老弱**樵采,丁壯休息,虞侯覘守之地,飛鳥不通,勿論人也。(溫大雅《大唐創業起居注》)

(31)刑戮失衷,爵賞由心,**老弱**波流,士女塗炭。(《梁書·武帝本紀》)

(32)遷仕聞平虜敗,留**老弱**於大皋,悉選精兵自將,以攻文育。其鋒甚銳,軍人憚之。(《陳書·周文育傳》)

(33)**老弱**耕稼,不足以救飢餒;婦工紡績,不足以贍資裝。(《隋書·食貨志》)

(34)時暢卒至,矩未暇為備,遣使奉牛酒詐降於暢,潛匿精勇,見其**老弱**。(《晉書·李矩傳》)

(35)若先多積谷,安而給之,豈有驅督**老弱**,糊口千里之外。(《北史·李彪傳》)

(36)會孫恩屢出會稽,武帝致討,林子乃自歸陳情,率**老弱**歸罪請命,因流涕哽咽,三軍為之感動。(《南史·沈林子傳》)

(37)乃令**老弱**負糧,壯夫拒戰,咸願為用,莫有怨者。(《周書·辛昂傳》)

【老衰】

(1)民年二十三為正,一歲以為衛士……年五十六**老衰**,乃得免為民,就田。(應劭《漢官儀》)

(2)故物傷**老衰**於西,而死於北。(《太平經·興衰由人訣》)

(3)"南"之為言任也,任養萬物;"味"之為言昧也,昧者,萬物**老衰**,禁者萬物禁藏,侏離者萬物微離地而生。(班固《白虎通義·禮樂》)

(4)黑青不可復還,**老衰**安可復卻?(王充《論衡·道虛》)

(5)材官、樓船年五十六**老衰**,乃得免為民就田。(應劭《漢官儀》)

"老衰"之間還可以插入其他成分:

(6)太子曰:"回車而還,吾亦不久居世間。"便復大憂,人皆當**復老衰微**,飲食消盡,當終亡。(《異出菩薩本起經》T03/0188)

(7)武人本挽上格者為羽林,次格者為虎賁,下格者為直從。或累紀征戍,靡所不涉;或帶甲連年,負重千里;或經戰損傷;或**年老衰竭**。

(元雍《考格表》)

(8)護明菩薩,報金團言:"此理實然,其善友王,雖有如是具足之法,但彼國王,**年老衰邁**,更不復能營理國務。又其王今多饒諸子,是故汝今可更別觀,餘王種類,我何處生金團天子。"(《佛本行集經》T03/0190)

【老大】

"老大"在中古有两義:一指"老,年齡大",是並列結構,如:

(1)少壯不努力,**老大**徒傷悲。(郭茂倩《樂府詩集·相和歌辭五·長歌行》)

(2)时调达來至佛所,头面礼足在一面坐。白世尊言:"今世尊**老大**气力微弱,年已时过。善哉世尊,教诸众僧受我供养。"(《鼻奈耶》T24/1464)

(3)俗謂**老大**母為阿負。(《漢書》颜师古注引如淳注)

(4)我年**老大**,而汝少壮,汝常作时,无有欺怠瞋恨怨言,都不见汝有此诸恶,如餘作人。(《妙法蓮華經》T09/0262)

(5)石勒嘗傭於臨水,為游軍所囚,會有羣鹿傍道,軍人競逐之,勒乃獲免。俄而又見一**老大**謂勒曰:"何來羣鹿者,我也。君應為列國主,故相救耳。"(魯迅《古小說鈎沉·述異記》)

一指程度,"時間長,經驗豐富",也是並列結構,如:

(6)於未來世,當得值遇釋迦如來。教法之中,得出家者,願我**老大**成最上座,彼等仙言:"願汝此誓決成就也。"(《佛本行集經》T03/0190)

(7)爾時彼等諸辟支佛,復語瓦師,作如是言:"如今我等所作神通。此之仙人神通亦然。於我等邊,此最**老大**。"(《佛本行集經》T03/0190)

"老大"指"時間長,經驗豐富"時,可以前加程度副詞"最",如例(7);也可以分別加程度副詞加以強調或修飾,如:

(8)聞已即白彼諸仙聖辟支佛言:"尊諸仙輩,前我門師,**最老最大**。願我亦然。於未來世,當得值遇釋迦如來。教法之中,得出家者。願我老大成最上座。"彼等仙言:"願汝此誓決成就也。"(《佛本行集經》T03/0190)

下例中的"老大"既可以理解為"年齡大",也可以理解為談論的這個人能夠"詳評玄義",知識學問深厚:

(9)弘福潤法師初未相識,曰:"何處**老大**德。"答:"兗州老小僧耳。"(釋道宣《續高僧傳·釋法沖》)

3.2.2 “老”表[+程度深]

【老饕】

(1)眉毫不如耳毫,耳毫不如項條,項條不如老饕。(顏之推《顏氏家訓·失題》)

“老饕”指極能飲食者。

通過以上分類分析可見,中古產生了兩個派生詞:“老+一般稱謂名詞”一類中的“老叟”“老民”。它們獲得了新義,詞義不是詞素義的相加,具備結構、意義的完備性。

4 “老”族派生詞的產生機制及發展

為了方便觀察“老”族派生詞的產生,我們把觀察語料延伸至唐宋以後,以“老”族典型派生詞為例,逐個分析其產生機制。

4.1 重新分析式演變

4.1.1 關於“老師”

把“老師”定為派生詞,是說在語義上“老師”作為一種職業,是傳授文化技術的人或泛指在某方面值得學習的人,不一定年齡老;在結構上,“老師”是“前綴語素‘老’+詞根語素‘師’”的附加式。

“老師”一詞出現得很早,起初語義上指年長的為師者;結構上是“形容詞性詞根語素‘老’+詞根語素‘師’”的偏正式。如《史記·孟子荀卿列傳》說:“(荀子)年五十始來遊學於齊……田駢之屬皆已死。齊襄王時,而荀卿最為老師。”所謂“最為老師”,指的是當時為師者中年輩最尊的人。“老”含[+年齡老]的意思。現在所說的“老師”,西周時稱“保氏”,是一種官職。孔子創辦私學,學生稱他為“夫子”。漢代立五經十四博士,教授知識的人稱“博士”或“儒士”“士”。“生”“先生”也一直是後代“老師”的代名詞。但是,從孔子時代就開始稱“師”。《論語·為政》說:“溫故而知新,可以為師矣。”《述而》又說:“三人行,必有我師焉。”因此,所謂“老師”,一直指年長的為師者,這個意義一直用到唐宋時期:

(1)周之衰,好事者各以其說於時君,紛紛籍籍,相亂六經與百家之說錯雜,然老師大儒猶在。(韓愈《讀荀》)

(2)先生死,二經生喪其師,仕於學者亡其朋,故自賢士大夫,老師宿儒,新進小生,聞先生之死,哭泣相吊,歸衣服貨財。(韓愈《施先生墓銘》)

(3)探抉遁隱,宿工老師,不得伏匿,皆來會堂下。(柳宗元《唐故萬年令裴府君墓碣》)

(4)超然遐舉,四走方外,求老師巨儒,以成就其業。(范仲淹《淄州長山縣建范文正公祠堂記》)

(5)其樂工舞郎,多教坊伶人、百工商賈、州縣避役之人,又無老師良工教習。(《新五代史·雜傳·崔棁》)

(6)繇漢迄唐,老師大儒,各執一經,相為矛盾。(李覯《上聶學士書》)

(7)至於漢初,老師大儒未盡凋落。嗣而興者,皆知稱先聖,本仁義。數百年中其秉筆者多有可采。(李覯《上宋舍人書》)

(8)其折衷是非,獨見之明,老師宿儒所不能到,此臣之所聞也。(曾鞏《自福州召判太常寺上殿》)

(9)治經章解句達,老師宿學譽歎以為賢己。(王安石《贈司空兼侍中文元賈魏公神道碑》)

(10)自象數名物訓詁凡例之間,老師宿儒尚有不能知者。(朱熹《書臨漳所刊四子後》)

(11)高文大冊或托之不得其人,老師宿儒有死而莫見於世。(陸游《賀周參政啓》)

這些"老師",分別跟"宿工""宿儒""老儒""巨儒""大儒""碩儒""宿學"等對舉,顯然都是指年長的為師者。同時也說明,如果"老師"在《史記》時期還是短語的話,到了唐宋,已經形成複合詞。這個複合詞"老師"是派生詞"老師"的前身。

唐宋時期,"老師"也有整體單用的,主要用來指稱有知識的和尚。而有知識的和尚就是沒有知識或知識較少的和尚的"老師":

(1)怕見世間事,削頭披佛衣。年小未受戒,會解如老師。(姚合《贈盧沙彌小師》)

(2)忽遇文殊開慧眼,他年應記**老師**心。(釋齊己《病中勉送小師往清涼山禮大聖》)

(3)雙塔**老師**古突兀,索我瑤琴一揮拂。(蘇舜欽《演化琴德素高昔嘗供奉先帝聞予所藏寶琴求而揮弄不忍去因為作歌以寫其意云》)

(4)但願**老師**真似月,誰家甕裏不相逢。(蘇軾《次韻法芝舉舊詩一首》)

(5)王**老師**修行無力,被鬼神覷破。(蘇轍《書傳燈錄後》)

(6)**老師**不作奇特想,已脫聖凡情量纏。(釋惠洪《餞枯木成老赴南華之命》)

(7)今日全身毛孔笑,**老師**帶伴與春回。(《嘉興大藏經石門文字禪卷·十二月二十六日永明禪師生辰三首》)

(8)珍重**老師**成勝事,清名當與此山留。(樓鑰《錦鏡》)

(9)吾曹久侍**老師**,反不若新進耶?(樓鑰《延慶月堂講師塔銘》)

(10)殘僧一二輩不絕如線,**老師**不以教之,將廢勇猛精進。(洪適《資福院記》)

(11)綠染庭蕪一尺深,**老師**閱世幾駒陰。(劉克莊《臨溪寺二首》)

(12)因知**老師**清素,不曾敢動葷。此酒也是素的,請一杯不妨。(吳承恩《西遊記》第十九回)

(13)童子笑道:"不瞞**老師**說,這兩個字,上頭的,禮上還當;下邊的,還受不得我們的香火。"(吳承恩《西遊記》第二十四回)

(14)**老師**請坐,待弟子辦茶來奉。(吳承恩《西遊記》第二十四回)

這些被稱為"老師"的和尚,有的年事已高,有的已經故去,但也有年齡尚輕的小和尚。這時的"老師"已經在經歷重新分析的過程,它的含義已經是和尚中的一種職業,是"傳授文化技術的人",不一定實指[十年齡老]。出土文獻《吐魯番出土文書》第七冊《麟得二年舉錢契》和《儀鳳年間租佃契》上有佃主名為"卜老師"[①],是一位出家人。"麟德二年"是公元 665 年,"儀鳳年間"是公元 676 年左右,皆為唐初。可見,"老師"作為職業的稱呼,"老"和"師"邊界模糊,構式成熟固定,因而前面可以添加姓氏,當在初唐時便已運用在日常生活中。這些"老師"的結構形式已在經歷由"形容詞性詞根語素

① 參見新疆維吾爾自治區博物館、武漢大學歷史系編:《吐魯番出土文書》,文物出版社 1992 年版,第 526、530 頁。

‘老’＋詞根語素‘師’”向“定位性前綴語素‘老’＋詞根語素‘師’”的轉變。“老”在經歷由詞根語素向前綴語素的轉化。

合成詞重新分析，是產生新詞的一種重要方式，即在不改變原有合成詞語素成分、語素順序的情況下，逐漸改變語素成分之間的結構關係。新、舊兩種結構的語素成分、語素順序和語素結構都相同。在使用過程中，一部分詞逐漸出現內部語素結構不同，並在自己的軌道上不斷發展，與舊的語素結構的差異越來越大。於是或者新結構取代舊結構，新詞產生；或者兩種結構並存，新詞產生。唐宋時期，與“宿儒”對舉的“老師”是舊有的結構；指稱有知識、傳授文化的和尚的“老師”，就應當是逐漸出現內部語素結構不同，並在自己的軌道上不斷發展的那一部分詞。唐宋時期的“老師”正在經歷着這種重新分析的過程。

唐宋時期，正在經歷重新分析的“老師”，到了宋代，有一部分確定無疑地已經改變了舊有的內部結構形式，轉化為派生詞了。王力先生說：“到了宋代以後，‘老師’的‘老’才真正變成了詞頭。”①王力先生的結論是正確的。

不過，王力先生舉的例子是金元好問的。元好問生活於公元1190～1257年。在元好問之前一百年，詩人陳與義的詩中已經有“老師”的“老”完成重新分析的歷程，變為前綴的用例了。陳與義生活於公元1090～1138年。下面是真正派生詞“老師”的例子：

(1)堂頭<u>老師</u>言語工，一詩自直三千鐘。(陳與義《送秘典座勝侍者乞麥》)

(2)君家詩伯<u>老師</u>川，解道蘆花落釣舩，莫笑東湖秋水冷，近來新吐一枝蓮。(楊萬里《跋徐恭仲省幹近詩》)

(3)楊萬里有《題湫玉亭示開先長<u>老師</u>序》。

(4)撼樹人方謗<u>老師</u>，疑有更深於此者，入山十載試精思。(劉克莊《自警》)

(5)虛費燈窗一世勤，<u>老師</u>曾許與斯文。(劉克莊《縱筆二首》)

(6)朝野多傳明禋有大除拜，追記<u>老師</u>遺言，擬作數制。(劉克莊《跋擬制三道》)

(7)學必有師，師必有傳人……其詩律高妙者絕類唐人，疑<u>老師</u>當避其

① 王力：《漢語語法史》，商務印書館1989年版，第8頁。

鋒，它文稱是。（劉克莊《網山集》）

(8)從**老師**而偕出，戀明主而獨留。（劉克莊《除玉局謝二柘》）

(9)提**老師**之文印，傳名父之心燈。（劉克莊《謝王侍郎舉自代》）

(10)伯安入小學，穎悟非凡兒，屬句有夙性，說字驚**老師**。（元好問《至侄孫伯安》）

(11)授老子章句，且以吾宗奉仙**老師**明道為介，故為記之。（元好問《通仙觀記》）

(12)元好問有《太一蓮舟圖三首為濟源奉先**老師**賦（老師吾宗盟）》。

(13)元好問有《宗人明道**老師**澹軒二首》。

至明代，"老師"的稱呼神聖起來，包含的尊重程度重於"先生"。明王世貞《觚不觚錄》說："門生稱座主，亦不過曰老先生而已，至分宜（魏忠賢）當國，其諛者稱老翁，其厚之甚者稱夫子。此後，門生稱座主俱曰老師。""老師"的稱呼逐漸普及：

(1)積五年，貫穿經史百氏，雖**老師**弗及，因號鐵崖，登元泰定丁卯進士第，授承事郎，天臺縣尹。（貝瓊《鐵崖先生傳》）

(2)高啓有《贈丘**老師**》《甯真館李高士遇青城黃**老師**》。

(3)國之名臣，鄉之**老師**，今則云亾。（吴寬《祭葉侍郎文》）

(4)鄉之**老師**，國之名臣，一觴跽進，鑒於斯文。（吴寬《祭葉侍郎文》）

(5)同舍生夜讀倦睡去，自新以燈檠投之，油污滿几，正色切責若**老師**然。（歸有光《張自新傳》）

(6)門孫之謂其師之師，謂之太**老師**。（顧炎武《生員論中》）

清初，與"名宿"對舉的"老師"，也已經轉化為派生詞，如：

(1)黃宗羲行輩視為**老師**名宿。（顧炎武《前鄉進士澤望黃君壙志（癸卯）》）

此後"定位性前綴語素'老'＋詞根語素'師'"的結構取代"形容詞性詞根語素'老'＋詞根語素'師'"的結構，"老師"中的"老"也最終完成了詞綴化的歷程：

(1)想是才學畫幾筆，難入**老師**的法眼。（吴敬梓《儒林外史》第一回）

(2)**老師**既把這個人託我，我若不把他就叫了來見**老師**，也惹得**老師**笑我做事疲軟。（吴敬梓《儒林外史》第一回）

(3)這學裏**老師**是朝廷制下的，專管秀才，你就中了狀元，這**老師**也要認

的。(吴敬梓《儒林外史》第十七回)

(4)我這**老師**看文章是法眼,既然賞識令郎,一定是英才。可賀!(吴敬梓《儒林外史》第四回)

(5)你既出周**老師**門下,更該用心讀書。象你做出這樣文章,豈不有玷門牆桃李?(吴敬梓《儒林外史》第七回)

4.1.2　關於“老公”“老婆”

“老公”稱丈夫,較早的例子見於宋代晚期無名氏的《張協狀元》:

(1)勸你莫圖他做**老公**,他是個鬼頭風。(九山書會才人《張協狀元》第二十六出)

“老婆”稱妻子,較早的例子見於宋代劉克莊詩:

(1)不勞左轄誦新句,卻愛**老婆**呼舊名。(劉克莊《抄戊辰十月近稿七首》)

(2)念**老婆**非復少年。(劉克莊《徐國録》)

一般說來,一個合成詞如果只有一個詞義,它的產生往往是利用原有的語素和原有的結構形式新造的。如果有兩個或兩個以上的詞義,就需要考察這些意義之間的關係了。如果它們的語素義和語素結構都相同的話,可能是同一個詞的一個意義引申出了另一個意義,如“國家”由並列短語形成一個詞後,既指天子統治的天下,又指諸侯統治的封地。如果它們只是語素相同,而語素義和內部的語素結構不同,那麼它們可能是在不同時代、不同地域由不同的理據分別創造的。如“國色”:秦漢時指資容美麗的女子,“色”是美色的意思;唐代指牡丹,“色”是顏色的意思。這種情況也可能是重新分析的結果。

“老公”“老婆”的多義性就是重新分析的結果,派生詞“老公”“老婆”是重新分析產生的。經過重新分析產生的詞,跟它所由來的原詞是兩個詞,而不是同一個詞。相應的,詞典分項應當把它們看作兩個詞,而不應當處理為一個詞的兩個義項。

【老公】

“老公”是多義詞,有三個義位:一是對老年男子的敬稱。如劉向《說苑》卷七:“齊桓公出獵逐鹿而走入山谷之中,見一老公而問之曰:‘是為何谷?’”王充《論衡·骨相》:“吕后及兩子居田,有一老公過請飲。”二是稱父親,出現於唐代。如《北史·高昂傳》:“及次同(高昂父)死,昂大起塚,對之曰:‘老公，子生平畏不得一鍬土，今被壓，竟知為人不？'"三是稱丈夫，產生於宋代，例見前文所舉。

在第一個意義上，"老公"的"老"是年紀老的意思，"公"是對人特別是老年男子的稱呼。如顧炎武《日知錄》卷二十說："有尊老而公之者。《戰國策》：'孟嘗君問：馮公有親乎？'"這個意義的"老公"是偏正結構。第二個意義的"公"沒有父親的意義。所以，第二個意義的語素義、結構應當與第一個意義的語素義和結構相同，應當是第一個意義上整個詞意義的引申。在第三個意義上，"老"已經失去[十年齡老]的意思，語法化為派生詞前綴。"公"也不是對老年男子的敬稱，而是妻子對丈夫的稱呼，所以應當看作另一個詞。但是，它跟第一個意義上的"老公"有聯繫，是由第一個意義的"老公"重新分析來的。其重新分析的歷程是漢魏六朝以後，第一個意義上的"老公"繼續發展，唐、宋、元、明、清都在使用：

(1)雖田舍老公，樂聞鼓角，可送一部，行田時吹之。(《宋書·張興世傳》)

(2)有一白衣老公在道旁。(《宋書·符瑞志上》)

(3)朕昨夜夢一老公，頭鬢皓白，正理冠服，拜立路左。(《魏書·任城王澄傳》)

(4)征為侍中，人吏送別悲號，有老公數百人相率具饌。(《北齊書·彭城王浟傳》)

(5)厙狄幹，鮮卑老公；斛律金，敕勒老公。(《北史·齊本紀》)

(6)昇高以刀逆斫殺之，四五老公並死。(道世《法苑珠林》卷四二)

(7)我有耆老公燠其肌，我有病癃公起其羸。(柳宗元《道州毀鼻亭神記》)

(8)嫡長承祧有大倫，老公愛子本平均。(范成大《讀唐太宗紀》)

(9)曠妻受明上，座頂禮老公。(劉克莊《目痛一月未愈自和前九首》)

(10)鹿門老公，柴桑隱君，婦各儷美，子皆無聞。(劉克莊《侍奏名林君墓誌銘》)

(11)晉甯康中，襄城寺法味道人遇一老公，着黃皮衣。(史容《贈吳道士》)

(12)詩成願作瞎太祝，位極恥為盲老公。(晁說之《病目作近體詩五首》)

(13)牛羊散野春草短，敕勒老公方醉眠。（吴萊《漷州》）

(14)延及饒信時，老老公為江浙行省左丞。（戴良《平饒信詩(並序)》）

(15)不從董健兒，欲縛蕭老公。（高啓《贈銅臺李壯士》）

漢語單音詞加綴以後，除了產生新的概念意義外，還往往附帶產生出一種共性的即小類的意義，如單音詞加後綴“子”能附帶產生出“小稱”義。同加後綴“子”產生出“小稱”義一樣，單音詞加前綴“老”能附帶產生出[＋老稱/大稱]義。這種意義在語用上有尊重對方、拉近距離、顯得親切的作用。“老公”“老婆”就是在這種語用價值的作用下，由原來尊稱老年男子、老年女子逐漸重新分析為“老公”指稱丈夫，“老婆”指稱妻子。從宋代晚期起，“老公”開始指稱丈夫，並在元明以後繼續發展：

(1)（淨上白）老公，老公，苦咳！點義倉那裏討穀？又着吃打。（高明《蔡伯喈琵琶記》第十六出）

(2)知他怎生知道我家裏有個媳婦兒，道我婆媳婦又沒老公，他爺兒兩個又沒老婆，正是天緣天對。（關漢卿《驚天動地竇娥怨》第一折）

(3)那大王叫一聲道：“甚麽便打老公！”魯智深喝道：“教你認得老婆！”拖倒在床邊，拳頭脚尖一齊上，打得大王叫“救人！”（施耐庵《水滸傳》第四回）

(4)他老公便是每日在縣前賣熟食的。（施耐庵《水滸傳》第二十三回）

(5)數中有李鬼的老婆，逃在前村爹娘家裏，隨着衆人也來看虎，認得李逵的模樣，慌忙來家對爹娘說道：“這個殺虎的黑大漢，便是殺我老公，燒了我屋的。他正是梁山泊黑旋風李逵。”（施耐庵《水滸傳》第四十二回）

(6)他十五歲時，便嫁個老公。（施耐庵《水滸傳》第一百四十回）

(7)這樣個寶貝，也怕老公，雌見了雄，就不敢裝了！（吴承恩《西遊記》第三十五回）

(8)你倒困陷我師父，返敢硬嘴！我師父是你哄將來做老公的，快快送出鏡你！（吴承恩《西遊記》第五十五回）

(9)羅刹女！你看看我可是你親老公！就把我纏了這許多醜勾當！不羞！不羞！（吴承恩《西遊記》第六十回）

【老婆】

“老婆”也是多義詞，和我們的論題有關的有兩個：一個是指年老的婦女，“婆”的意思，《廣韻》說是“老母稱”，也就是《集韻》說的“一曰‘女老稱’”。另一個是稱妻子。稱妻子的“老婆”結構是派生式。第二個意義是經由第一個意義重新分析而來的。第一個意義產生於唐代，一直沿用到後代：

(1)東家一老婆，富來三五年。昔日貧於我，今笑我無錢。（釋寒山《寒山子詩集》之三十六）

(2)其語轉轉，漁師子聞已，即東走而避，乃入一老婆家，其老婆見已，隱藏深處。以大黃塗身，色如死人形。（義淨《根本說一切有部毗奈耶》T23/1442）

(3)八十老婆拍手笑，妒他織女嫁牽牛。（顧況《杜秀才畫立走水牛歌》）

(4)總追店人十五以上集，為人不足，且散，唯留一老婆年八十已上。（張鷟《朝野僉載》）

(5)女云：“看老婆呈神通去也。”（《祖堂集》卷十七）

(6)有的言語，對面評度。幾百如何，老婆斟酌。（董解元《西廂記諸宮調》卷八）

值得注意的是，唐宋至明代有些例子中的“老婆”，既有年老的婦女的意思，又有妻子的意思：

(1)老翁娶少婦，發白婦不耐。老婆嫁少夫，面黃夫不愛。老翁娶老婆，一一無棄背。少婦嫁少夫，兩兩相憐態。（释寒山《寒山子詩集》之一二八）

(2)報與曲江先輩道，老婆非復少時心。（劉克莊《魏公韻某繼作》）

(3)縱使老婆強搽抹，安能更似入時妝。（劉克莊《有感》）

(4)到臨死賣履分香丟盡了醜，原來是老婆隊裏的礤東西。（賈應寵《木皮詞・歷代史略鼓詞》）

例(1)中的“老婆”與“老翁”相對，是指年老的，又是“老翁”的妻子。例(4)中的“老婆隊”也可以說成“妻子隊”。這正說明“老婆”由偏正結構的老年婆子向派生結構的妻子的重新分析過程，而這些例子正處在這個過程中。經過重新分析之後，在宋代就有些表示妻子的“老婆”，開始走向獨立發展的道路：

(1)更有叫“時運來時，買莊田，娶老婆”賣卦者。（吳自牧《夢粱

錄·夜市》)

(2)我做斗子十多羅,覓些倉米養**老婆**。(無名氏《陳州糶米》第一折)

(3)見個年少的婦女向簾兒下立,那老子用意鋪謀待取做**老婆**。(杜仁傑《套數:莊稼不識勾欄》)

(4)(福童云)我兩個不曾娶**老婆**哩,分另這家私倒也淨辦。(杜仁傑《套數:莊稼不識勾欄》)

(5)苦!往常間把義倉穀搬得家裏去養**老婆**孩兒了,今日上司官點義倉,支谷賑濟貧民,那裏討穀?(高明《蔡伯喈琵琶記》第十六出)

(6)(醜起白)好好,討得這好**老婆**。沒奈何,只有一個孩兒,把來賣。(高明《蔡伯喈琵琶記》第十六出)

(7)你是我的**老婆**,如何逃走?(關漢卿《趙盼兒風月救風塵》第四出)

(8)兀那婆婆,你無丈夫,我無渾家,你肯與我做個**老婆**,意下如何?(關漢卿《溫太真玉鏡臺》)

(9)今那老婆子害病,我討服毒藥與他吃了,藥死那老婆子,這小妮子好歹做我的**老婆**。(關漢卿《驚天動地竇娥怨》第二折)

(10)我的**老公**不是好惹的,你要騙我。倘若他得知,不饒你。(施耐庵《水滸傳》第四十四回)

(11)這皇帝失了體統!怎么為**老婆**就不要江山。(吴承恩《西遊記》第六十九回)

由元明文獻可見,"老婆"至此漸成"女性配偶"的習稱。

4.1.3　關於"老姊""老兄"

"老姊""老兄"兩個派生詞是由"形容詞性詞根語素'老'+姊/兄"經過重新分析產生的,但它們重新分析的步伐並不一致。

【老姊】

"老姊"是弟弟對姐姐的敬稱,沒有年老的意思,其年齡也不一定比弟弟大多少。但是,姐姐畢竟比弟弟大,因此"老"在此還有一定的意義,應處於由實語素向詞綴演變的過程之中。"老姊"似正處於向"定位性前綴語素'老'+姊"格式重新分析的過程中。後來的派生詞"老姐"似來源於它。

(1)奕(郭奕)有寡姊,隨奕之官,姊下僮僕多有奸犯,而為人所糾。奕省按畢,曰:"大丈夫豈當以**老姊**求名?"遂遣而不問。(《晉書·郭奕傳》)

“老姊”產生於唐代。

【老兄】

“老兄”有三個意義，都產生於唐代。一個意義是弟弟對兄長的尊稱，如：

(1)形影默相顧，如弟對**老兄**。（白居易《對酒示行簡》）

例中講的是“弟對老兄”，“老兄”是年長者，“老”有年長的意思。結構是“形容詞性詞根語素‘老’＋兄”的偏正短語。

“老兄”的另一個意義是兄長的自稱。如：

(1)司州覺惡，便輿床就之，持其臂曰：“汝詎復足於**老兄**計?”（劉義慶《世說新語・忿狷》）

自稱的“老兄”結構也是“形容詞性詞根語素‘老’＋兄”，“老”也有實在的詞彙意義。

第三個意義是同輩親友間互相尊稱，是派生詞。其結構由“形容詞性詞根語素‘老’＋兄”的偏正短語重新分析為“定位性前綴語素‘老’＋兄”，“老”失去形容詞[＋年齡老]的意義：

(1)毅次擲得雉，大喜，褰衣繞床，叫謂同坐曰：“非不能盧，不事此耳。”裕惡之，因挼五木久之，曰：“**老兄**試為卿答。”既而四子俱黑，其一子轉躍未定，裕厲聲喝之，即成盧焉。（《晉書・劉毅傳》）

這是劉裕對劉毅的自稱。

(2)帝（晉武帝）笑曰：“但令**老兄**（劉敬宣）平安，必無過慮。”後領冀州刺史。（《南史・劉敬宣傳》）

例(2)是晉武帝稱劉敬宣。以下是他稱：

(3)今神鋒所臨，前無橫陳，況窮城弱眾，殘傷之餘，而欲自固乎！若開門歸順，自可不失富貴。將佐小大，並保榮爵。何故苟困士民，自求齏膾，身膏斧鑊，妻息並盡，**老兄**垂白，東市受刑邪！幸自思之。信言不爽，有如皎日。（《宋書・殷琰傳》）

4.1.4 關於“老虎”

“老虎”在上古文獻中一般單稱為“虎”，如：

(1)雲從龍，風從虎。（《易・乾》文言傳）

(2)不入虎穴，焉得虎子。（《後漢書・班超傳》）

(3)與狼蟲為伴，虎豹為羣，獐鹿為友，獼猿為親。(吴承恩《西遊記》第一回)

這裏的“老虎”是兩個詞：一個詞的意義是“老的虎”，另一個詞的意義是指動物老虎，不分年齡大小。在“老的虎”意義上，一般也單稱“虎”，其小者稱“虎子”，如“不入虎穴，焉得虎子”，或稱“小虎”，如《資治通鑒》卷七四：“吴主長女魯班，適左護軍全琮。少女小虎，適驃騎將軍朱據全。”“小虎”是人名。晉郭璞《爾雅·釋獸》：“虎儵，黑虎。”注：“狀如小虎而黑。”①

“老的虎”意義上的“老虎”，產生於唐代，後代一直沿用：

(1)釋法進不知氏族，為輝禪師弟子，於竹林坐禪，有四老虎繞於左右。(道世《法苑珠林》卷一〇一)

(2)瑟瑟寒松露，骨耽耽老虎垂頭。(蘇軾《東坡先生詩》卷四)

(3)千年老虎獵不得，一箭橫穿雪皆赤。(陸游《大雪歌》)

(4)老虎洎老麋皆屈膝向長人言。(李昉等《太平廣記》卷四四一引《玄怪錄》)

(5)將手中樸刀挺起，來搠那兩個小虎……那母大蟲吼了一聲，就洞口，帶着刀，跳過澗邊去了。李逵拿了樸刀，就洞裏趕將出來。那老虎負疼，直搶下山石下去了。(施耐庵《水滸傳》第四十二回)

(6)寅將軍者是個老虎精。(吴承恩《西遊記》第十三回)

例(2)中的“老虎”“骨耽耽”而“垂頭”，“耽耽”是威嚴而莊重的樣子，描寫的是年老的虎的姿態。例(3)的“老虎”是“千年老虎”。例(4)中的“老虎”與“老麋”相對，也是指年齡老的虎。例(5)中的“老虎”與“小虎”相對，是老的虎。例(6)中云“老虎精”，只有老的虎才能成精。

語言中的“每一個詞、每一個語法成分、每一種說法、每一種聲音和重音，都是一個慢慢變化着的結構，由看不見、不以人意為轉移的沿流模鑄着。這正是語言的生命。”②“老虎”和其他有重新分析歷程的詞一樣，就是這樣“由看不見的不以人意為轉移的沿流模鑄着”。宋代由“定位性詞根語素‘老’＋虎”一詞演變為“定位性詞綴語素‘老’＋虎”。這與王力“到了宋代，

① 郝懿行：《爾雅·釋獸》義疏引晉郭璞注，中國書店1982年版。

② ［美］愛德華·薩丕爾著，陸卓元譯，陸志韋校：《語言論》，商務印書館1985年版，第155頁。

虎也可以稱'老虎'"的判定相合。① 如:

(1)主將王祖忠意公書生,謾與約分路,克日會老虎寨。(劉克莊《後村先生大全集》卷一五九)

(2)紛紛暗被兒女笑,老虎般彪今幾度。(元好問《遺山先生文集》卷三)

(3)饑虵不計撐腸裂,老虎爭教有齧存。(元好問《遺山先生文集》卷九)

(4)老虎恒持麋鹿等肉還以哺妻,或時含水吐其口中。婦人欲出,輒為所怒,驅以入窟,積六七年。(李昉等《太平廣記》卷四二七引《廣異記》)

(5)老虎穴中臥,獵夫不敢窺。(蘇轍《湖陽曲》)

(6)眈眈老虎底許來,抱石踞坐何雄哉。(王惲《趙邈齪虎圖行》)

(7)老虎坐琴堂,蒼狼為主簿。(吴承恩《西遊記》第十九回)

4.2 類推式演變

4.2.1 關於"老鴉"

與前幾例不同,"定位性前綴語素'老'+單音節鳥名"的詞彙格式來源於六朝唐宋時期較普遍出現的"定位性前綴語素'老'+單音節名詞"的詞彙結構形式,是在已有這種結構框架的基礎上,通過模仿格式類推出現的。之所以不能由模仿"定位性詞根語素'老'+單音節鳥名"的"老鴿""老鳫"一類的詞產生,是因為此結構下的"老"是有實義的。而"老鴉"即是"鴉","老"並不表示實在的詞彙意義。

從"定位性詞根語素'老'+單音節鳥名"結構向"定位性前綴語素'老'+單音節鳥名"結構演變,只能使一個詞的結構與意義整體地由前者向後者轉化。一個詞如果只有結構的聯繫性而沒有具體的詞的轉化,是無法重新分析的,也就是说,無法完成由一種結構形式到另一種結構形式的轉化。我們說"定位性前綴語素'老'+單音節鳥名"的詞彙格式應當來源於六朝唐宋時期較普遍出現的"定位性前綴語素'老'+單音節名詞"的詞彙結構形式,是在已有這種結構框架的基礎上,通過模仿格式類推出現的。

"類推"有類推拉平和類推創新兩種。類推拉平是把不規則、不穩定的語

① 參見王力:《漢語語法史》,商務印書館1989年版,第8頁。

言現象通過類推過程使其向規範化(或習慣化)的語言現象靠攏。它以之為指標的語言現象已經存在,而且這種語言發展方式並不是創造新的語言形式,而是舊有語言格式的延展。"類推創新的情況與類推拉平不同,它是根據某一結構模式去創造語言中不曾有過的新形式。這在一些主要採用派生構詞法構詞的語言中更為明顯。實際上,新詞的創造就是靠這種類推創新的方法來實現的。英語用加後綴/-əble/(-able,eble)的辦法創造定位就是這種類推創新的一個很好的例子。"[①]利用現成的"定位性前綴語素'老'+單音節名詞"的詞彙結構形式直接創造新詞,就是類推創新的詞彙類型的發展形式。

"鴉"在古代漢語中是鳥類鴉科的通稱,如《莊子·齊物論》:"鴟鴉耆鼠。"李商隱《隋宮》:"於今腐草無螢火,終古垂楊有暮鴉。"稱"老鴉"始見於唐代,"老"是加在"鴉"前的詞綴。"老鴉"是突然出現的派生詞,其機制是創新的。但是,前綴"老"和"定位性前綴語素'老'+單音節名詞"的結構形式是原有的,也就是說附加式"老鴉"的結構形式是仿照舊有格式類推創新出來的:

(1)此是天上老鴉鳴,人間老鴉無此聲。(顧況《烏夜啼》)

(2)老鴉笊籬,葉如牛蒡而狹,子熟時色黑,狀如笊籬。(段成式《酉陽雜俎》卷十九)

(3)纖手卻盤老鴉色,翠滑寶釵簪不得。(《李賀歌詩編》卷四)

(4)頻伽共命生西國,此處由來足老鴉。(《敦煌變文·佛說阿彌陀經講經文》)

"老鴉"是利用已有的前綴"老"和已有的"定位性前綴語素'老'+單音節名詞性詞根語素"的形式類推創新產生的。因為在現有漢語史的語料中,"老鴉"並不表示"老的鴉",也就是說,漢語史的語料中不存在由"老的鴉"向"定位性前綴語素'老'+鴉"的過渡形式,不具備重新分析的條件。

4.2.2 關於"前綴'老'+姓"

"老石"是北齊人石曜的自稱。根據下面引的《北齊書·儒林傳·石曜》的例子,從他說話的環境對象以及時風來看,他自稱"老石",表現了心胸的坦蕩、品性的厚道,也取得了良好效果。

---

① 徐通鏘:《歷史語言學》,商務印書館1991年版,第117頁。

(1)石曜,字白曜,中山安喜人,亦以儒學進。居官至清儉。武平中黎陽郡守,值斛律武都出為兗州刺史,武都即丞相咸陽王世子,皇后之兄,性甚貪暴。先過衛縣,令丞以下聚斂絹數千匹以遺之。及至黎陽,令左右諷動曜及郡治下縣官。曜手持一縑而謂武都曰:"此是老石機杼,聊以奉贈。自此來並須出於吏民,吏民之物,一毫不敢輒犯。"武都亦知曜清素純儒,笑而不責。

"定位性前綴語素'老'+姓氏"是一種無限能產的形式,有多少個姓,就可以隨着需要產生多少個詞。"定位性前綴語素'老'+單音節姓"是唐代類推創新出現的格式。類推的根據是六朝時期"定位性前綴語素'老'+單音節名詞"的格式。"定位性前綴語素'老'+單音節姓"格式是創新,之後的"老杜""老元""老石"等詞更是創新,使漢語親朋好友間的稱謂多了一個系統。

宋代文人已發現了這種語言現象。清代翟灝《通俗編》引洪邁《容齋三筆》並加按語說:"東坡詩用人名,每以'老'字為助語,非真謂其老也。如'老濞宮妝傳父祖','便腹從人笑老韶','老可能為竹寫真','不知老奘幾時歸''曾使老謙名不朽'之類,皆隨語勢而然。白樂天嘗云:'每被老元偷格律。'蓋亦有自來矣。[按]今朋友晤談,莊稱曰'某兄',狎稱曰'老某',昉自此歟?但'可''奘'皆其名之下字,今則舉系上字,又不相同。"翟灝已經認識到"老某"的新的語用價值。在清代,稱"某兄"有正規莊重的意味,稱"老某"有平易親切的意味。

4.2.3 關於"前綴'老'+民族名"

"前綴'老'+民族名"是唐代類推創新出現的一種稱謂形式。如:

(1)老胡感至德,東來進仙倡。五色師子,九苞鳳凰。(李白《相和歌辭·上雲樂》)

"胡"是古代對我國西方和北方少數民族的泛稱。

4.2.4 關於"前綴'老'+大/基數詞"

漢語詞綴有一個很突出的價值,就是在語用方面的特殊作用。用於稱呼的前綴"老",它的出現就不是專為語法上改變詞性,而是還可以表現一定的語用意義,表達使用語言的人們的社會關係。

甲骨文時期人物排行,稱上輩用干支"甲乙丙丁"表示順序,如"太甲"

“太乙”“太丁”等，稱下輩還沒有表示順序的詞，只是說“子某”，如“子洋”“子缶”“子漁”等。周代以後，兄弟輩用“伯仲叔季”，如劉邦的哥哥叫劉仲，用現在的俗稱，也就是“劉二”。唐代以後出現以全家族同宗的兄弟為標準，用數字來表示排行的情況，如王維有《送元二使安西》，李白有《金鄉送韋八至西京》，白居易有《問劉十九》等，其中，“元二”“韋八”“劉十九”都是姓加同宗兄弟排行。明清以後，就開始用詞綴“老”來表示。

用前綴“老”來表示排行，其格式是“定位性前綴語素‘老’＋同父母兄弟排行/同族兄弟排行/同一社團成員排行”，其屬性是序數詞性前綴①，如“老大”和後產生的“老二”“老三”等。但它們的產生時代和機制並不平衡。“老二”“老三”是類推創新的成果。類推的根據是基數詞相當於名詞，語言中已有“定位性前綴語素‘老’＋名詞”的格式，把名詞替換為基數詞，使語言有了表示社會關係排行的順序稱謂。我們之所以不認為這是重新分析的結果，是因為沒有表示“定位性前綴語素‘老’＋基數詞”的格式，它們沒有重新分析的基礎。而“老大”就不同了，它是重新分析產生的。

“老大”是多義同形詞，一個詞形下包含三個不同的詞：一個是名詞，表示年紀大；一個是副詞，“很、非常”的意思；一個是稱謂詞，“排行第一”的意思。

一是名詞，年紀大。這個意義上的詞約是六朝時期產生的。例如：

(1)少壯不努力，老大徒傷悲。(郭茂倩《樂府詩集・相和歌詞五・長歌行》)

(2)門前冷落鞍馬稀，老大嫁作商人婦。(白居易《琵琶行》)

二是副詞，很，非常。這個意義的詞約產生於明代。如：

(1)這兩日又不揀早涼行，動不動老大藤條打來，都是一般父母皮肉，我們直恁地苦！(施耐庵《水滸傳》第十五回)

(2)一個鬢邊老大一搭朱砂記，拿着一條樸刀。(施耐庵《水滸傳》第十五回)

三是稱謂詞的來源為重新分析。

“老大”，在名詞意義上，“老”是年齡老，“大”是年紀大；其結構是並列式。在副詞意義上，“老”是副詞“很、非常”的意思，“大”是形容詞，與“小”相對。副詞意義與稱謂詞，在語素義和語素之間的結構上都沒有聯繫。名詞

① 依據其來源，把序數詞性前綴“老”放在這裏討論，因其產生不在中古，所以未歸於“第八章 中古序數詞性前綴”。

意義與稱謂詞,則關係非常密切。稱謂詞就是從名詞重新分析來的。其重新分析的過程是,"形容詞性詞根語素'老'+形容詞性詞根語素'大'"即名詞義,經過一定的使用歷程,演變為"定位性前綴語素'老'+形容詞性詞根語素'大'"。語素義變了,語素之間的結構關係也變了,產生新詞:

(1)何三道:"**老大**,你別是醉了罷?這些話混說的是什麼。"(曹雪芹《紅樓夢》第一一一回)

(2)**老大**老三怎麽這時候才來?叫我們好等!(曹雪芹《紅樓夢》第一一七回)

"老二""老三"等詞是類推創新的結果。

4.2.5 關於"前綴'老'+形容詞"

這種情況的基本格式是"定位性前綴語素'老'+形容詞"。形容詞本來是描寫人物的特徵的,加上前綴"老",便把形容詞變為稱謂詞,其形成機制是類推創新。上古漢語中本來就有"前綴語素+形容詞"這類結構,如:

其涼:北風**其涼**。(《詩經·邶風·北風》)

其姝:静女**其姝**。(《詩經·邶風·静女》)

有煒:彤管**有煒**。(《詩經·邶風·静女》)

有洸:**有洸**有潰。(《詩經·邶風·穀風》)

只要依着"前綴'其'/'有'+形容詞'涼'/'煒'"的結構,根據語言表達的需要,替換詞根,"老傖""老临"一類詞的類推創新便實現了,就出現了新詞。

"傖",形容詞,粗野。"老傖",稱謂詞,指粗野的人。如果把"老傖"中的"老"理解為年紀老,那麽"老傖"就成了"年紀老的粗野"了。所以,這種情況下的"老"只能是詞綴,起改變詞性的功能的作用,把描寫人物特點的形容詞"粗野"變成稱謂名詞,指具有"粗野"這個特點的人。如:

(1)柳元景、垣護之並北人,而玄謨獨受"**老傖**"之目。(《宋書·王玄謨傳》)

"攋",愚蠢,形容詞。"老攋",愚蠢的人,稱謂詞。如:

(1)其天女得脱身到家,被兩個老姐皆罵**老攋**,你共他閻浮眾生為夫妻,乃此悲啼泣淚其公母。(《敦煌變文集·搜神記》)

5 存在爭議的"老"族詞

有一些"老"族詞語,"老"是否是名詞性前綴語素,或者形成於何時仍存在爭議。下文試述之。

【老彭】

(1)述而不作,信而好古,竊比我於老彭。(《論語・述而》)

(2)昔商老彭及仲傀,政之教大夫,官之教士,技之教庶人。(《大戴禮記・虞戴德》)

一說人名,這個人活了八百年。何晏集解引包咸曰:"老彭,殷賢大夫。"一說老聃、彭祖的合稱。劉寶楠正義引鄭玄曰:"老,老聃。彭,彭祖。"

【老鼠】

(1)蝙蝠,自關而東謂之服翼,或謂之飛鼠,或謂之老鼠,或謂之仙鼠。(揚雄《方言》卷八)

對《方言》裏出現的"老鼠",翟灝曾做過一番考證:

老鼠,揚子方言:自關而東,蝙蝠或謂之老鼠。[按]老鼠與鼠別也,而世俗凡言鼠,輒云老鼠。據《南史・齊宗室傳》,領達罵沈約曰:我今日形容,正是汝老鼠所為。《幽明錄》,有客詣董仲舒論五經,董疑其非常,謂曰:卿非狐狸,即是老鼠。《國史補》,韓退之曰:大蟲老鼠俱為十二屬。《傳燈錄》,雪峰謂元沙,此間有個老鼠子在浴室裏。韓子蒼詩,"窮如老鼠穿牛角"。皆已如今俗所謂。

"揚子方言"指的是揚雄所著《方言》一書。書裏說,自函谷關以東,把蝙蝠稱為"老鼠"。任學良先生說,四川南充地區現在還把蝙蝠叫"鹽老鼠",說它能偷鹽吃,和《方言》的記載是一致的。任學良先生據此認為:"《方言》有'老鼠'的稱呼,可見這個詞頭'老'起源很早,而且一直傳留到現在,真'有自來矣'!"①

從詞彙史角度觀察,現在的"老鼠"在上古漢語中一般單稱"鼠"。"鼠"是鼠類的總稱,如《說文・鼠部》:"鼠,穴蟲之總名也。"《爾雅・釋獸》載鼠有

① 任學良:《漢語造詞法》,中國社會科學出版社1981年版,第32頁。

十三種。"鼠"又特指"老鼠",如《詩經・召南・行露》:"誰謂鼠無牙,何以穿我墉?"漢賈誼《陳政事疏》記載:"俚諺曰:'欲投鼠而忌器。'"成語"投鼠忌器"一直沿用至今。但是,複音詞"老鼠"的產生,卻有一個不平常的歷程。上文所說揚雄《方言》記載自關而東把蝙蝠稱為"老鼠"。晉代崔豹《古今注》說它能活"五百歲"。《抱樸子・內篇》又說:"百歲之鼠化為蝙蝠。"是說"鼠"的壽命長了,就會變為蝙蝠。所以,把蝙蝠稱為"老鼠",也就是"年齡老的鼠"。結構上是偏正,語義上指蝙蝠,這就是《方言》裏的"老鼠"。

然而從共時角度觀察,今天經常與"老鼠"放在一起討論的,指動物名稱類"老"族派生詞的其他幾個成員,此時卻都不用"老 X"結構表述。比如"虎"在此時作為單音詞單用,於句法平面充當賓語和主語,或者充當賓語、主語的定語,與其後接成分格式不固定,關係鬆散。如:

(1)虢公夢在廟,有神人面白毛,虎爪,執鉞立於西阿,公懼而走。(《國語・晉語》)

(2)三年,山戎無終子嘉父,使孟樂如晉,因魏絳,莊子納虎豹之皮,以和諸戎。(《國語・晉語》)

(3)虎之與人異類而媚養己者,順也;故其殺者,逆也。(《莊子・人間世》)

(4)夢見虎豹者,見貴人。(《嶽麓書院藏秦簡(壹)・占夢書》)

(5)虎豹熊羆,鷙而無敵,有必勝之理也。(《商君書・賞刑》)

同時代的"鼠"也是一樣:

(1)曰:"我不以貨事上而求遷者,則如以狸餌鼠爾,必不冀矣。"(《商君書・農戰》)

(2)慈仁,過之母也;任譽,奸之鼠也。(《商君書・説民》)

(3)鷦鷯巢於深林,不過一枝;偃鼠飲河,不過滿腹。(《莊子・逍遙遊》)

(4)此(犛牛)能為大矣,而不能執鼠。(《莊子・逍遙遊》)

(5)倚其户與之語曰:"偉哉! 造化又將奚以汝為? 將奚以汝適? 以汝為鼠肝乎? 以汝為蟲臂乎?"(《莊子・大宗師》)

这説明"老"作為指稱動物名的形容詞性前綴,此時無論是範疇意義上,還是構式的語法結構上,都未固定和成熟。王力先生也認為此"老"並非前綴。

據前面分析可知,《方言》記載的“老鼠”與我們要討論的派生詞“老鼠”實非一物,它們是一對同形詞。《辭源》:“按《釋名》,老而不死曰仙,伏翼即蝙蝠,古云鼠所化,故有老鼠仙鼠之名。”可見《方言》裏的“老”是有具體意義的,指的是活得超越了自然規律的久,也就是我們前文提到過的具有[+成精怪]義。柳士鎮先生也認為,南北朝時期,“老鼠”一詞常有沿用,但多與老而成仙、老而成精怪有關,並舉以下三例為證:

(1)曾不如<u>老鼠</u>,翻飛成蝙蝠。(陸機《失題詩》)

(2)卿非狐狸,即是<u>老鼠</u>。(魯迅《古小說鈎沉·幽明錄》)

(3)即解衣冠叩頭,乞自改,變為<u>老鼈</u>,大如車輪。(魯迅《古小說鈎沉·列異傳》)

柳士鎮先生認為這些“老”字仍具有實義,並且認為“老”用如前綴,不應說是魏晉南北朝已經形成,而應是这一时期之後的語法現象。[①] 筆者同意這一看法。

結合上文翟灝對《方言》考證的那一段話,文中所指的“老”的詞義似與詞綴源語素“老”的“年紀大”的義位相同而又有區別。相同的是,《方言》“老而不死曰仙”的“老”和詞綴源語素“老”都包含有語義特徵[+年齡老]。不同之處在於,《方言》所載“老鼠”之“老”,多了動物因生存[+時間久],脫離了生死自然規律而[+成精怪]的語義特徵。而且,這個特徵很早便產生了,如:

(1)國祭腊,則歙《豳》頌,擊土鼓,以息<u>老物</u>。(《周礼·春官·籥章》)

鄭康成注:“十二月,建亥之月也,求萬物而祭之者,萬物助天成歲事,至此為其老而勞,乃祀而老息之,於是國亦養老焉。”鄭注一句裏有三個“老”,依其理解有三個含義:第一個“老”是“年齡老”的意思,第二個“老”是因為年紀大而表示“敬其老”,第三個“老”是名詞“老人”。則“老”與“物”都是臘祭的對象,都是“息”的賓語,“老物”是並列短語。孫詒讓正義提出了不同的看法:“案鄭意,蓋謂蠟祭即取息老物之義。息,謂息其勞。老,謂送其終。息老並指萬物言之,與息民之臘祭,義取息田夫者小異。然此息老物之義,當兼採金說,通田夫萬物而言。”他認為“息老”是“止息其勞而送其終”,即使辛

---

① 參見柳士鎮:《魏晉南北朝歷史語法》,南京大學出版社 1992 年版,第 105 頁。

苦勞動了一年的萬物得到休養生息，與單純的使民休息不同。那麼，"老"是修飾成分，"老物"是定中關係的偏正短語。此種詞例在先秦並不少見：

(1)(少阴)壯於酉，酉者，老物收斂，律中南呂。(班固《白虎通義·京師》)

(2)思月建後老氣者致老物，思月建後病衰氣者致邪鬼。(《太平經·斗前後六辰生死訣》)

(3)鬼者，老物精也。(王充《論衡·訂鬼》)

(4)魅，老物精也。(許慎《說文解字·鬼部》)

(5)升麻。味甘平。主解百毒，殺百精老物殃鬼，辟溫疫瘴邪蠱毒。久服不夭，輕身長年，一名周升麻。生山谷。(《神農本草經·草部上品》)

例(3)(4)裏的"老物精"是什麼呢？王充《論衡·訂鬼》："夫物之老者，其精為人；亦有未老，性能變化，象人形。……及病，精氣衰劣也，則來犯陵之矣。"古人認為，自然萬物生長時間久了以後，其精氣會變化成人，甚至傷人。根據以上各例，可以歸納"老"的一個新義位：{老}＝[±非人類，＋時間久，＋成精怪]。這種[＋成精怪]的"物"產生有時(月建)，也有辦法(用升麻)殺除。

後來在這個義位的基礎上，"老物"的色彩義發生轉移，成了稱老人的詈詞：

(1)帝嘗卧病，后往省病。帝曰："老物可憎，何煩出也。"(《晉書·后妃傳》)

可以作佐證的，同時代亦有"物故"一詞，與"老物"處於相同的指"精怪"的文化義場內，如：

(1)責其家，(家)貧弗能入，有物故。弗服，毋聽流辭！以環書道遠。報署。[《里耶秦簡》J1(9)3]

(2)帝王之將興也，其美祥亦先見，其將亡也，妖孽亦先見，物故以類相召也，故以龍致雨，以扇逐暑。(董仲舒《春秋繁露·同類相動》)

(3)蝮蛇螫人，傅以和堇則愈。物故有重，而害反為利者。(《淮南子·說林訓》)

(4)夫萬里而攻人之國，兵未戰而物故過半，雖破宛得寶馬，非計也。(桓寬《鹽鐵論·西域》)

(5)君以和平元年七月七日物故。元嘉元年三月廿日葬。(趙超《漢魏南北朝墓誌匯編·東漢彭城相繆宇墓》)

例(1)簡文所載內容發生的時間是秦始皇三十三年四月二日，是一篇地方政府向屬民催債的報告文書。《釋名》載:"漢以來謂死為物故,言其諸物皆就朽故也。"《商君書·定分》:"即後有物故,以券書從事。"此簡證明,秦代即稱"死"為"物故",並限於當時人的認識水準,認為死亡與精怪鬼神相牽連,故而官文稱:"毋聽流辭!"《漢書·蘇建傳》:"前已降及物故,凡隨(蘇)武還者九人。"顏師古注:"物故謂死也,言其同於鬼物而故也。"以上諸例可以作為佐證,"老"有因[＋時間久]而[＋成精怪]義,"老"是實語素。

派生詞"老鼠"是重新分析產生的,"老"是虛語素,只有語法意義,其結構是附加式。

由此可見,這兩個"老鼠"顯然是一對同形詞。那麼這兩個不同的詞,從產生上來說,是分別依不同的理據來製造,二者之間毫無關係呢,還是因為指蝙蝠的"老鼠"與指耗子的"老鼠"二者之間有相似性,前者轉變出後者呢?我們認為,是由前者轉變出後者;而且這種轉變,不是一般所說的引申,而是重新分析的結果。其重新分析的歷程是:

"老鼠"本來語義上指蝙蝠,由於耗子與蝙蝠有相似性,人們就把"老鼠"重新分析為指耗子的"老鼠"。於是,剛出生的小鼠也稱為"老鼠","老"失去了[＋年齡老]的意義。就像"音隨義轉"一樣,出現"構隨義轉",結構上也由偏正式轉變為附加式。語言中出現把耗子叫作"老鼠"的時代,也就是重新分析完成的時代。

王力先生認為動物的名稱加一個"老"字,產生於唐代,舉的例子是:

(1)我今日形容,正是汝**老鼠**所為。(《南史·齊宗室傳》)

(2)大蟲**老鼠**俱為十二屬。(劉納言《諧噱錄》)

我們發現的例子是梁代的。梁代完成由蝙蝠"老鼠"向指耗子的"老鼠"轉變的重新分析:

(1)其方術穢濁不清,乃扣齒為天鼓,咽唾為醴泉,馬屎為靈薪,**老鼠**為芝藥,資此求道焉。(釋僧佑《弘明集·禁經上價是一逆》)

唐代以後當是沿用,因為同時代還有諸多語例:

(1)佛告諸苾芻,其提婆達多。非但今世作斯非法而現正法。誑惑**老鼠**以害其命。……有一鼠王,與五百鼠為眷屬。有一貓子,名曰火焰。(《根本說一切有部毗奈耶破僧事》T24/1450)

(2)**老鼠**入飯甕,雖飽難出頭。(釋寒山《寒山子詩集》之二六八)

(3)官倉**老鼠**大如斗,見人開倉亦不走。(曹鄴《官倉鼠》)

(4)師云,**老鼠**尾上帶研槌。(《楊岐方會和尚語録》T47/1994)

(5)鶡鴟亦曾作**老鼠**,身上無毛生肉羽。(《敦煌變文·百鳥名》)

(6)雪峯曰:"此間有個**老鼠子**,今在浴室裏。"(《景德传燈录》T51/2076)

(7)我撞着個水浸的**老鼠**。(郭勳輯《雍熙樂府·新水令》)

【老鵵】

《爾雅》中有這樣的例子:

(1)**老鳸**,鴳。(《尔雅·釋鳥》)

(2)萑,**老鵵**。(《尔雅·釋鳥》)

例(1)的"鳸",音 hù;鴳,音 yàn。《國語·晉語八》:"平公射鴳不死。"高誘注:"鴳,鳸。小鳥。"鳸是鵪鶉一類的小鳥。例(2)的"萑",音 huán;鵵,音 tù。郭璞注:"木兔也。似鴟鵂而小,兔頭有角毛。夜飛,好食雞。"萑是貓頭鷹的一種。鵪鶉一類的小鳥叫作"鴳",又叫作"老鳸";貓頭鷹的一種叫作"萑",又叫作"老鵵"。郝懿行說:"俗亦呼貓兒頭,其頭似兔,以其耳上毛為角也。"[①]那麼,為什麼将其稱為"老鵵""木兔"呢?首先,"鵵"就是"兔",古人誤認為貓頭鷹是一種會飛的兔,因為會飛像鳥,記錄鳥類的字都要有個"鳥"旁,於是把"兔"類推加"鳥"成"鵵"。其次,之所以稱其為"兔",是因為"其頭似兔"。再次,稱"老兔",就是因為它的樣子像年齡老的兔子;稱"木兔",因為它是站在樹木上,樣子看上去像兔子一類的東西。以上兩例是在鳥類、獸類名詞前加"老"比較早的例子。在這裏"老"與"木"一樣,都是有實義的,而不是前綴。

【老鳸】

"老鳸"見於《爾雅·釋鳥》:"老鳸,鴳。""老鳸"是鴳鶉一類的小鳥。"鳸",《說文解字》作"雇"。《說文解字·隹部》說"雇"有九種:

(1)雇,九雇,農桑候鳥,扈民不淫[②]者也。春雇,頒盾[③];夏雇,竊[④]玄;秋

---

① 郝懿行:《爾雅義疏·釋鳥》,北京中國書店 1982 年版。

② "雇"與"鳸"是異體字,它們與"戶"又是同音通用字。鳥名指"鳸",含意指"戶",即"制止"。"扈民"就是"戶民",也就是"制止百姓"。"淫"指"淫逸",即"不勞作"。"扈民不淫"大意是制止百姓,不能淫逸而不勞作。

③ 意謂:春雇,顏色像花白的盾牌一樣。

④ 竊:指顏色淺。

鳸，竊藍；冬鳸，竊黃；棘鳸，竊丹；行鳸，唶唶；宵鳸，嘖嘖；桑鳸，竊脂；**老鳸**，鴳也。

“老鳸”是九鳸中的一種。其他八種都是或以毛的顏色，或以鳴叫的聲音，或以脂肪的多少描寫鳸鳥的樣子，只有“老鳸”用異名“鴳”來解釋。用異名“鴳”來解釋，是用人們常見的鳥的形體來類比解釋。對此清代學者郝懿行的《爾雅義疏》作了闡發：

高誘注《呂覽·明理篇》云："鴳，一名冠雀。"《一切經音義》十二引《纂文》云"關中有鴳濫堆"是也。顏師古《急就篇》注亦有"鴳爛堆"："今鴳濫堆如雀而大者，東齊謂之阿藍子，色如鶉鴳，善鳴多聲。一種有毛角者，高誘所謂冠雀，今俗呼'**老兒角**'。然則，'**老鳸**'之名，豈以此與?"

“老鳸”有毛角，像頭上長角的老頭兒，到清代民間叫作“老兒角”。“老鳸”之“老”就是“老兒”，即老頭兒，可見還是[十年齡老]的意思。因此，“老鳸”之“老”不是前綴，是修飾性前加詞根。

後來，“老鵵”被鴟鵂、貓頭鷹一類名稱所代替，“老鳸”被“鴳爛堆”“阿藍子”“鴳鶉”一類的名稱所代替，“老鵵”“老鳸”不再使用，“老”沒有詞綴化的條件。

不過表示貓頭鷹一類的“老鵵”和表示鴳鶉一類的“老鳸”，為後來為動物名前加“老”一類詞的重新分析打下了語言基礎。

【老兔】

“老兔”有兩個含義：一是指神話傳說中的月中白兔。如：

(1)千裏望城不見山青，**老兔**蝦蟆遠絕無家。(焦贛《焦氏易林》卷一)

(2)**老兔**月中玉兔，蝦蟆月中蟾蜍。(焦贛《焦氏易林》卷一)

(3)**老兔**寒蟾泣天色，雲樓半開壁斜白。(李賀《李賀歌詩編》卷一)

(4)彤庭侍宴瑤池席，**老兔**春高掛空白。(陳陶《飛龍引》)

(5)**老兔**自謂月中物，不騎快馬騎蟾蜍。(蘇軾《虎兒》詩)

“老蟆”與“老兔”相聯，指神話傳說裏月中的神仙蟾蜍。如：

(1)**老蟆**食月飽復吐，天公一目頻年瞽。(元好問《蟾池》詩)

二是指老的兔子，與“小兔”相對。如：

(1)故追**老兔**盡三窟，已倒霜松踰十尋。(程俱《北山小集》卷七)

(2)跑風駿馬下平野，迎霜**老兔**咻榛叢。(趙秉文《閑閑老人滏水文集》卷三)

(3)老兔雛雞自有春,冰壺澈底照來真。(劉因《静修先生文集》卷十四)

例(1)中的"老兔"來源於"狡兔三窟",不是"小兔"。例(2)中的"老兔"已要"迎霜",準備過冬,也不是"小兔"。例(3)中的"老兔"與"雛雞"相對,也不是"小兔"。

"老兔"的這兩個意思屬於同一個詞,一是用於特指,一是用於生活現實。從例子來看,特指的意思產生於漢代,用於生活現實的意思見於宋代。重要的是,我們得正確認識這兩個意義之間的關係。漢代產生的用來特指傳說里月中白兔的意義是詞彙意義,但它有理據意義,那就是在拿年紀老的"老"和單音節名詞"兔"相組合的時候,是各個語素義按語法組織在一起的。換句話說,"老的兔子"是語源意義,或叫作"理據意義";由此產生的"特指傳說裏月中的白兔"是詞彙意義。但它的語源意義,也即理據意義,到了宋代被重新起用為詞彙意義,於是同一個詞出現了兩個意義:一個以"老的兔子"為理據,一個以"老的兔子"為詞義。它們都不存在派生關係,當然也不存在重新分析的問題。結構上是"修飾性詞根語素'老'＋詞根語素"的偏正式。"老蟆"也是一樣。所以,"老兔""老蟆"中的"老"不是詞綴。

6　小結

根據分析,中古時期"老"的[＋年齡老]的詞彙意義還相當實在,它可以添加在名詞前,構成偏正結構短語。[＋時間長]應是形容詞性詞根語素"老"意義開始虛化的起點,偏正結構是"老"詞綴化的結構基礎。

同時,中古時期"老"也開始了複雜的詞綴化的歷程,多種詞綴"老"已開始形成。

6.1　"老"綴的種類

我們認為,從詞綴語素"老"所表達意義的側重點上看,"老"綴有如下幾類:

"老師",戰國時指"年紀大的為師者",其中"老"指[＋年齡大]。唐代,開始重新分析,"老師"指"有經驗、有知識、講經的和尚",其中"老"指[＋有經驗＋有知識],也可以認為已經成為前綴。宋代以後,"老師"成為真正意義上的派生詞,指"傳道授業的人",其中"老"也成為無可爭議的定位前綴語素,也就是成為真正意義上的詞綴。在這個意義上,我們把"老"記作"老$_1$"。

"老"用在一般稱謂前,如"老公""老婆",本表示[+年齡大],重新分析為詞綴后表示[+親昵]義,可以記作"老$_2$"。

"老"用在親屬稱謂前,如"老兄""老姊",本表示[+年齡大],重新分析為詞綴后表示[+敬稱]義,可以記作"老$_3$"。

"老"用在姓氏前,如"老元""老石",本表示[+相識+時間久],憑藉類推機制演變為詞綴后,表示[+親昵]的附加意義,可以記作"老$_4$"。

"老"用在動物名詞前,如"老鼠""老樹",本表示[－人類+時間久+成精怪],重新分析為詞綴后,失去了詞彙意義,保留了格式,因而可以類推產生"老鴉""老鷹"等詞語,可以記作"老$_5$"。

"老"用在形容詞前,如"老傖""老摳",本表示[+年齡大],憑藉類推創新機制演變為詞綴后,表示[+鄙稱]義,可以記作"老$_6$"。

"老"用在基數詞前,如"老大",本表示[+年齡大]或[+地位尊],後格式固定,憑藉類推機制產生"老二""老三"等表排行的序數性派生詞。序數詞性是詞根基數詞和"老"共同賦予的。這個"老"可以記作"老$_7$"。

隨着語言的發展,"老"的這七個詞綴語素逐漸合流歸並呈現出現代漢語前綴"老"所呈現出來的分佈狀態。

據朱德熙先生研究,到了現代漢語,前綴"老"可以分為三種:(a)附加在單音節的姓前面表示對於熟悉的人的稱呼,如"老李""老王"。(b)放在數詞"二"至"十"前邊表示排行。① (c)出現在少數表示動物的名詞裏,如"老虎""老鷹""老鼠"。② 下面我們就依據朱德熙所分的現代漢語前綴"老"的三種類型,來討論"老"可作為前綴的標準的特徵,這包含三個方面:結構特徵、範疇義特徵和語用特徵。

6.2　結構特征

"老李""老王","老大""老二""老三","老虎""老鼠""老鷹"等,朱德熙把它們分為(a)(b)(c)三類,是語義、語用上的分類,不是結構上的分類。在

① 只能說"老大",沒有"老一"的說法。

② 參見朱德熙:《語法講義》,商務印書館1982年版,第29～30頁。

結構上,這些詞共有一種形式,那就是"定位前綴語素'老'+詞根語素"。這種結構形式是從"老臣""老漢""老將""老夫""老父""老母","老鼠""老鴉""老鳶"等逐漸演化來的,也就是由"修飾性詞根語素+詞根語素"的結構形式演變來的。

"定位前綴語素'老'+詞根語素"和"修飾性詞根語素+詞根語素"這兩種結構形式有着本質的不同。從共時平面看,前者一般被認為是附加式,而後者被認為是偏正式。從來源看,"附加式"這個稱呼並不確切,好像派生詞都是由詞根語素加上附屬性詞綴語素形成的。其實,由前文分析可見,它們的最早形式不是由簡單添附或者添加得來的,而是由"修飾性詞根語素+詞根語素"重新分析得來的。在此基礎上,才可能產生基於共有格式的一小類一小類的類推(analogy)。類推對於它的詞根語素來說,才是附加。

6.3 範疇義特徵

"範疇"本身是一個思維概念,它是在人類認識客觀事物,掌握、描寫了認識對象的區別性特徵(defining atrributes)的基礎之上,對事物進行類屬劃分歸併的過程。範疇化(categorization)就是人類分類的認知活動。[①] 從廣泛的意義上説,凡認識并依據共性歸類,依據個性排除的過程,都可以稱作"範疇化"。人對客觀事物的認識有從具體到一般,直至抽象概括的過程。反映在語言上,也有相應的過程和順序,有相應細化的必要。根據人認識客觀事物的規律,範疇化的過程可以分為三個不同的階段:

第一階段是客觀事物區別性特徵投射到語義系統的範疇化,稱為"詞彙的範疇化"。這一階段是對認識的事物運用語言工具賦義的過程。第二階段是認知的範疇化。認知語言學的"範疇化"概念在這一層面上起作用。第三階段是語法功能的範疇化。詞彙意義進一步抽象或淡化,其起作用的條件除了心理機制外,還需要在表述成語言的過程中,語法條件加以配合制約。而界定範疇成員身份的手段,是對範疇成員的典型性進行判斷。

名詞性前綴語素"老"的形成,首先是語素詞彙義的變化。總的來説是形容詞性的[+年齡老]詞彙意義的消退過程,這個過程明顯地體現在名詞

---

① F. Ungerer & H. J. Schmid:《認知語言學入門》,外語教學與研究出版社 2001 年版,第 156 頁。W. Croft & D. A. Cruse. *Cognitive Linguistics*. Cambridge University Press, 2004.

性前綴語素“老”形成之前的詞義引申過程中，也就是區別性特徵[＋年齡老]由強變弱的過程。上舉(a)類，單從“老李”“老王”來看，很難說“老李”比“老王”年齡大，或者“老王”比“老李”年齡大，其中的“老”看不出[＋年齡老]的意義來。只有把“老李”跟“小李”、“老王”跟“小王”相對說的時候，“老”才有[＋年齡老]的意思。也就是說，[＋年齡老]的意義是對比的結果，是通過對比賦予的。它們共有的範疇特徵是[＋非同姓平輩間的互相稱呼]，記作“老$_1$”。

(b)類放在數詞前面，對於年齡，“老二”比“老三”大，“老三”比“老二”小的意義是詞根部分基數詞本身的大小賦予的：數量小的數字表示先出生，年齡自然就大；數量大的數字表示後出生，年齡自然就小。而“老”本身沒有大小義，[＋年齡老]進一步淡化，變成了一種純粹的表示親屬成員關係，并虛化為標示[＋序數功能意義]的語言標記。它們共有的範疇特徵是[＋指同父母/同家族的兄弟關係]，或者[＋指某團體内成員間擬血親的關係]，記作“老$_2$”。

(c)類的“老虎”“老鼠”“老鷹”，是基於共有格式“定位性前綴語素＋詞根語素”循着類推機制產生的，“老”沒有[＋年齡老]的意義，是純粹的表示動物類名稱，并標示動物名稱的名詞屬性，強化疊加的語言功能標記(functional label)，是實語素“老”語法化為虛語素“老”的結果。共同範疇義特徵是[＋它們都是動物]，記作“老$_3$”。

按照所表範疇意義的不同，名詞性前綴語素“老”應當分為三個。

6.4　語用特徵

在派生詞產生的同時，這些詞也都一類一類地各自形成了語用特徵。(a)類“老李”“老王”的語用特徵，在語用上帶有“平易親切”意，一般只用於平輩之間互相稱呼，用於生活環境而不用於正式場合。(b)類“老大”“老二”“老三”的語用特徵，在意義上是“親切”，一般只用於上輩稱晚輩，也只用於生活環境。(c)類“老虎”“老鼠”“老鷹”的語用特徵，一般只用於生活環境，科學著作一般不稱“老虎”，而稱學名“虎”，或“東北虎”“華南虎”等，都有相應的科學名稱。

第6章　中古名詞性後綴"子"

1　前人研究概述

"子"是典型的名詞後綴,也是產生最早的一個名詞後綴。"子"作為詞綴,不見於古代羣經訓詁,也不見於專門解釋虛詞的著作。但是,也有眼光敏鋭的古代學者觀察到"子"作為一種語言成分的特殊作用。東漢劉熙《釋名・釋形體》在解釋人的身體器官的時候,觀察到"子"的特殊意義:"瞳子,瞳,重也,膚幕相裹重也。子,小稱也。"他認為,"瞳子"之"子"既不是人之"兒女",也不是"動物之幼者""植物之幼者",而是一種對事物的"小稱"義。

另一位眼光敏鋭的學者是清代翟灝。他在《通俗編》中說:"俗呼器物,多以子為助。唯'刀子'與'刀',似有大小之別。""觀諸說則'刀子'之為小刀,顯然。"[①]翟灝觀察到"刀子"中的"子"為"刀"增添了"小"義。

翟灝似乎還看到了"子"綴產生的時間。他在《通俗編》中引後唐馬縞《中華古今注》說:"始皇元年,詔近侍宮人,皆服衫子。三妃九嬪,當暑戴芙蓉冠子,手把雲母扇子。宮人戴蟬冠子,手把五色羅扇子。又有釵子、帽子、鞋子等稱。"[②]"衫子""冠子""扇子""釵子""帽子""鞋子",是典型的派生詞,"子"是典型的詞綴。但是,這些是不是秦始皇時期的,還成問題。因為後唐馬縞的話,語料來源他沒說是引用秦漢語資料還是用時語自述。但五代時,

---

① (清)翟灝:《通俗編》,商務印書館1938年版,第588頁。

② (清)翟灝:《通俗編》,商務印書館1938年版,第744頁。

“子”作為詞綴已經普遍使用是沒問題的。

對“子”綴產生的歷史，直到現代語言學時期才開始真正的研究。

“子”成為詞綴的時間，大致有以下三種觀點：

1.1 “子”綴產生於西漢

王力先生首先認為，有六種“子”字不應該定為詞尾：第一，是“兒子”的“子”，如《詩經・小雅・斯干》“乃生男子……乃生女子”，其中的“男子”“女子”等於現代的“兒子”“女兒”；第二，是作尊稱用的“子”，如“夫子”“君子”；第三，是指禽獸蟲類的初生者，如“虎子”（《後漢書・班超傳》：“不入虎穴，不得虎子”）、“鶴子”“龍子”“蠶子”；第四，是指鳥卵，如“雞子”“鳳子”；第五，是指某種行業的人，如“舟子”“漁子”；第六，是指圓形的小東西，如《史記・高祖本紀》“左股有七十二黑子”。

但是，王力先生認為，在某些情況下，“子”字是不是詞尾不容易斷定。不過，這些不容易斷定的例子證明，上古時代“子”字已經有了詞尾化的跡象。例如：

(1)童子佩觿。（《詩經・衛風・芄蘭》）

(2)胸中正則眸子瞭焉。（《孟子・離婁上》）

(3)又聞項羽亦重瞳子。（《史記・項羽本紀》）

“童子”之“子”是不是指“小孩”？“眸子”“瞳子”之“子”是不是指“圓形的小東西”？如果是，“子”就不是詞綴。如果不是，“子”就是詞綴。

王力先生認為，真正的詞尾“子”字出現於《禮記》：

(1)使吾二婢子夾我。（《禮記・檀弓下》）

　　賈公彥疏：“婢子，妾也。”

“婢子”就是“妾”，只有把“子”字定為詞尾，才容易說得通。[①]《禮記》是西漢的作品，可見王力先生認為“子”綴產生於西漢。

王力先生還指出，“小稱”是“子”詞尾化的基礎。魏晉以後，到了中古時期，“子”就普遍應用起來。

---

① 參見王力：《漢語史稿》中冊，科學出版社1957年版，第226頁。

1.2 "子"綴產生於先秦

太田辰夫和楊伯峻、何樂士認為先秦就有後綴"子"。太田辰夫認為在"子"作為詞綴的幾種用法中,加在表示人的名詞後面的用法產生最早,例子是:

(1)寡君之使**婢子**侍執巾櫛,以固子也。(《左傳·僖公二十二年》)

(2)雖大**男子**,裁如嬰兒。(《戰國策·燕策》)

(3)**妻子**因毀新,令如故袴。(《韓非子·外儲說左上》)

(4)沛公方踞床,使兩**女子**洗腳。(《史記·高祖本紀》)①

這裏,"婢子""男子""妻子""女子"都不是指婢之"子"、男之"子"、妻之"子"、女之"子",而是"婢子"等於"婢","男子"等於"男","妻子"等於"妻","女子"等於"女",在意義上相當。所以,"子"是指人的名詞後綴。因為所舉例子最早的是《左傳》,所以太田辰夫認為,"子"作為名詞後綴產生於先秦。

楊伯峻、何樂士舉的例子是:

(1)**妻子**好合,如鼓瑟琴。(《詩經·小雅·常棣》)

(2)芄蘭之支,**童子**佩觿。(《詩經·衛風·芄蘭》)

(3)存乎人者,莫良乎**眸子**。(《孟子·離婁上》)②

楊伯峻、何樂士舉的例子,恰是王力舉棋不定的例子。為什麼会出現這麼大的差異呢?原來是因為各自的標準不同。

楊伯峻、何樂士的標準是:"'子'用在多音詞之末,辨認那'子'字是後綴還是詞素,區別並不難,只要看那'子'字是否有任何詞彙意義便足區別了。如果'子'還有實際意義,那'子'字便是詞素而不是後綴。如果'子'沒有實際意義,加'子'與否意義一樣,'子'就是後綴。如'妻子',若作'妻'和'子'講,便是兩個詞;若如例(1)的'妻子',實際和單言'妻'一樣,這'子'便是後綴。又如《詩·小雅·斯干》'乃生男子''乃生女子','男子'是指男兒子,'女子'是指女兒子,'子'是子女的子,有具體意義,便不是後綴。"③楊伯峻、

① 轉引自[日]太田辰夫著,蔣紹愚、徐昌華譯:《中國語歷史文法》,北京大學出版社2003年第2版,第84頁。

② 楊伯峻、何樂士:《古漢語語法及其發展》,語文出版社1992年版,第497頁。

③ 楊伯峻、何樂士:《古漢語語法及其發展》,語文出版社1992年版,第502頁。

何樂士的標準是,"子"有沒有具體意義。如"妻子"的意義等於"妻","子"就沒有具體意義,就是詞綴;"妻子"的意義等於"妻"和"兒女","子"就有具體意義,就不是詞綴。因為"妻子""瞳子""眸子"等於"妻""瞳""眸",所以"子"是詞綴。楊伯峻、何樂士的標準與太田辰夫的標準是相同的。

王力的標準是"子"有"小稱"義,就是"子"附於名詞後,並給新的派生詞附上"小稱",即指小,往小處說的意義。這樣,"小稱"實際上是詞彙的範疇特徵意義。換句話說,"子"是有意義的,這個意義就是詞的範疇特徵。這是王力與楊伯峻、何樂士的第一點不同,也是最大的不同。第二是對具體詞分析的不同。"妻子"之"子",王力認為是指"兒女",還是指詞尾,不易確定;"瞳子""眸子"之"子"是指"圓而小的東西",還是指詞尾,不易確定。

我們認為,對於具體的詞,可以見仁見智。但就大的標準來說,王力的標準更有利於認識漢語詞綴的性質。

1.3 "子"綴產生於東漢

關於"子"綴的來源,孫錫信接受王力的觀點,認為詞綴"子"是從小稱的"子"發展而來的。但是,"子"綴的產生卻是在漢魏時期。附着於名詞後,只起稱述某事物的作用,而不指"小",這個"子"就虛化為了詞綴。他"子"可用於動植物名詞或事物名詞。他舉的例子是:

(1)今野人晝見<u>喜子</u>者,則以為喜樂之瑞。(桓譚《新論》)

(2)(烏弋)有桃拔、<u>師子</u>、犀牛。(《漢書·西域志》)

(3)後時彼國大曠野中有惡<u>師子</u>。(《百喻經·五百歡喜丸喻》)

(4)可憐<u>青雀子</u>,飛來鄴城裏,羽翮重欲成,化作<u>鸜鵒子</u>。(郭茂倩《樂府詩集·北齊神武帝時童謠》)

(5)常山郡縣<u>房子</u>,莽曰多子。(《漢書·地理志》)①

孫錫信所說的"漢魏",實是東漢以後。因為他舉的例子最早是東漢的。他說,"子""只起稱述某事物的作用",就是只作為名詞的標誌。(1)(2)(3)(4)指動物,(5)指事物。

---

① 转引自孫錫信:《漢語歷史語法要略》,復旦大學出版社1992年版,第102～103頁。

2 “子”在中古的發展

我們認為,後綴“子”虛化的起點是[＋小,＋無生命]。“子”指無生命的具體物,一直到虛化為量詞,是從三國時期開始,到唐代完成的。上古僅能和名詞構成“名詞＋子”的偏正式短語,到了中古可以和形容詞構成“形容詞＋子”的偏正式結構。偏正式是“子”構成派生詞的結構基礎。

2.1 名詞＋子

2.1.1 職業/身份＋子

【蕩子】

(1)蕩子行不歸,空牀難獨守。(蕭統《文選·青青河畔草》)

(2)蕩子何所之,天下方太平。(蕭統《文選·雞鳴》)

(3)佛告諸沙門:“理家者吾身是也,彼蕩子者調達是。”(《六度集經》T03/0152)

“蕩子”指遠出漂流、羈旅忘返的男子。較早見於東漢古詩,中古文獻有29例。

【園子】

(1)汝今何以涕泣乃爾。園子對曰:“我於昨日,此園池中,得一美果。”(《撰集百緣經》T04/0200)

《撰集百緣經》為三國时吳支謙譯。“園子”指看園子的人,產生於三國時期,凡1例。

【車子】【象子】【馬子】【牛子】

(1)車子。(《居延漢簡》206·27)①

(2)大臣是時即呼象子而問之言:“近象廏壞,象至何處?”象子答言:“至精舍所。”(《摩訶僧祇律》T22/1425)

(3)象大疫死。有諸貧賤人:象子、馬子、牛子、客燒死人、除糞人,皆噉象肉。(《十誦律》T23/1435)

---

① 沈剛:《居延漢簡語詞匯釋》,科學出版社2008年版,第28頁。

"車子"指車夫。"象子"指飼養象的人。"馬子"指養馬的人。"牛子"指養牛的人,較早見於東晉佛經,共2例。中土文獻多以"象子"稱小象。這裏的"子"仍有實義。

【小姑子】

(1)淑女總角時,喚作**小姑子**。(郭茂倩《樂府詩集·歡好曲》)

"小姑子"即小姑娘,未婚女子。較早見於東晉樂府詩,中古文獻共1例。

【奴子】

(1)今遣使者安車相請,應冀靈光,回蓋京邑,並奉紫金數斤,供鍍形像,絹綾三十匹,**奴子**三人,可備灑掃。至人無違,幸望納受,想必玄鑒,見朕意焉。(苻堅《與僧朗書》)

(2)須臾,**奴子**自外來,云:"郎求鏡。"婦以奴作,乃指床上以示奴。(陶潛《搜神後記》卷三)

(3)頭上金釵十二行,足下絲履五文章。珊瑚掛鏡爛生光,平頭**奴子**擎履箱。(蕭衍《莫愁歌》)

(4)斥**奴子**洪超頗有學。(《魏書·昭成子孫傳》)

(5)為廣陽王淵賤客,在馬坊教諸**奴子**書。(《魏書·文苑傳·溫子昇》)

"奴子"指僮僕、奴僕。較早見於兩晉,中古文獻共40見。

2.1.2 动物名+子

【師子】

(1)自是之後……钜象、**師子**、猛犬、大雀之羣食於外囿。殊方異物,四面而至。(《漢書·西域傳贊》)

(2)烏弋國有**師子**。(《漢書·西域傳》)

(3)烏戈地暑熱莽平……而有桃拔、**師子**、犀牛。(《漢書·西域傳》)

(4)**師子**,四足獸中,獨步無畏,能伏一切。(《大智度論》T25/1509)

(5)陽嘉二年,疏勒國獻**師子**封牛。(《後漢書·順帝本紀》)

(6)**獅子**者,波斯國王所獻也。(楊衒之《洛陽伽藍記》)

(7)五百白象子,自然羅在殿前;五百白**師子**子,從雪山出。羅住城門。(《修行本起經》T03/0184)

(1)(2)(3)中的"師子"即(6)中的"獅子"。(7)中的"白師子子"無法斷定是指"白師子"還是"白師之子"。姚秦鳩摩羅什譯《眾經撰雜譬喻》卷下:

“昔山中有兩沙門。閑居行道得六通。去之不遠有一師子生二子。……獵師遇之。師子子迸走入草。”此句可證“師子”是指成年“獅子”,“師子子”指“小獅子”,也就是“師子之子”的意思。又如《古尊宿語錄》卷四五有“言下罕逢師子子,成羣作隊野狐兒”的說法,這裏的“師子子”與“野狐兒”對舉,更可證“師子子”是“獅子之子”的意思。則前面的“白象子”也應是“白象之子”的意思,“白象子”中的“子”不是後綴。

“師子”這種野獸來自西漢武帝時代的西域,“師子”一詞最早見於《漢書》,是古代波斯語“sēr”的音譯。“子”來自波斯語的“r”的音譯,還是把“sēr”譯成“師”,然後加詞綴“子”,待考。

【蟆子】

(1)或見道積**蟆子**自過上。(《地道經》T15/0606)

(2)身服法衣,以辟蚊虻**蟆子**故。(《法鏡經》T12/0322)

中古譯經凡 2 見。“蟆子”,一種黑色小蚊子,夜伏晝飛,嘴有毒。

【蚊子】

(1)諸比丘在禪坊中患**蚊子**,以衣扇作聲。(《摩訶僧祇律》T22/1425)

(2)魔即自欲挽此屍,卻如似**蚊子**欲移須彌不能令動。(《阿育王傳》T50/2042)

(3)因開翠紗之幬,進**蚊子**焉。(蕭繹《金樓子》)

(4)五月取浮萍陰乾,燒煙去**蚊子**。(《中華道藏全集》)

(5)伏翼,主**蚊子**。五月五日取倒懸者曬乾,和桂薰陸香為末,燒之,**蚊子**去。取其血滴目,令人不睡,夜中見物。(《中華道藏全集》)

(6)其蟲如蟻子、**蚊子**,或如損血片,如鱉狀,又如蜣蝦,又或如刺哨,令人三焦多昏,日常思睡。(《中華道藏全集》)

(7)盛暑**蚊子**如市,二真以扇驅之,誓日蚊蝎遠去,至今永興獨無蚊吶。(《中華道藏全集》)

(8)蚊母鳥,形如鶂,嘴大而長,池塘捕魚而食。每叫一聲,則有蚊蚋飛出其口。俗云,采其翎為扇,可辟**蚊子**。亦呼為吐蚊鳥。(劉恂《嶺表錄異》)

“蚊子”,中古又可單稱“蚊”,中古文獻共 24 見,產生於東漢。

【貓子】

(1)時聚落中有一**貓子**。(《雜寶藏經》T04/0203)

(2)猶如**貓子**在鼠穴邊,欲捕鼠故。(《中阿含經》T01/0026)

(3)遍觀不見其門,乃至可容**貓子**出處。(《中阿含經》T01/0026)

“貓子”,即貓,中古文獻共3見。

【鶴子】

(1)**鶴子**經天飛,羣雀兩向波。(郭茂倩《樂府詩集·企喻歌辭》)

(2)**鶴子**淋滲,羣飛侶浴。(歐陽詢《藝文類聚》)

(3)吳時長沙鄧卓為神,遣馬印之。見物在下,紛紛如雪。卓問持馬者,曰:“此海上白鶴飛也。”一人便取**鶴子**數枚與卓。(魯迅《古小說鉤沉·列異傳》)

“鶴子”,即鶴,在中古文獻共3見。李善注引《西京杂记》:“太液池,其閒鳧雛鶴子,布滿充積。離褷淋滲,毛羽始生之貌。”也指“鶴卵”,如例(3)。這說明“鶴子”的“子”在晉時處於詞綴化的過渡階段。

【蟻子】

(1)身受五戒為佛弟子,不敢行殺,守身謹慎不念邪非,寧自殺身不以犯戒殺害**蟻子**。(《出曜經》T04/0212)

(2)乃至**蟻子**皆當慈心施以無畏,是沙門法。(《佛說大般泥洹經》T12/0376)

(3)以灰坌身復取食之,或見**蟻子**身越其上。(《修行道地經》T15/0606)

(4)持戒已,雖為天女,乃至**蟻子**悉不應殺。(《優婆塞戒經》T24/1488)

(5)央數弊魔眾等,顛倒墮地,猶如蛣蟥**蟻子**。(《菩薩從兜術天降神母胎說廣普經》T12/0384)

(6)難處者有虎狼師子,諸惡獸下至**蟻子**。(《四分律》T22/1428)

(7)不得故斷眾生命乃至**蟻子**。(《四分律》T22/1428)

(8)佛言:“聽着若木床,若繩床角頭,若瓶上,若着壁龕中患**蟻子**,飲油應障,若燈不明應出炷令高。”(《四分律》T22/1428)

(9)**蟻子**堪能動虛空,須彌安固復令動。(《月燈三昧經》T15/0639)

(10)即問尊者:“何故憂色?”答言:“汝今見此地中**蟻子**不耶?”對曰:“已見。”(《賢愚經》T04/0202)

《國語・魯語上》:"蟲舍蚳蝝。"三国时吳韋昭注:"蚳,蟻子也,可以為醢。"此時"蟻子"是偏正結構短語,指"蟻之子",也就是"螞蟻的卵"。"蟻子"指螞蟻,產生於東晉。至姚秦時在譯經中大量出現,說明此時"蟻子"與"蟻"所指相同,都是指"螞蟻","子"之詞綴化已經完成。中古文獻共29見。

【狗子】

(1)地中有聲如鳴耳,或曰如**狗子**聲。(《漢書・五行志》班固注引韋昭)

(2)王有一子,字優陀耶跋陀。於道頭與**狗子**共戲……王子自食隨持與狗。(《十誦律》T23/1435)

(3)晨朝着衣持鉢,至白衣家。彼門下係小**狗子**,見比丘便作聲,比丘慈愍解放去。(《四分律》T22/1428)

(4)將恐削壞卑名,雖頓顙而不獲,亡宗滅廟,望喬木而可悲,昔田假英人,於期壯士,窮而歸我,許以入懷,景竦悖**狗子**,攪亂四國,庸可紓難,棄若孤島,何足戀戀於亂臣,勤勤於賊子也。(杜弼《為侯景叛移梁朝文》)

(5)狐非狐,貉非貉,焦梨**狗子**齧斷索。(郭茂倩《樂府詩集》)

(6)時此使人,養一**狗子**,若往白時,**狗子**逐往,日日如是。(《賢愚經》T04/0202)

例(2)最有啓發性,前面用"狗子",後面用"狗",所指相同。"狗子"產生於三國,中古文獻共26見。例(5)"焦梨狗子"指宇文泰,因泰小字"黑獺"。例(5)取自北魏孝明帝時民謠,說明至南北朝口語中呼狗為"狗子"已經成熟。

【貉子】

(1)蒯嘗妒,乃罵秀為"**貉子**";秀大不平之,遂出,不復入。(《郭子語林》)

(2)堅聞之曰:"**貉子**正欲覓死殺之,適足成其名耳。"(劉敬叔《異苑》)

"貉子",貉的通稱,是一種重要的毛皮獸。產生於晉代,中古文獻共2見,其他諸例多是對《郭子語林》例的輾轉引用。

2.1.3 植物名+子

【五味子】

(1)咳者,加**五味子**、乾薑各五分,並主下利。(張仲景《傷寒論・四逆散方》)

(2)**五味子**、杏子、梔子,桂枝加厚樸、杏子湯方。(張仲景《傷寒論·桂枝加厚樸杏子湯方》)

(3)**五味子**半升,半夏(洗)半升。(張仲景《傷寒論·小青龍湯方》)

(4)若咳者,去人參大棗生薑,加**五味子**半升,乾薑二兩。(張仲景《傷寒論·小柴胡湯》)

(5)寸口脈微,苦寒,為衄。宜服**五味子**湯,摩茱萸膏,令汗出。(王叔和《脈經》)

(6)宜服**五味子**大補肺湯瀉肺散。(王叔和《脈經》)

(7)移門子服**五味子**十六年,色如玉女,入水不沾,入火不灼也。(葛洪《抱樸子》)

(8)得**五味子**牡蒙牡蠣,令人有子。(《神農本草經》)

張仲景(150～219),東漢中期人,其《傷寒論》撰成於公元200年。“五味子”產生於東漢,中古文獻凡54見。

【椰子】

(1)析龍眼之房,剖**椰子**之殼。(張協《七命》)

(2)超**椰子**於南海,越橘柚於衡陽。若乃檳榔椰實,龍眼荔枝。徒以希珍,難致為奇。(張載《瓜賦》)

(3)所謂庵羅樹、薝蔔樹、閻浮樹、**椰子**樹、只波羅樹、龍花樹、吉祥果樹,乃至一切諸花果樹。(《摩訶僧祇律》T22/1425)

晉嵇含《南方草木狀》記載:“椰樹,葉如栟櫚,高六七丈,無枝條。其實大如寒瓜,外有粗皮,次有殼,圓而且堅。剖之有白膚,厚半寸,味似胡桃,而極肥美。有漿,飲之得醉。俗謂之越王頭,云昔林邑王與越王有故怨,遣俠客刺得其首,懸之於樹,俄化為椰子。”可見其名稱指的是整個果實,是南方水果,此詞從一開始就是帶詞綴的派生詞。中古文獻多有提到“椰子”者,凡16見。

【枸槽子】

(1)**枸槽子**,如指頭大,正赤,其味甘。(賈思勰《齊民要術》卷十引三國吳沈瑩《臨海異物志》)

“枸槽子”,果實名,即枸杞,較早見於西晉,中古文獻僅1例。

【橘子】

(1)伤寒七八日,身黄如**橘子**色,小便不利,腹微满者,茵陈蒿汤主之。(張仲景《傷寒論·麻子仁丸方》)

(2)昔有一女行適人,諸女共送,於樓上飲食相娛樂。**橘子**墮地,諸女共觀。誰敢下取得橘來,當共為作飲食。(《舊雜譬喻經》T04/0206)

例(1)清吳謙《傷寒論注》:"身黃濕熱之為病也,濕盛於熱,則黃色晦,熱盛於濕,則黃色明。如橘子色者,謂黃色明也。""橘子色"指的是傷寒患者的癥狀之一是身上呈現如橘子一樣的顏色。這裏的"橘子"指的是整個橘子的顏色。例(2),同一事物,前後文出現了"橘子""橘"兩個稱呼,並無實質的差別,所指相同。"橘子"產生於三國時期,中古文獻不計重復共 35 例。

【棗子】

(1)即今**棗子**白熟。(《爾雅·釋木》郭璞注)

(2)鮑焦耕田而食,穿井而飲,非妻所織不衣,餓於山中,食棗,或問之:"此**棗子**所種耶?"遂嘔吐,立枯而死。(應劭《風俗通義·愆禮》)

"棗子",棗樹的果實。較早見於東晉文獻,中古凡 9 見。

【榛子】

(1)**榛子**似栗而小,味美。(《山海經·西山經》郭璞注)

"榛子",榛樹的果實。較早見於東晉,僅 1 例。

【橡子】

(1)**橡子**,儉歲可食以為飯;豐年放豬食之,可以致肥也。(賈思勰《齊民要術·種槐柳楸梓梧柞》)

《爾雅》中的"栩,杼",亦即郭璞所注的"柞樹",正字應作"柔",即殼斗科的櫟。《爾雅》邢昺疏引陸璣疏:"今柞櫟也。徐州人謂櫟為杼,或謂之為栩。其子為皁,或言皁斗,其殼為汁,可以染皁,今京洛及河內言杼斗。謂櫟為杼,五方通語也。"據此,杼、栩、柞、櫟,四名同為一木。《古今注》:"杼實曰橡。"這裏"杼子"即"橡子"。"橡子",即橡栗,橡樹的果實。中古文獻共 8 見。

【梅桃子】

(1)**梅桃子**,生晉安侯官縣。一小樹得數十石。實大三寸,可蜜藏之。(賈思勰《齊民要術·果蔬》引三國吳沈瑩《臨海異物志》)

"梅桃子",水果名。較早見於北魏,中古文獻僅 1 例。

【茄子】

(1)種茄子法:茄子九月熟時,摘取,擘破,水淘子,取沉者,速曝乾,裹置。(賈思勰《齊民要術·茄子》)

(2)旁人見識此胡者,死猶未殯,家近在茄子浦,甲親往視胡屍,果見其腳着胡體,正當殯斂,對之泣。(魯迅《古小說鈎沉·幽明錄》)

"茄子",蔬菜名。《齊民要術》裏有"種茄子法","茄子"是耕種想要收穫的對象,不可能是"茄子"的種子。"茄子"也可作為地名整體使用,如例(2)。派生詞較早見於北魏,中古文獻計重複凡3見。

【蒜子】

(1)有古石山,有石矿,大如蒜子。火烧合之,成流支铁,甚刚。(常璩《華陽國志·蜀志》)

(2)永明九年九月乙丑,雹落大如蒜子,須臾乃止。(《南齊書·五行志》)

"蒜子",蒜瓣。"蒜子"較早見於兩晉,中古文獻計重複共2例。

2.1.4 事物名詞+子

【刀子】

(1)雜物者:缽、缽支、鉹、腰帶、刀子、鍼筒、革屣、盛油革囊、軍持澡瓶。(《摩訶僧祇律》T22/1425)

(2)女始病時,弄小刀子,母奪取不與,傷母手。喪後一年,母又產一女,女年四歲,謂母曰:"前時刀子何在?"母曰:"無也。"女曰:"昔爭刀子,故傷母手,云何無也?"母甚驚怪,具以告靖,靖曰:"先刀子猶在不?"母曰:"痛念前女,故不錄之。"靖曰:"可更覓數個刀子,合置一處,令女自擇。"女見大喜,即取先者曰:"此是兒許。"父母大小乃知前女審其先身。(魯迅《古小說鈎沉·冥祥記》)

(3)淮南蔣氏,人才儜劣,齡石使舅臥於聽事一頭,剪紙方一寸,帖着舅枕,自以刀子懸擲之,相去八九尺,百擲百中。(《宋書·朱齡石傳》)

(4)世祖在便殿,用金柄刀子治瓜,晏在側曰:"外間有金刀之言,恐不宜用此物。"世祖愕然。(《南齊書·袁彖傳》)

(5)作乾葡萄法:極熟者一一疊摘取,刀子切去蒂,勿令汁出。(賈思勰《齊民要術·葡萄》)

"刀子"即刀。較早見於東晉佛典文獻,共64見。

2.2 數詞＋量詞＋子

【一把子】

(1)一把子賊，馬上刺取，擲着汾河中。(《北齊書·高阿那肱傳》)

“一把子”指一夥，多含輕蔑意。《北齊書》為李百藥撰寫。李百藥生於北齊，經隋，至唐初撰《北齊書》。“一把子”當為北朝語。

表 6.1　　中古“子”綴派生詞演變表

結構		例詞	例次	百分比（%）
名詞＋子	職業身份＋子	蕩子、車子、園子、象子、馬子、牛子、小姑子、奴子	75	20.6
	動物名＋子	師子、蟆子、蚊子、貓子、鶴子、蟻子、狗子、貉子	89	24.8
	植物名＋子	五味子、椰子、枸槽子、橘子、棗子、榛子、橡子、梅桃子、茄子、蒜子	130	36.1
	器物名＋子	刀子	64	17.8
量詞＋子	數詞＋動作量詞＋子	一把子	1	0.2

由上可見，中古“子”作為名詞性後綴，正處於虛化的過程中，比如表職業/身份的“子”，仍帶有詞義成分[＋人]，表示“……人”的語義明顯，尚非嚴格意義上的詞綴。

3　小結

3.1 “子”的習慣性

《爾雅·釋獸》中有這樣的對立：幼獸稱“子”，獸名後加“子”指某種獸之幼小者。這讓我們似乎看到了名詞後綴“子”所從來的前身。例如：

(1)鹿：牡，麚。牝，麀。其子，麛。其跡，速。絕有力，麉。

(2)狼:牡,獾。牝,狼。**其子**,獥。絕有力,迅。

(3)貔,白狐。**其子**,豰。

(4)**兔子**,嬎。

(5)**豖子**,豬。

(6)**貍子**,隸。

(1)(2)(3)中,指稱鹿、狼、貔的幼崽,稱“其子”。(4)(5)(6)中兔的幼崽稱“兔子”,豖的幼崽稱“豖子”,貍的幼崽稱“貍子”。“兔子”“豖子”“貍子”都是“子”用在動物名詞之後,這似乎是名詞後綴“子”的前身。

《爾雅》中,鹿的幼崽、狼的幼崽、貔的幼崽,一般只說“其子”,而兔的幼崽、豖的幼崽、貍的幼崽,則能稱“兔子”“豖子”“貍子”。看來,古人對動物幼崽的稱呼,是有習慣的。有的動物幼崽能用“總名+子”,形成仂語,有的不能。如兔、豖、貍的幼崽能稱“兔子”“豖子”“貍子”,鹿、狼、貔的幼崽就不能稱“鹿子”“狼子”“貔子”。漢語動物名的詞綴“子”就是從這種習慣中發展出來的。但是,這種習慣是隨着時代和方俗變動的,不是固定的。其實狼的幼崽稱“狼子”早就出現了:

(1)初,楚司馬子良生子越椒,子文曰:“必殺之。是子也,熊虎之狀,而豺狼之聲,弗殺,必滅若敖氏矣。諺曰:‘**狼子**野心。’是乃狼也,其可畜乎!”(《左傳·宣公四年》)

(2)斬羽及子平於臨沮。(《三國志·蜀志·關羽傳》)

裴松之注引晉王隱《蜀記》:“權欲活羽以敵劉曹,左右曰:‘**狼子**不可養,後必為害。曹公不即除之,自取大患,乃議徙都。今豈可生!’乃斬之。”

不過“狼子”一直指狼之子,並沒有發展為指狼的派生詞。

指物名詞能不能加“子”形成仂語的習慣性,意味着名詞能不能加“子”形成派生詞的習慣性,在現代漢語中仍然如此。《現代漢語八百詞》講到“子”綴派生詞的時候說:“是否用‘子’有一定的習慣性。”如:能說“肚子”“腸子”,不能說“肺子”“肝子”;能說“李子”“柿子”,不能說“棗子”;能說“獅子”,不能說“虎子”。[①] 古代漢語中,“子”綴派生詞也是遵循這種習慣的。

① 參見呂叔湘:《現代漢語八百詞》,商務印書館2004年版,第695頁。

我們知道，名詞後綴"子"跟在有生命的名詞後，結構有兩種：一是偏正結構，語義上是修飾和被修飾的關係，意思是"X 的子"。這裏的"子"是"孩子""幼子"的意思。如"兔子"是兔之子，"豕子"是豕之子，"狸子"是狸之子等。二是[詞根＋詞綴]的派生結構，語義上，兩個成分是補充與融合的關係。例如，"兔子"就是兔，"豕子"就是豕，"狸子"就是狸，"子"是"兔""豕""狸"的名詞標記。第二種情況是從第一種情況演變來的，是人們在認知上對客觀世界的重新歸類，也就是語言理論上講的重新分析的結果。"兔""豕""狸"是"兔""豕""狸"，"兔子"(兔之子)、"豕子"(豕之子)、"狸子"(狸之子)也是"兔""豕""狸"，在大類上是相同的。這個過程的發展當是很快的。

《爾雅》似乎已經進行這樣的歸類，上文我們所舉《爾雅》例中，(1)"鹿：牡，麚。牝，麀。其子，麛。其跡，速。絕有力，麉。"已把牡鹿叫作"麚"，牝鹿叫作"麀"，幼鹿叫作"麛"，絕有力的鹿叫作"麉"，統稱之為"鹿"。(2)"狼：牡，貛。牝，狼。其子，獥。絕有力，迅。"已把牡狼叫作"貛"，牝狼叫作"狼"，幼狼叫作"獥"，絕有力的狼叫作"迅"，統稱之為"狼"。而在"兔""豕""狸"與"兔子"(兔之子)、"豕子"(豕之子)、"狸子"(狸之子)的重新歸類中，既可統稱之為"兔""豕""狸"，也可以統稱之為"兔子""豕子""狸子"，都是指"兔""豕""狸"。

漢語史上，最初兩種稱呼並存，後來隨着漢語複音化的進程，"兔子""豕子""狸子"成為勝利者。所以，在下面的句子中，帶"子"綴的都很像是派生詞。

(1)丁子有尾。(《莊子·天下》)

(2)師子，犀牛。(《漢書·西域志》)

"丁子"就是蛤蟆，"師子"後來寫作"獅子"。《爾雅》為我們提示了動物名派生詞"子"綴的前身，說明"子"綴也來源於仂語。

3.2 "子"綴的"小稱"

"子"是漢語典型的後綴，歷史悠久，構詞力強。對"子"語素所包蘊的"小稱"義，前賢卻有不同的認識。王力[①]認為"小稱"是"子"詞尾化的基礎，胡適[②]、太田辰夫[③]亦認為"子"附於名詞性成分之後有"小稱"的作用。朱德

① 王力：《漢語史稿》，科學出版社 1957 年版，第 226 頁。

② 胡適：《胡適文存》(一集)，1920 年初版，黃山書社 1996 年版，第 334 頁。

③ [日]太田辰夫著，蔣紹愚、徐昌華譯：《中國語歷史文法》，北京大學出版社 2003 年第 2 版，第 85 頁。

熙持不同見解，認為"子"跟詞根成分只有位置上的關係，沒有意義上的關係。[①] 認識的差異如此之大，原因是前賢觀察"子"的歷史演變過程的着眼點不同：王力等先生着眼於"子"語素，朱德熙先生着眼於"子"綴派生詞的組合。現代漢語方言研究，又多有作者把"子"是否含有"小稱"當作判斷"子"是否為詞綴的標準。可見，對"子"的性質的認識，實際上有三種觀點。

"子"的"小稱"這一點長久以來令學者們判定"子"綴時難以明晰定奪。那麼"小稱"從哪裏來？它是如何顯現的，在"子"綴派生詞中的地位如何？欲明其理，先識其源。下面筆者試圖從修辭角度觀察"小稱"的來源和實現。

3.2.1　"小稱"的由來

傳統喻代引申大體涵蓋的修辭手段有譬喻、借代、比擬、類比、避忌、雙關等。以譬喻為例，譬喻多基於"名""實"之間的象似性(iconicity)，人們通過思維的聯想功能，把相似的事物聯繫起來，歸為一類。古有"焉摹略萬物之然，論求羣言之比，以名舉實，以辭抒意，以說出故，以類取，以類予"(《墨子・小取》)之說。《說文・犬部》："類，種類相似，唯犬為甚。"段注："本謂犬相似，引申假借為凡相似之稱。"可見，"類"本指事類，後可指含有相似特點的一切現象。上文《墨子》裏的"類"，指的是事類，而《文心雕龍・比興》"比之為義，取類不常"裏的"類"，則是指人認識客觀世界時把兩物相比較而選用的取喻之"類"，是經過人類思考認識的再分類，不僅僅限於事類，形貌功用、甚至言語環境中一時的關聯，都可以視作相"類"而成喻。從詞義衍生的角度看，譬喻也是本體詞和喻體詞借由相似或相關的語義成分，在意義層面構成聯繫形成的一對比喻，需要我們深入詞義構成內部觀察。

布龍菲爾德在《語言論》裏論證現代漢語為完全分析語(analytic)的典型時曾說："各種語言的區別，在詞法上比在句法上更大。"[②]在個別語言的歷時層面，詞法和句法也有格局的變動差異，微觀語言單位呈現了相輔相成的複雜性。上古漢語以單音詞為主，至現代漢語，一個語素的語法地位，經歷了從詞到詞素的變化過程，在現代漢語裏用"是""像"等喻詞聯接的譬喻，在古漢語裏"句法結構上都是將喻體和本體直接相結合，而不需借助於其他句法

① 參見朱德熙：《語法講義》，商務印書館1982年版，第26頁。

② [美]布龍菲爾德著，袁家驊、趙世開、甘世福譯，錢晉華校：《語言論》，商務印書館2002年版，第256頁。

成分的幫助，使表達既靈活，又簡潔”[1]。而這個簡潔的表達，是以單音詞的語序為主要實現手段的。

（一）基於理性意義的引申

理性意義（lexical meaning）由起定性作用的語義特徵組成，未改變詞義所指類屬範疇的引申，可以稱之為基於理性意義的引申。

甲骨文“子”作，于省吾認為“子”字象孺子之形，字形所繪有別於成人，意指胎髮直豎，天靈蓋（囟門）未合的嬰兒的樣子。[2] 古文加上兩個上舉的胳膊，身子變為斜向一豎，字形正像一個繈褓中的嬰兒。“子”的本義是“嬰兒”，語義構成為[＋人，＋下一代，＋有生命，±男性，＋（年齡）小]，其中[＋人]是核心義素，[＋下一代][＋有生命][±男性][＋（年齡）小]是限定性義素。從事物類的角度看，核心義素限定“子”此時屬於人類範疇。

“子”在古文獻中常用來表示人類的下一代，譬如《詩經・大雅・生民》：“居然生子。”《睡虎地秦墓竹簡・日書甲種》：“庚寅生子。”這兩句中的“子”皆泛指“人類後代”，並不限於男孩還是女孩。我們為了區別，用“兒女”稱呼這個引申義位：“兒女”[＋人，＋下一代，＋有生命，±男性，±（年齡）小]。

由“下一代”“兒女”，“子”引申為專指兒子：“同產子皆得以為嗣繼統。”（《居延新簡・甲渠侯官與第四隧》E. P. T5：33）顏師古《漢書・平帝紀》注：“子同產子者，謂養昆弟之子為子者。”“同產子”即“同產之子”，也就是兄弟的兒子。

中國古代是宗法制社會，“兒子”就是爵位、俸祿的繼承人。所以，“兒子”引申為“五等爵位之一種”，即“子爵”。譬如《禮記・王制》：“王者之制爵祿，公、侯、伯、子、男，凡五等。”

由五等爵位義又引申為對男子的美稱：“其曰子，尊之也。”（《穀梁傳・宣公十年》）由美稱又泛指“對人的尊稱”[＋人，±下一代，＋有生命，＋男性]，如《論語・學而》邢昺疏：“子者，男子有德之通稱也。”

“子”由於有眾多指人的義位，春秋時又引申為具有某種身份或是從事某種職業的人，即“職業/身份”[＋人，±下一代，＋有生命]：

（1）招招舟子，人涉卬否？（《詩經・邶風・匏有苦葉》）

---

① 趙世舉：《古漢語暗喻的表達形式及其特點淺說》，《修辭學習》1998年第6期。

② 參見于省吾：《甲骨文字詁林》，中華書局1996年版，第590頁。

(2)弘與子長邑子二人取膳不得。(《居延漢簡釋文合校》157·25A)

(3)客子漁陽郡路縣張安……(《居延漢簡甲編》附40)

(4)蕩子行不歸,空床難獨守。(蕭統《文選·青青河畔草》)

(5)大臣是時即呼象子而問之言。近象廄壞象至何處。(《摩訶僧祇律》T22/1425)

例(1)"舟子",毛傳:"舟子,舟人,主濟渡者。"也就是船夫。例(2)"邑子"猶言"同鄉"。[①] 例(3)"客子"指靠出賣勞力謀生的人,"蓋為漢魏人之習俗語"[②]。例(4)"蕩子"指遠出漂泊羈旅忘返的男子,較早見於東漢古詩。例(5)"象子"指飼象人,出現於東晉。

以上演變,主要處可列表如下:

表6.2　基於"子"理性意義的引申

	人	有生命	下一代	(年齡)小
嬰兒	+	+	+	+
兒女	+	+	+	±
兒子	+	+	+	±
五等爵位	+	−	−	±
尊稱人	+	+	±	±
職業/身份	+	+	−	±

表"兒女"的"子"和表"職業/身份"的"子"的引申方向是不同的:前者是延續本義"嬰兒"的引申,核心義素未變,語義範疇也未改變,指人類本身;後者所指物件同樣屬人,但已由指人轉為指人的身份。

這一引申義列上的"子"構成的"X子",限定成分"X"概括的是特徵,代指具備這一功能特徵的事物,是用特徵代整體的借代。表示二者關係的聯接義素是[+人,+有生命]。"子"的限定性義素[+下一代][+(年齡)小][+男性]經表示尊稱的"子"脫落(absorption),詞義泛化(generalization),外延擴大,由單指"嬰兒""兒女",擴大到可以指它們共同的上位範疇"人類"。

① 參見初師賓:《中國簡牘集成》(六),敦煌文藝出版社2001年版,第134頁。

② 陳直:《居延漢簡研究》,天津古籍出版社1986年版,第292頁。

從功能上看,"子"同時也具備了更大的搭配空間,與"子"的"兒女""尊稱"義可單用相比較,"子"表"職業/身份"時,為自由語素,是中心語,和前面的成分"X"構成限定關係的偏正短語。我們注意到,"子"的"身份"和"職業"義,也並非自身所有,而是由其與限定成分構成的搭配賦予的:在偏正結構"X子"中,"子"僅剩核心義素[+人],表"……人",限定成分"X"概括了事物特徵或職業方向,也就是"具備X(身份或特徵)的人"。

1. 借特徵代指人

形容詞+子→偏正短語

身份　猶子　從子　別子　仲子　貧子

年紀　赤子　處子　稚子　弱子

　　　童子　卑子　行子　俗子　生子　昏子

德行　媚子　讒子　孝子　逆子　蕩子　浪子　癡子　鄙子

缺陷　癩子　盲子

這一類"X子"的"X"概括了中心語"子"具備的共有特點。南朝梁任昉《為齊明帝讓宣城郡公第一表》:"太祖高皇帝篤猶子之愛,降家人之慈;世祖武帝情等布衣,寄情同氣。""降家人之慈"乃非家人,"猶子"指的是兄弟之子,漢時稱為"從子"。《禮記・檀弓上》亦有記載:"喪服,兄弟之子,猶子也,蓋引而進之也。""貧子"漢時指乞兒,應瑗《雜詩》:"貧子語窮兒,無錢可把撮。""生子"指剛成人的少年。"癩子"指遊手好閒的無賴,五代十國荊南主高從海就有"高癩子"的諢號。由以上諸例可見,"X"或是點明"子"的年齡、等級、階層,或是概括"子"的生理、德行、特點,多以形容詞充當。"子"為名詞性自由語素,是偏正短語的中心語,前加"X"突顯語義所指,二者共同呈現了"X子"的意義。這一脈的"X"確定了"子"的含義內容"(具有某特點的)人",也確定了"子"後置的語法位置,其含義是"子X"無法呈現的。①

2. 借職業代指人

名詞+子→偏正短語

對象　樵子　車子

處所　烽子　窠子　都子　庫子　田子

① 參見楊賀:《引申義與範疇化》,《東嶽論叢》2013年第6期。

動詞＋子→偏正短語

動作　漁子

量詞＋子→偏正短語

工具　斗子

《周禮·考工記》有“車人”，指製造車子的木工。三國時又有“車士”，《孔子家語·辨物》王肅注：“車士，持車者。”指的是拉車或趕車的人。至《北史·高閭傳》：“（高閭）少為車子，送租至平城，修刺詣崔浩。”“車子”指趕車或駕車的人。“車”標明“子”的勞作方式與車有關，“子”意指“……的人”。“烽子”指守衛烽火臺的士兵，產生於唐代。以捕魚為業的人，戰國稱“漁人”，晉時稱“漁子”。如郭璞《江賦》：“於是蘆人漁子，擯落江山。”以上“X子”稱職業，“X”作為限定成分命名職業，概括了職業涉及的工作物件、處所，或者工作工具、性質，點明了“子”可以標識的職業要素。“子”是整個結構的中心語，是成詞的自由語素，不是詞綴。

王力曾指出有六種“子”不是詞綴[①]，從歷時角度看，其中第一種“兒子”的“子”，第二種用作尊稱的“子”，第五種指某種行業的人，產生得非常早，總是在偏正結構短語中後置充當中心語，意義上，於結構中脫落了義素[＋下一代][＋(年齡)小][＋男性]的限制，從本義的直接引申義“兒女”依憑借代達成的聯想關係，實現了“子”表達“尊稱”“職業”的可能。“子”仍有實義，範疇仍是指人，不是後綴。

（二）基於感情意義的引申

“本義”是文字學術語，包含了書寫符號所對應的詞義所指客觀事物的特徵，反映的是先民對客觀事物的認識，表現在詞義上，則是詞義的語義成分。“子”的本義，核心義素[＋人]和限定性義素[＋下一代][＋有生命][±男性][＋未成年][＋(年齡)小]二者總合起來，就是“子”這個書寫符號所記錄的反映在先民的認識裏的“嬰兒”的自然和社會屬性。詞義作為人類對客觀事物的認識的符號的所指，會帶入人的主觀態度、社會心理，這便使詞義擁有了感情意義。

感情意義(emotive meaning)反映的雖然是事物的非本質特徵，然而它

① 參見王力：《漢語史稿》，科學出版社1957年版，第225頁。

並非游離於理性意義之外，而是生發自理性意義的基礎之上。比如“水”的詞義成分包含[＋氫氧化合物][＋兩個氫原子和一個氧原子]的核心義素，也包含[＋無味][＋流動][＋清涼]等語義成分。[①] 溫庭筠《瑤瑟怨》：“冰簟銀床夢不成，碧天如水夜雲輕。”[②]句中的“水”，便是在把夜晚的天和水面比較的言語環境中，突顯“水”[＋清涼]這個語義特徵。也就是一個詞的語義特徵具有層次性，當一個詞置入具體語境时，原來“沉隱”在理性意義之下的感情意義便得到了突顯，而且詞義的社會情感語義成分根據具體言語需要會此消彼長，“時隱時現”。隱含意義如果經常使用，就會形成一個新的義位。這時，原來的隱含義素也就變成構成新義位的理性意義的義素了。[③]“子”便是一例。

1. 指“子代”的動植物名詞後綴“子”

由於動物、植物也有繁殖[＋下一代]的能力，因而“子”從人的“兒女”義引申可指“動物、植物的後代”：

①去之不遠有一師子生二子。……獵師遇之。師子子迸走入草。（《眾經撰雜譬喻》T04/0208）

②五味子、杏子、梔子，桂枝加厚樸杏子湯方。（張仲景《傷寒論·桂枝加厚樸杏子湯方》）

③枸槽子，如指頭大，正赤，其味甘。（賈思勰《齊民要術》引三國吳沈瑩《臨海異物志》）

④橘子墮地，諸女共觀。誰敢下取得橘來，當共為作飲食。（《舊雜譬喻經》T04/0206）

⑤道頭與狗子共戲……王子自食隨持與狗。（《十誦律》T23/1435）

例①可證“師子”是指成年“獅子”，“師子子”指“小獅子”，也就是“師子之子”。又《古尊宿語錄》卷四五：“言下罕逢師子子，成羣作隊野狐兒。”這裏的“師子子”與“野狐兒”對舉，更可證“師子子”是“獅子之子”，“子”不是後綴。例②“五味子”“杏子”“梔子”產生於東漢。例③“枸槽子”是果實名，較早見於西晉。例④中墜地的是“橘子”，把它揀起來則稱之為“橘”，同指異

① 參見《現代漢語詞典》，商務印書館 2005 年第 5 版，第 1229 頁。

② 《全唐詩》第 17 冊，中華書局 1960 年版。

③ 參見蔣紹愚：《古漢語詞彙綱要》，北京大學出版社 1989 年版，第 53 頁。

詞,產生於三國時期。例⑤前句用"狗子",後句用"狗",所指相同,產生於東漢。具體情況列表如下:

表 6.3 指"子代"的動植物名詞後綴"子"的引申

	人	有生命	下一代	(年齡)小
嬰兒	+	+	+	+
兒女	+	+	+	±
動植物的子代	−	+	+	±

(1)喻指植物下一代

名詞+子→偏正短語

單音名詞+子:棗子　瓜子　梅子　橘子　柑子　松子
　　　　　　　楺子　黍子　楸子　椰子　地子　蒜子　瓠子

雙音名詞+子:大風子　地膚子

(2)喻指動物下一代

名詞+子→偏正短語

蟲類名詞+子:蛾子　蟻子　蚊子

獸類名詞+子:山子　駱子　雞子　豹子　狸子　柰子　撥子　虎子

我們雖然把語例兩分了,但是可以觀察到此時的 X 多為名詞性成分,作用是點明"子"所指成年個體之名,"X 子"即"X 之子"。《爾雅・釋木》:"櫅,白棗。"郭璞注:"即今棗子白熟。""棗子"種於地下,長大成熟呈白色為"棗",亦即"櫅"。"瓜子"指瓜的種子,《齊民要術・種瓜》:"凡種法,先以水淨淘瓜子,以鹽和之。"《後漢書・班超列傳》:"不入虎穴,不得虎子。""虎"的居所為"虎穴",其乳子為"虎子"。以上語例都是指"動植物的子代"{[−人,+有生命,+下一代,±(年齡)小]}。

與"兒女"義比較,核心義素[+人]在"動植物的子代"裏脫落了。"兒女"和"動植物的子代"這兩個義位元共有的語義特徵是[+有生命,+下一代],概括了這兩個"子"的引申義位共同的意義特點:作為生物(人或動植物)的[+下一代]都是[+有生命]的。這是兩個義位可以構成關聯的相似之處:"子"詞義所指由"人的後代"範疇演變為"動植物的子代"範疇,由"人"變為"非人",是擬人。此時,語義特徵[+(年齡)小]由於在"動植物子代"的言語環境中居次要地位,作為詞義結構的隱性部分(covert component)存在，而[＋有生命]作為"動植物子代"這個義位的必要義素，呈現在詞義結構的表層，變成了新義位的理性義素。此時的詞素"子"仍是可以單説單用的自由語素，不是詞綴。

2. 指"小"的表顆粒物的後綴"子"

人類的後代"嬰兒"和"動植物的子代"，最初都具備外形[＋(體積)小]的特點，用於無生命而體積小的事物，虛化為表示"顆粒物"{[－人，－有生命，－下一代，＋(體積)小]}的"子"：

①存乎仁者莫良於眸子。(《孟子·離婁上》)

②輔石子共□輔以劍刃、石子、木杖毆□□。(謝桂華等《居延漢簡釋文合校》387·11)

③眼，限也。瞳子限限而出也。(劉熙《釋名·釋形體》)

④目所睹眾生類，皆得羅漢如身子。(《普曜經》T03/0186)

⑤當行油，若以盞子，若以手等行。(《摩訶僧衹律》T22/1425)

⑥雜物者：鉢、鉢支、鉹、腰帶、刀子、針筒、革屣、盛油革囊、軍持澡瓶。(《摩訶僧衹律》T22/1425)

"眸"的古字為"牟"，《説文·目部》："盲，目無牟子。"《論衡·本性》："孟子相人以眸子焉，心清則眸子，了者，目文了也。"又《説文》："目，人眼，象形。重童子也。""童子"即"瞳子"，例③之"瞳子"指"瞳孔"，例①"眸子"也就是"黑眼仁"。《釋名·釋形體》："瞳子：瞳，重也。膚幕相裹重也。子，小稱也。"劉熙在2世紀左右就觀察到詞綴"子"的"小稱"義，實在是獨到的見解。例②"石子"可取以擊人，《墨子·備城門》："二步積石，石重千鈞以上者五百枚。"可見秦漢時有用石為武器者。又《漢書·鼂錯傳》："具藺石，布渠答。"如淳注曰："藺石，城上雷石也。"簡文當為此義。例④"身子"即"身"，例⑤"盞子"即"小杯子"，較早見於東晉。例⑥"刀子"即"刀"，翟灝："惟'刀子'與'刀'，似有大小之別。……觀諸説則'刀子'之為小刀……"[①]此二例較早見於東晉佛典文獻。由以上語例可見，當"X子"指物時，含有[＋(體積)小]的意思，與"子"的本義對比來看：

① (清)翟灝：《通俗編》，商務印書館1938年版，第588頁。

表 6.4　　指"小"的表顆粒物的後綴"子"的引申

	人	有生命	下一代	(體積)小
嬰兒	+	+	+	+
兒女	+	+	+	±
顆粒物	−	−	−	+

此義位為"喻指體積小的顆粒":

名詞+子

疾病名詞+子:麻子　痘子

物品名詞+子:滴子　墜子　溜子

"痘"是"豆"的後起字,以表病名,如俞樾《茶香室三鈔・黃痘子》:"宋時面有痘瘢者即謂痘子,今所謂麻子也。"檢索宋明文獻,小兒出痘,稱"痘花",長痘初期稱"痘子",一般稱說盡可稱"痘"。結合我們前面的歷史引申分析,"痘子"已詞彙化為指臉上出天花後留下的疤痕,"子"在這個義位上,詞義已經很輕微了。"滴子",如元脫脫《金史・輿服志上》:"滴子用珍珠。""滴子"是用以裝飾乘輦的下垂的珠串。"子"表"顆粒物"時,原核心義素[+人]和限定性義素[+有生命]都脫落了。觀察"子"的"兒女"與"顆粒物"義,可以注意到[−有生命,+(體積)小]是二義的共有語義特徵:作為呈顆粒狀的"子",都是體積[+小]的,並且如"痘子""墜子"者,是[−有生命]物——用人類的"兒女"尚處幼年而身形小,喻指非人類事物的體積小,於是兩個義位形成借喻關係。此時,語義特徵[±下一代]由於在"顆粒物"的"子"中不具有區別性,也便不再起作用。詞素"子"[+(體積)小]的語義特徵得以突顯,功能上卻已演變成不自由語素,此時的"子"已是詞綴。而這個詞綴的性質,並非[+(體積)小]使其實現的,而是[−有生命]的特徵促成的:我們很容易便可以觀察到"雞子"是[+有生命,+(體積)小]的,"子"不是詞綴,卻不能否認"滴子"是[−有生命,+(體積)小]的,而"子"是詞綴。

可見,"子"的本義"嬰兒"是瞭解"子"歷史發展的關鍵,該義進一步虛化後,得到的共有意義基礎是[+有生命,+小]。表示"動植物子代"是虛化的第二階段,這兩個階段的"子"[+有生命]和[+小]兩種義素都還沒有脫落。故而[+小,+有生命]是後綴"子"虛化的意義基礎,虛化的起點是[+小,−

有生命],真詞綴和類詞綴的分界點是"子"是否包含有[一有生命]的語義特徵。大量的"X子"派生詞是類推(analogy)作用下實現的。

引申過程中隱含義素的顯隱,既突出了詞義表意的重點,又限定了詞義所指的功能語義範疇,可以從形式和功能兩個角度定位一個語素的語言價值。後綴"子"詞彙化歷史過程中漸次產生的派生詞,雖不似現代漢語的"子"綴詞,有明晰的格標標示其語義功能,比如"廚子"前可加"做/當","錐子"前可加"用",但是它們在句中總是充當主語或賓語,有着固定的句法語義功能,有着確定的語序,確是沒有異議的。

3.2.2 "小稱"與"子"綴派生詞

認知語言學的範疇觀主張人類的認知裏存在原型(prototype),範疇裏有些是核心成員,有些是非核心成員。核心成員透過隱喻、轉喻,產生非核心成員以及新的核心成員。而這個新的核心成員,仍是以原核心成員為基礎產生的,亦即:"語素在構詞中語義範疇改變後,意義同原義有明顯的差別,則往往分出不同的義項,分出的義項屬於不同的意義單位,屬於不同的語義範疇。"[①]"子"稱"嬰兒"和"兒女"屬於源範疇,可以映射(mapping)到動物、植物範疇,繼而至表示數量少的量詞後綴,由此分別發展出不同的範疇。最初是通過修辭手段實現其象似性聯想的,生命度逐漸降低,獨立成詞的性質逐漸減弱,詞彙意義減弱的機率越高。

修辭是從語言應用的角度促成映射達成的觸發點和演變機制。這個機制作用於"子"的演變,是一個相對短暫卻非一蹴而就的過程。"子"從單音詞演變成詞綴,主要有三次變化:自戰國至東漢,"子"開始脫離指人的後代"兒女"的意義,可以用來指"動植物的子代"。表示"動植物的子代"的仂語與名詞的邊界趨於模糊,如:

(1)侍中……分掌乘輿服物,下至褻器虎子之屬。(應劭《漢官儀》)

(2)掌王之燕衣服,衽席,床第,凡褻器。(《周禮·天官·玉府》)

鄭玄注"虎子":"褻器,清器虎子之屬。"

孫詒讓正義:"虎子,盛溺器,亦漢時俗語。"

---

① 符淮青:《詞義的分析和描寫》,語文出版社1996年版,第70頁。

例中“虎子”顯然與前文“不入虎穴，焉得虎子”的“虎子”不是同一個詞，是盛尿器。那麼，這裏的“虎子”是由“虎之子”變來的，還是由與“虎”同指的派生詞類推而來的，就不易確定了。在這個過程裏，未見“子”的“小稱”義起任何組合作用的語例，卻是確鑿的。

兩晉時期，“子”開始脫離[＋有生命]的特徵，指具體的事物。這是“子”綴化道路上最關鍵的一步。此後，“子”作為詞綴造詞的能產性，逐漸充分展示，如“身子”“刀子”“盞子”，以及而後的“桌子”“椅子”“帽子”“鏟子”等。南北朝末期，出現了抽象的由“子”構成的量詞“一把子”之類，由以手為單位的數量結構“一把”加“子”構成，“子”為“一把”增添了“小視、輕蔑”的範疇義——後綴“子”又增添了量詞後綴的身份，成為量詞範疇化的主要成分。

根據以上我們的分析，“子”從表示人物的身份、職業進入綴化的軌道，既不同於真詞綴，因其多少還帶有原來的詞彙意義；也不同於原來的實語素，因為它已不再含有[＋人]義素。由此我們認為，把“X子”構式中表“動植物子代”“某種職業身份”和“顆粒物”的“子”處理為“類詞綴”更妥當些。真正的名詞性後綴是“子”表顆粒義之後，也就是當“子”在“X子”構式中充當詞素，不再具有[＋有生命]義，功能上演變為不自由語素時所成的詞，此即為派生詞。而[＋(體積、數量)小]確如王力先生判斷，當是“子”詞綴化的起點和基礎，其本身並非詞綴，也不能作為判定後置“子”是否詞綴的標準。

當把漢語回溯到其雙音化初期，脫離可以用語法詞聯繫語言成分時，如何實現“達意”？漢語是一種尚未將“主語”“賓語”等句法關係語法化的語言。如果的確是這樣的話，那麼句法關係就不能成為決定漢語詞序的主要因素。(*LaPolla*,1990)“X子”和“子X”在表意上的區別就是很好的證明。“‘比喻’二字表示現義同原義的一種聯繫。……在中心語位置上的詞語表示在比喻的意義上被解釋詞代表的事物所屬的類別，修飾語表示事物的特徵。”①

① 符准青：《詞義的分析和描寫》，語文出版社1996年版，第119頁。

表 6.5　“子”綴語素演變

<table>
<tr><th>引申類型</th><th colspan="3">形成機制</th><th>結構</th><th>時代</th><th>對應範疇</th></tr>
<tr><td rowspan="5">基於理性意義的引申</td><td rowspan="5">借代</td><td colspan="2">借特徵代指人</td><td>形容詞＋子→偏正式複合詞</td><td>春秋戰國</td><td>人</td></tr>
<tr><td colspan="2" rowspan="4">借職業代指人</td><td>名詞＋子→偏正式複合詞</td><td>春秋戰國</td><td rowspan="4">人的身份</td></tr>
<tr><td>形容詞＋子→偏正式複合詞</td><td>漢至三國</td></tr>
<tr><td>動詞＋子→偏正式複合詞</td><td>漢</td></tr>
<tr><td>量詞＋子→偏正式複合詞</td><td>南北朝</td></tr>
<tr><td rowspan="3">基於感情意義的引申</td><td rowspan="2">擬人</td><td rowspan="2">動植物名詞後綴</td><td>喻指動物子代</td><td>名詞＋子→偏正式複合詞</td><td>先秦</td><td>動物</td></tr>
<tr><td>喻指植物子代</td><td>名詞＋子→偏正式複合詞</td><td>晉以前</td><td>植物</td></tr>
<tr><td>借喻</td><td>顆粒物後綴</td><td>借指體積小的顆粒</td><td>名詞＋子→派生詞</td><td>漢</td><td>無生命物</td></tr>
</table>

由上表可見，如果說我們習見的對引申的分析是基於詞義歷史演變線性順序展開的話，那麼從修辭角度觀察引申是基於人類認識的聯想功能對詞義演變的再歸類，它們是兩種不同的角度。前者得到的是詞義演變的引申序列，後者的分析結果是引申的語用機制和詞義固定後語義範疇的對應關係。憑藉借代、比擬、譬喻等修辭手段發生的引申，過程短暫，多處於詞義演變的早期，且多發生在原始詞義的感情意義層的隱含區別性義素中。本義的理性意義是感情意義產生的基礎。王力排除的六種不是詞綴的“子”是真詞綴“子”產生的前身。“子”的“小稱”義產生於本義的感情意義層。

修辭從語言實際應用中，尋找促使這個映射達成的觸發點和演變機制。這個機制作用於“子”的演變，是一個短暫卻非一蹴而就的過程。一個結構在日常生活中大量運用的最初階段，修辭在語詞的運用和調整中起到了一定的作用。認知語言學從思維角度界定的詮釋語義演變機理的“隱喻”和“轉喻”，不足以囊括漢語詞義，尤其是單音多義詞歷時演變機制的多樣性。同樣是以人類思維的聯想功能為基礎，修辭作為言語實用中約定俗成的前階段，不僅注意到了事物相互間的“象似性”，而且又分出了對客觀事物關係判斷“相似”和“相關”的不同,進而按照實際運用的機制,歸納出不同的語言運用手段。這樣的分析,或可有助於我們對漢語詞義衍生機制客觀情況的追尋。

3.3 “子”綴範疇

由前面分析可見,早在戰國後期,“子”已用為動物名詞後綴,如《莊子》中的“丁子”;西漢時期口語中似已有“師子”,東漢出現於書面文獻。這可稱為“子”綴一,記作“$子_1$”。

“子”用為植物名詞後綴,起於東漢,如“五味子”等詞。“橘子”等詞產生於三國。這可稱為“子”綴二,記作“$子_2$”。

“子”用為職業或身份名詞後綴,起於東漢,如“蕩子”。此後,如“園子”(指看園子的人),見於三國。“象子”(指飼養象的人)、“馬子”(指養馬的人)、“牛子”(指養牛的人),見於東晉。這可稱為“子”綴三,記作“$子_3$”。

“子”用為具體事物的名詞後綴,較早見於西晉佛典文獻,如“刀子”(即刀),見於東晉文獻。這可稱為“子”綴四,記作“$子_4$”。

“子”用為表示數量的量詞後綴,較早見於《北齊書》,如“一把子”,當為北朝語。這可稱為“子”綴五,記作“$子_5$”。

“子”作為名詞後綴不是同一個詞素,應當是五個詞素,即:“$子_1$”“$子_2$”“$子_3$”“$子_4$”“$子_5$”。這五個“子”綴詞素,來源不同,表示的詞法範疇也不同。

“$子_1$”來源於動物之幼者,範疇特徵是“……小動物”。

“$子_2$”來源於植物之幼者,範疇特徵是“……小植物”。

“$子_3$”來源於人之幼賤者,範疇特徵是“……從事低賤職業的人”。

“$子_4$”來源於“$子_1$”“$子_2$”“$子_3$”的進一步泛虛化,範疇特徵是“……小的東西”。

“$子_5$”也是來源於“$子_1$”“$子_2$”“$子_3$”的進一步泛虛化,範疇特徵是“……數量小的東西”。

“小稱”是它們共同的基礎。

經過如上考察,“子”由實語素到詞綴虛語素的演變當是在口語中進行的。口語中的材料在書面語中有斷層,所以,我們能見到的書面語“子”綴語料,應當比實際口語語料晚得多、少得多,只能得其大概。

就書面語看，“子”綴作為漢語的一個極為能產的後綴，真正發展起來是在中古及中古以後。但是，它走上虛化的道路漫長，開始於戰國，延至東漢三國，才逐漸多起來，並且每一個具體的“子”綴派生詞的產生時代並不平衡，需要一個一個觀察，無法一概對待。

“子”在綴化道路上的進程，可用義素分析法表示為：

	幼兒→	後代→…	植物、動物的後代…→…	職業/身份…→…	具體事物…→…	量詞…→
	$子_1$	$子_2$	$子_3$	$子_4$	$子_5$	
±有生命	+	+	+	+	−	−
±小	+	+	+	±	±	−
			[[橘|子]n.]		[[身子]n.]	[[一把子]num.]

三國時期……→……→……→……→兩晉時期…→…南北朝

三國時期

3.3.1 “子”綴化的語義基礎

“子”是從人類的範疇，通過“象似性”[＋有生命]，映射到動物、植物的範疇。因為它們都有[＋有生命]，後代都含[＋小]義素。我們將“幼兒”視為虛化的起點，表示動植物後代是虛化的第二階段，這兩個階段的“子”均含有理性意義，也就是以上的[＋有生命]和[＋小]兩種義素都還沒有失去。

3.3.2 “子”詞綴化的條件

“仂語凝固化”一般要有凝固條件。凝固條件大致有兩個方面，一是語法位置，二是關涉成分。如“子弟”“子息”之“子”不可能凝固為詞綴，因為它的語法位置在“弟”“息”之前，不符合後綴語法位置的要求。“次子”“王子”“天子”之“子”在“次”“王”“天”之後，雖然符合綴化的語法位置，但是，關涉成分“次”“王”“天”的語義不允許“子”義虛化。因為“次子”與“長子”對立，“王子”與“王”對立，“天子”與“天”對立，如果“子”義虛化，就打亂了語言的系統性。而“妻子”“孩子”“男子”“女子”之“子”的綴化，則既符合語法位置的要求，也符合關涉成分的要求。符合語法位置要求不必解釋，符合關涉成分要求是指“妻”“孩”“男”“女”都是常用詞，在複音詞逐漸增多的語境下，許多時候要求用複音詞表達，最方便的造詞方式就是使“妻子”“孩子”“男子”“女子”之“子”語義虛化。動物之幼者、植物之幼者的“子”，也是走了這條道路。到無生命物用“子”作為詞綴造詞的時候，就是批量的類推了。

漢語詞綴的形成，儘管各個詞綴形成的具體條件不同，但是，在“仂語凝固化”的過程中，某個成分能不能綴化，語法位置與關涉成分是最重要的兩個因素。

3.3.3 “子”綴的標準

根據以上我們的分析，確定名詞性後綴“子”的標準為：

第一，本書的“$子_1$”“$子_2$”“$子_3$”，從表示人物身份/職業的“$子_3$”已經進入虛化的軌道，既不同於真詞綴，它多少還帶有原來的詞彙意義；也不同於原來的實語素，因為它已不再含有[＋小]義素。我們認為，把“$子_1$”“$子_2$”“$子_3$”處理為類詞綴更妥當些。

第二，真正的名詞性後綴是“$子_4$”“$子_5$”。也就是當所生成的派生詞不再具有[＋有生命]義時，這個詞即為派生詞。

第三，“子”綴派生詞的虛化結構基礎是上古的偏正式短語，即王力先生所說的仂語。

第四，語音方面，王力先生認為，最初的“子”不一定念輕聲，至少是可輕可重。[①] 由於輕聲是後起的語言現象，所以，中古的“子”是成音節的。

① 參見王力：《漢語史稿》，科學出版社1957年版，第229頁。

第7章　中古代詞性後綴"馨"

1　前人研究概述

"馨"是中古漢語特有的詞綴,出現的文獻範圍有限,已有的研究主要圍繞兩個問題展開:一是"馨"作指代用的產生時代;二是"馨"的性質和特點。

1.1　產生的時代

1.1.1　產生於晉宋

余嘉錫以清郝懿行《晉宋書故》為據,認為"寧馨"為晉宋語助詞,義為"如此"。[①] 柳士鎮認為,"馨"字在晉宋之前未見使用,具有鮮明的時代色彩。[②]

1.1.2　產生於六朝

向熹認為六朝已有"寧馨",作"如此""這樣"解。[③]

劉玉屏認為後綴"馨"是中古時期出現的一個新興詞綴,"馨"所構成的指示代詞有"如馨""爾馨""寧馨"三個,均解作"如此"義。[④]

---

① 參見余嘉錫:《世說新語箋疏》,中華書局 1983 年版,第 212～213 頁。

② 參見柳士鎮:《魏晉南北朝歷史語法》,南京大學出版社 1992 年版,第 139～141 頁。

③ 參見向熹:《簡明漢語史》,高等教育出版社 1998 年版,第 226～258 頁。

④ 參見劉玉屏:《從〈世說新語〉看魏晉南北朝時期漢語語法的流變》,福建師範大學碩士學位論文,2001 年。

1.2　含義和特點

張相以《通俗編》為據認為,"寧馨"猶"如此","寧馨、爾馨、如馨"義同;又指出,"能亨"猶"寧馨"也,並認為蓋"如、爾、寧"皆一聲之轉。①

王力認為,"寧馨"可能是"爾"的方言變形,"爾""甯"古雙聲,"寧"破裂為"甯馨","寧""馨"疊韻。② 志村良治對王力的觀點持有異議,以元馬永卿《嬾真子》為據,把"寧"看作"寧馨"的省縮,認為"寧馨"意為"這麼、這樣、那樣"。志村良治指出:"爾馨、寧馨、如馨……是特殊語詞,歷代有各種解釋。……現在大體認為是'這樣''這樣的'的意思。"③

余嘉錫認為,後世詞人喜用"寧馨",有平、去二音,"能亨""那杭"皆"寧馨"二字之音轉字變耳,晉宋人或言"寧馨""如馨",或單言"馨",此並語詞及語餘聲也。以"如馨"代"寧馨","如"讀若"女",即"寧"之轉音也;以"爾馨"代"寧馨","爾"讀若"你",亦"寧"之轉音矣。劉玉屏據章太炎"古音娘日二紐歸泥說"認為"寧""爾""如"上古同為泥母,是一聲之轉。

柳士鎮則指出:"'寧馨、爾馨、如馨'這三個詞由'寧、爾、如'附有形容詞後綴'馨'字構成,主要意思是'那樣、那般',有時也可表示近指,意思是'這樣、這般'。""寧馨、爾馨、如馨"可以充任定語或謂語。

汪維輝認為:"'如馨''爾馨''寧馨'有兩種用法:一是直接做謂語,如'正自爾馨';一是做定語修飾名詞,如'田舍兒強學人作爾馨語'。以後一種用法為多。"④

胡敕瑞認為"寧馨""爾馨""如馨"等形式主要見於吳越方言。⑤

上述各家大多認爲"寧馨""爾馨""如馨"是中古新興的具有時代色彩的後綴,義爲"如此""這樣""這般"。而有些學者認爲"寧馨""爾馨""如馨"既可以近指,又可以遠指。

---

① 參見張相:《詩詞曲語辭匯釋》,中華書局 1953 年版,第 353 頁。

② 參見王力:《漢語史稿》中冊,科學出版社 1957 年版,第 284 頁。

③ [日]志村良治著,江藍生、白維國譯:《中國中世語法史研究》,中華書局 1995 年版,第 41 頁。

④ 汪維輝:《世說新語"如馨地"再討論》,《古漢語研究》1996 年第 4 期。

⑤ 參見胡敕瑞:《"爾許"溯源——兼論"是所""爾所""如所""如許"等指別代詞》,朱慶之編:《中古漢語研究》(2),商務印書館 2005 年版,第 218 頁。

2 “馨”在中古的發展

2.1 代詞性來源

對於“馨”的本義,《說文・香部》說:“馨,香之遠聞也。從香,殸聲。殸,籀文磬。”指的是散播很遠的香氣。例如:

(1)弗惟德馨香,祀登聞於天,誕惟民怨。(《尚書・酒誥》)

(2)被石蘭兮帶杜衡,折芳馨兮遺所思。(《楚辭・山鬼》)

《正字通・香部》:“馨,晉人以為語助。”中古多“寧馨”連用,表“這/那樣”,語例稍嫌晚,共2例:

(1)太后怒,語侍者:“將刀來,破我腹,那得生如此寧馨兒!”(《宋書・前廢帝本紀》)

(2)濤嗟歎良久,既去,目而送之曰:“何物老嫗,生寧馨兒!然誤天下蒼生者,未必非此人也。”(《晉書・王衍傳》)

“寧馨兒”就是“這樣的孩子”。“這/那樣”這個詞綴的範疇義是從哪裏來的呢?《說文解字・只部》:“𩑊,聲也。從只,甹聲。讀若馨。”段玉裁注:“謂語聲也。晉宋人多用馨字,若‘冷如鬼手馨,強來捉人臂’‘何物老嫗,生此甯馨兒’是也。馨行而𩑊廢矣,隋唐後則又無馨語。此古今之變也。”[①]桂馥曰:“小徐本讀若馨。”馬敘倫:“𩑊從只,其義固當為語已詞也。”[②]又,梁顧野王《玉篇》的案語曰:“今謂如此為如𩑊是也。”由此可知,“馨”是“𩑊”的假借字。

2.2 語法分佈特點

“馨”在中古的分佈環境簡述如下。

2.2.1 代詞+馨+名詞:充當定語或謂語

遍檢中古語料,僅得“如馨兒”“如馨地”2例,基本是《裴子語林》“王文開那生如馨兒”和《世說新語》“使君如馨地,寧可鬬戰求勝”兩句在不同文獻中

---

① (清)段玉裁:《說文解字注》,上海古籍出版社1988年版,第87頁。

② 馬敘倫:《說文解字六書疏证》,轉引自古文字詁林編纂委員會編纂:《古文字詁林》第2冊,上海教育出版社1999年版,第664頁。

的輾轉傳抄,前一句比後一句產生得早。"如馨"的代詞性派生詞皆為名詞"地""兒"的定語,意為"這樣的地位/地方"和"這樣的兒子"。

中古語料得"爾馨"2 例,如下:

【爾馨】

(1)殷去後,乃云:"田舍兒強學人作**爾馨**語。"(劉義慶《世說新語·文學》)

(2)(王丞相)與何次道語,唯舉手指地曰:"正自**爾馨**。"(劉義慶《世說新語·品藻》)

此二例是中古文獻僅有的"爾馨"的 2 例。其他皆摘引自這兩處,可不計。"爾"是代詞,如此這樣。"爾馨",既可以如例(1)作賓語的定語,又可以如例(2)直接充當句子成分,作謂語。

【如馨】

(1)王仲祖有好儀形,每覽鏡自照曰:"王文開那生**如馨**兒?"時人謂之達也。(劉義慶《世說新語·容止》劉孝標注引《裴子語林》)

(2)桓大司馬詣劉尹,臥不起。桓彎彈彈劉枕,丸迸碎牀褥間。劉作色而起曰:"使君**如馨**地,寧可鬭戰求勝!"桓甚有恨容。(劉義慶《世說新語·方正》)[①]

(3)將刀來破我腹,那得生**如馨**兒!(《魏書·劉子業傳》)

中古文獻共 3 例。楊伯峻《古今漢語詞類通解》指出"爾""寧"是遠指代詞,"如"是"若"的意思。[②] 例(1)《禦覽》引作:"王開山那得此兒。"那麼"如馨"表達的應當是"像這樣"的意思。

2.2.2　如＋一般名詞＋馨:充當賓語

"如馨"中間可以插入名詞或名詞性短語,描摹事物。例如:

【如鬼手馨】

(1)冷**如鬼手馨**,強來捉人臂。(劉義慶《世說新語·忿狷》)

---

① 呂叔湘先生在《論底、地之辨及底字的由來》一文中,把此例看作語助詞最早的例證。(參見呂叔湘:《呂叔湘文集》第 2 卷《漢語語法論文集》,商務印書館 1990 年版)然而孫錫信(1992)、董志翹、蔡鏡浩(1994)認為這個"地"是名詞,不是助詞。汪維輝同意他們的看法。其原因有三:一是魏晉人重門第,此例是"'地'有職官義之早見者";二是"如馨地"與"如馨兒""如馨語"結構相同,也當是一個名詞;三是六朝的"寧馨""如馨""爾馨"一般直接作謂語或者作名詞的定語。在此例中,"使君"是劉惔對桓溫的稱呼,"如馨地"作它的謂語,不符合原意。(參見汪維輝《〈世說新語〉"如馨地"再討論》,《古漢語研究》1996 年第 4 期)

② 參見楊伯峻:《古今漢語詞類通解》,北京出版社 1998 年版。

“如鬼手馨”就是“像鬼的手這/那樣”。

2.2.3 一般名詞+馨:充當賓語

“如”也可以省略。除了代詞可以置於“馨”前,被描摹物或者人所比并的物或者人也可以直接置於“馨”前,仍表示“像……那/這樣”。例如:

【老婢馨】

(1)人問顧長康:“何以不作洛生詠?”答曰:“何至作**老婢馨**!”(劉慶慶《世說新語·輕詆》)

“老婢馨”意思是“老婢女那/這樣”。

【生母狗馨】

(1)明旦,桓宣武語人曰:“昨夜聽殷、王清言,甚佳。仁祖亦不寂寞,我亦時復造心,顧看兩王掾,輒翣如**生母狗馨**。”(劉義慶《世說新語·文學》)

“生母狗馨”就是“活母狗的樣子”。

3 小結

中古代詞性後綴“馨”的使用情況具體如下表所示:

中古代詞性後綴“馨”的演變表

搭配＼詞例		《世說新語》	《裴子語林》	《魏書》	《晉書》	《宋書》
代詞+馨	寧馨				1	1
	如馨	1	1	1		
	爾馨	2				
如+一般名詞+馨		2				
一般名詞+馨		2				

從表中我們會發現,除了同一句話輾轉引用出現在不同的書籍裏,“馨”作代詞後綴,幾乎全部出現在《世說新語》裏。檢索之後的語言材料,確如段玉裁所說“隋唐後則又無馨語”。那麼產生這種現象的原因只可能跟作者有關係,也就是說,“馨”是作者方言裏的詞綴。南朝宋的都城是建康,也就是今天的南京,代詞性後綴“馨”當與南京方言有關。

第8章　中古序數詞性前綴"第"

1　前人研究概述

"第"在現代漢語里置於基數詞前,用以表示序數,語言性質是序數詞性前綴。例如:

(1)第一章"方田",主要講的是田畝面積的計算,包括分數的各種計算方法。①

(2)最後出版時,時間又會改回夏季,和第一版一模一樣了。②

(3)因為:第一,它用一套符號保存了前人的知識。③

(4)善因寺是全縣第一大廟,在東門外,面臨一條水很深的護城河,三面都是大樹。④

(5)不過,這樣一來,作為長江上游第一大城市的重慶,"朝天門上游無大船"的情形便被打破。⑤

序數詞最常見的用法是直接和自主量詞或少量名詞組合,如例(1)(2),

---

① 陰法魯、許樹安主編:《中國古代文化史》下冊,北京大學出版社1991年版,第205頁。

② 王小波:《白銀時代》,例見北京大學中國語言學研究中心:CCL現代漢語語料庫,鏈接地址:http://ccl.pku.edu.cn:8080/ccl_corpus/index.jsp? dir=xiandai.

③ 張中行:《文言和白話》,中華書局2007年版,第38頁。

④ 汪曾祺:《汪曾祺經典小說集·受戒》,長江文藝出版社2014年版,第36頁。

⑤ 莫懷戚:《陪都舊事》,例見北京大學中國語言學研究中心:CCL現代漢語語料庫,鏈接地址:http://ccl.pku.edu.cn:8080/ccl_corpus/index.jsp? dir=xiandai.

表示序數;也可以獨用領起話題,如例(3);還可以加在形容詞前表評價意味,如例(4)(5)。

1.1 產生的時代

關於序數詞性詞綴“第”產生的時代,有以下幾種觀點:

1.1.1 產生於先秦

潘允中認為,序數性詞綴“第”產生於先秦子書書卷計數:“現代漢語‘第一’‘第二’的説法來源很古,如《論語》的編排《學而第一》《為政第二》《八佾第三》《里仁第四》等等。《呂氏春秋》也列有《孟春紀第一》《仲春季第二》等等。”①

1.1.2 產生於漢代

任學良認為,“第”作為序數性前綴在漢代就有了:“齊田氏後代在漢時以次第為姓,有‘第一’至‘第八’作為複姓,從這更可以看出‘第’是詞頭。”②因為“第一”至“第八”成為專有名詞,所以“第”僅僅是一個詞義虛化了的構詞詞素。

程湘清在論證《論衡》的構詞方式時,注意到了派生式“第”構成的序數詞:“《論衡》中前綴虛詞成分有‘可’和‘第’,但構詞數量很少。”③如:

(1)光武帝,建平元年十二月甲子生於濟陽宮後殿第二內中。(王充《論衡·吉驗》)

《漢書·武帝紀》顏師古注:“內中謂後庭之室。”“第二內中”就是順序上位於第二位的皇宮內室。

李建平依據出土簡帛文獻和道經,認為從西漢末到東漢“第一”開始了詞彙化,語法功能進一步拓展,既可以修飾名詞,又可以修飾形容詞和動詞。到東漢的《太平經》,“第一”詞彙化基本完成。④

(1)此第一善得天之壽也。(《太平經·經鈔乙部》)

(2)是其第一堅志士也。(《太平經·丙部之十五》)

① 潘允中:《漢語語法史概要》,中州書畫社1982年版,第110頁。

② 任學良:《漢語造詞法》,科學出版社1981年版,第39頁。

③ 程湘清:《漢語史專書複音詞研究》,商務印書館2008年版,第167頁。

④ 參見李建平:《序數詞“第”產生的時代及其語法化歷程》,《古漢語研究》2014年第4期。

(3)得天地心，**第一**最善。(《太平經·丙部之五》)

(4)此上士是**第一**有志者也。(《太平經·丙部之十五》)

1.1.3 產生於晉代

王力先生認為：“‘第’字真正用作序數的詞頭，大約在晉代以後(或較早)。”至於先秦諸子每篇標題，往往標為“某某第一”“某某第二”，恐怕為後人所加，不足為據。① 所舉之例為：

(1)尚書郎正用**第二**人。(劉義慶《世說新語·方正》)

(2)我何如卿**第七**叔。(劉義慶《世說新語·方正》)

(3)七試者：**第一**試，升到門不為通……**第二**試，使升於草中守黍驅獸。(葛洪《神仙傳·張道陵傳》)

(4)**第一**冢者，昔有真人骸骨，今乃已得復形。**第二**冢見有仙衣一對，道經一函……**第三**冢有玉液丹。(李昉等《太平廣記》卷十五)

(5)可於西市東壁南**第三**店為我買魚作鱠。(李昉等《太平廣記》卷十八)

(6)乃云是**第五**洞寶仙九室之天。(李昉等《太平廣記》卷二五)

(7)今此**第二十二**寶亦不久留於人間。(李昉等《太平廣記》卷二七)

1.2 搭配特點

上古稱序數，單用基數詞表示，並不加其他語言成分標識語義：

(1)五行：一曰水；二曰火；三曰木；四曰金；五曰土。(《尚書·洪範》)②

“第”用以表次序是和它的意義發展有關連的。古代先有“弟”字，甲骨文作，西周金文作，戰國文字作，小篆作，字形象繩子在橛子上一束一束地次第纏繞。，象豎在地上的橛子。，象一束一束纏繞的繩子。所以《說文解字·弟部》說：“弟，韋束之次第也。”高誘《呂氏春秋·原亂》“亂必有弟”注：“弟，次也。”這是“弟”的本義。段玉裁注：“引申之為凡次弟之弟。”寫作“第”。“第”是“弟”在引申義上的分化字，是名詞。

“第”作為名詞表“等級、次第”義在上古很常見，如：

【第次】

(1)書稱題，亦言第，因其**第次**也。(劉熙《釋名·釋書契》)

---

① 參見王力：《王力文集·中國語法史》，山東教育出版社1988年版，第29～30頁。

② 轉引自王力：《王力文集·中國語法史》，山東教育出版社1988年版，第29～30頁。

(2)以試第次,補廷尉史。(《史記·儒林列傳》)

"第次"指的是書籍卷次或官級品階。中古也有沿用,如:

(3)三孤、故臣、門人,相與述公言行,諮度禮則,文德銘於三鼎,武功勒於鉦鉞,官簿第次,事之實錄,書於碑陰,俾爾昆裔,永有仰於碑陰云。(蔡邕《太尉喬玄碑陰》)

這裏指的是官級品階。

描述品級次序,自然有位列先後之別,"第"也可以作動詞,表示"確定等級次序;按照一定的順序編次、編排"義。這個意義在嶽麓書院藏秦簡中即有用例:

(1)內史郡二千石官共令。第甲。(簡0355)

(2)內史郡二千石官共令。第乙。(簡0690)

(3)內史郡二千石官共令。第丙。(簡0522)

(4)內史郡二千石官共令。第丁。(簡0351)

(5)內史郡二千石官共令。第戊。(簡0465)

(6)內史郡二千石官共令。第己。(簡0316)

(7)內史郡二千石官共令。第庚。(簡0617)①

例中用干支計數,"第"是動詞,表示"位列""排列"義。

后接基數詞,《史記》裏尤其突出,如:

(1)太傅產、丞相平等言,武信侯呂祿上侯,位次第一,請立為趙王。(《史記·呂太后本紀》)

(2)列侯畢已受封,及奏位次,皆曰:"平陽侯曹參身被七十創,攻城掠地,功最多,宜第一。"(《史記·蕭相國世家》)

(3)關內侯鄂君進曰:"羣臣議皆誤。……蕭何第一,曹參次之。"高祖曰:"善。"於是乃令蕭何"第一",賜帶劍履上殿,入朝不趨。(《史記·蕭相國世家》)

(4)客有說相國曰:"君滅族不久矣。夫君位為相國,功第一,可復加哉?然君初入關中,得百姓心,十餘年矣,皆附君,常復孳孳得民和。上所為數問君者,畏君傾動關中。今君胡不多買田地,賤貰貸以自汙?

① 轉引自李建平:《序數詞"第"產生的時代及其語法化歷程》,《古漢語研究》2014年第4期。

上心乃安。”於是相國從其計,上乃大說。(《史記·蕭相國世家》)

(5)於是孝文帝乃以絳侯勃為右丞相,位次第一;平徙為左丞相,位次第二。賜平金千斤,益封三千户。(《史記·陳丞相世家》)

(6)孝文皇帝初立,聞河南守吴公治平為天下第一,故與李斯同邑而常學事焉,乃徵為廷尉。(《史記·屈原賈生列傳》)

(7)嬰自上初起沛,常為太僕,竟高祖崩。以太僕事孝惠。孝惠帝及高后德嬰之脱孝惠、魯元於下邑之間也,乃賜嬰縣北第第一,曰“近我”,以尊異之。(《史記·灌嬰傳》)

(8)太常令所徵儒士各對策,百餘人,弘第居下。策奏,天子擢弘對為第一。召入見,狀貌甚麗,拜為博士。(《史記·平津侯列傳》)

(9)治敢行,少蘊藉,縣無逋事,舉為第一。遷為長陵及長安令,直法行治,不避貴戚。(《史記·酷吏列傳》)

例(1)(2)(3)(4)(6)是論功排列位次,“第一”可以理解為“排在第一位”。例(5)除了有論功“排在第一”者,還有論功“排在第二位”(“位次第二”)的,可見是按照品級順序排列的,此時“第”還是動詞,其中含有[+順序]義。例(7)因汝陰侯夏侯嬰輔佐劉邦功高、資格老,孝惠帝賜予“縣北第第一”,第一個“第”是名詞“宅第”,第二個“第”是動詞“排列”義,意為“排在第一”,府邸最靠近主上,所以叫“近我”。例(8)(9)因“第一”在係詞“為”之後,和今天我們使用的序數詞“第一”非常相近。尤其是司馬遷在《史記》文末作《太史公自序》,敘述自己治史之初衷,分幾個方面全面闡述,最後一個部分是歷數輔政治邦的人物歷史,從“吳世家第一”“齊太公世家第二”一直到“貨殖列傳第六十九”,最終“序略,以拾遺補藝,成一家之言,厥協六經異傳,整齊百家雜語,藏之名山,副在京師,俟後世聖人君子”。“第七十”,“第+基數詞”表示序數已經形成系列。

“第”若仍是動詞,上例可以看作基數詞作動詞賓語,“第+基數詞”是動賓短語,“動詞‘第’+基數詞”的動賓格式已經形成并趨向固化的例証。上古時期此結構後不加任何成分,常直接在句中作謂語和賓語。趙元任(1968)認為念重輕式的動賓雙音詞“其整個詞語是動——賓以外的東西”,也就是說,重輕式動賓結構複合詞在意義上不是語素的簡單加和,其詞彙化的程度是很高的。[①]“第＋基數詞”的重音在前一個語素“第”上，具有進一步詞彙化的條件。

如果傾向於把“第＋基數詞”看成已經經歷了重新分析、可以類推(analogy)的格式的結果的話，序數詞性前綴“第”在西漢之前已經形成。

2 “第”在中古的發展

中古仍然沿用上古“第”作名詞的“等級、次第”義：

【第序】

(1)(王莽)建言宜立諸侯王後及高祖以來功臣子孫，大者封侯，或賜爵關內侯食邑，然後及諸在位，各有第序。(《漢書・王莽傳上》)

“第序”，即位置次序。

【第目】

(1)是故眾人之明能知輩士之數，而不能知第目之度。(劉劭《人物志・七繆》)

北魏劉昞注：“眾人明者纔知郡國出輩之士而已，乃未識郡國品第之儁。”“第目”也是“等級、次第”的意思。

有時“第目”也用來指書卷次目：

(2)谨为一帙十卷，第目如左，日升松茂，与天地而偕长；壮思英词，随岁月而增广。(劉孝綽《昭明太子集序》)

(3)披尋第目，則先誠臆說；建言肆論，則不覺情遷。(僧佑《弘明集》卷七)

【第秩】

(1)故太保衛瓘本爵蕭陽縣公，既被横禍，及進第秩，始贈蘭陵，又轉江夏。(《宋書・荀伯子傳》)

(2)宸運革命，引爵改封，宋氏第秩，雖宜省替，其有預效屯夷，宣力齊業者，一仍本封，無所減降。(《南齊書・高帝紀》)

“第秩”，指官阶品级。

---

① 參見董秀芳：《詞彙化：漢語雙音詞的衍生和發展》，商務印書館 2011 年版，第 158 頁。

以上“第次”“第目”“第行”“第序”“第秩”都是“名詞＋名詞”的並列結構短語，“第”總是位於詞組前一個詞位。

“第＋基數詞”格式在中古數量巨大，常見於標示書籍卷目。相比於上古，中古的“第”與後面的基數詞關係更加緊密，所能搭配的成分更加寬泛，不僅可以直接用於基數詞前標示卷次，還可以后接名詞、形容詞，意義更加完整。尤其是“第＋一＋名詞/形容詞”，有“最好、最重要”義，“第”和“一”間句法關係淡化，詞彙化(lexicalization)跡象明顯。詳述如下：

2.1 第＋基數詞＋名詞：表序數

【第一鼎】

(1)治之如上科兮，日數亦取甫。先白而後黄兮，赤黑達表裏。名曰第一鼎兮，食如大黍米。自然之所為兮，非有邪偽道。(《周易參同契·法相成功》)

《周易參同契》是道教文獻，據汪啓明考證，作者是東漢齊人。[①] 文中有概念“玄珠”，喻指道教内丹術的初始狀態。“玄珠”練成要藉助“鼎”。《易·鼎》：“鼎，元吉。”鄭玄注：“鼎，法象也。”“鼎”的熬煉過程是：“偃月法炉鼎，白虎为熬枢；汞日为流珠，青龙与之俱。”(《周易參同契·龙虎两弦》)最終：“先白而後黄，赤黑達表裏。”“第一鼎”作為修煉成果的名稱，“第一”作賓語“鼎”的限定成分，構成定中結構。相比於西漢《史記》中的“第一”，這裏的“第一”可以作為整體后接其他成分，結構關係更加緊密。此為中古“第＋基數詞＋名詞”最早例。

【第一弦】

(1)五弦，第一弦為宫，其次商、角、徵、羽。(桓譚《新論·琴道》)

桓譚此為論琴制：“昔神農氏……始削桐為琴，繩絲為弦，以通神明之德，合天地之和焉。琴長三尺六寸有六分，象期之數。厚寸有八，象三六數。廣六寸，象六律。上圓而斂，法天。下方而平，法地。上廣下狹，法尊卑之禮。琴隱長四十五分，隱以前長八分。”(桓譚《新論·琴道》)琴上初制五弦，“宫”位列第一。

---

① 參見汪啓明：《〈周易參同契〉作者新證——從史料鑒別看〈參同契〉為齊人所著》(一)，《周易研究》2007年第1期。

【第一神氣】

(1)帝王,天之子也。皇后,地之子也,是天地第一神氣也。(《太平經・經鈔乙部》)

所謂"神氣","神而無方。上象人君父,無所不能制化,實得道意。""故王者愁苦,四時五行氣乖錯,殺生無常也。"(《太平經・安樂王者法》)

【第一心】

(1)神也者,皇天之吏也。神人者,皇天第一心也。(《太平經・分別九人訣》)

【第一上平氣】

(1)今天第一上平氣且至,故教真人敬四時五行,而令人大小共興用事其神事。(《太平經・敬事神十五年》)

《太平經》中"第一"後加成分類型多,層次豐富,不僅可以后接名詞,形成"第+基數詞+名詞"結構,還可以接形容詞("第一善"),接主謂短語("第一有志者"),接定中式偏正短語("第一堅志士""第一上平氣")。與共時其他傳世文獻相比較,語言現象都嫌早,似已經過後人整理。

【第一術】

(1)乃行第一術,立東郊以祭陽,名曰東皇公。立西郊以祭陰,名曰西王母。(趙曄《吳越春秋・勾踐陰謀外傳》)

【第一區】

(1)元帝即位,徵霸,以師賜爵關內侯,食邑八百戶,號褒成君,給事中,加賜黃金二百斤,第一區,徙名數於長安。(《漢書・孔光傳》)

(2)封豐為廣陽侯,食邑五千戶,以豐為少傅。皆授四輔之職,疇其爵邑,各賜第一區。(《漢書・王莽傳》)

(3)時賢七十餘,為相五歲,地節三年以老病乞骸骨,賜黃金百斤,罷歸,加賜第一區。(《漢書・韋賢傳》)

【第一篇】

(1)應劭曰:"賈生書有過秦二篇,言秦之過。此第一篇也。司馬遷取以為贊,班固因之。"(《漢書・項籍傳》應劭集解)

【第一星】

(1)張揖曰:"搖光,北斗杓頭第一星。"(《漢書・司馬相如傳》張揖注)

(2)後太白入太微西藩第一星,北出東藩第一星,北東下去。(《漢書·天文志》)

【第二子】【第五子】

(1)惟永平七年七月廿一日,漢左將軍特進膠東侯第五子賈武仲卒,時年廿九。(高文《漢碑集釋·賈武仲妻馬姜墓記》)

(2)惲字子幼,敞第二子,初為郎,補常侍騎,擢左曹。(《漢書·王莽傳》)

(3)孝安皇帝諱祜,清河孝王第二子也。(劉珍《東觀漢記·恭宗孝安皇帝》)

【第三弟】【第五弟】【第六弟】

(1)仁,鳳第三弟譚之子,為諫大夫。(《漢書·王莽傳》)

(2)邑,鳳第五弟商之次子。(《漢書·王莽傳》)

(3)立字子叔,鳳第六弟,成帝初賜爵關內侯。(《漢書·王莽傳》)

【第三諦】【第五諦】【第六諦】

(1)第三諦語為何等,不兩舌、不傳語、不惡罵、不妄語。是為諦語。(《八正道經》T02/0112)

(2)第五諦受為何等,是聞有道弟子法求不可非法,飯食床臥病瘦正法求不可非法,是為諦受。(《阿含口解十二因緣經》T25/1508)

(3)第六諦治為何等,生死意共合行所精進行出力因緣行,乃精進不厭意持,是為諦治。(《八正道經》T02/0112)

此皆見於東漢佛經。

【第X樂】

(1)又復菩薩,以土身像,建立眾生,不令國身而有損耗,是第二樂。又其菩薩,隨時變現佛正覺身,現諸聲聞身緣覺之身,非常示現如來之業,是第三樂。又其菩薩,示現聲聞緣覺佛身,巍巍微妙,不着三品法訓,是第四樂。又其菩薩,示現行身,最正覺身,不着身行,亦無所斷,是第五樂也。又其菩薩,現正覺道身之所行,不猗正覺,是第六樂也。又其菩薩,現泥洹界,猗於生死,不着泥洹,是第七樂。又其菩薩,現習生死,又現取滅度,不於泥洹而永滅度,是第八樂。又其菩薩,以常永定,普示眾行,往反周旋,住立經行,不捨三昧,是第九樂。又其菩薩,從一如來,聞說正法,不見沒身,護三昧定,如來道場無央數事各各分別,恕當諸身,其所住處,身無所壞,不亂三昧,從諸如來,聽所說法,這聞法已,則受奉行,三昧正受,不斷啓觀經典之要,與如來俱,不見滅身,一一三昧,御諸行門,入無數定,以是比像,皆盡壞劫,菩薩三昧,未曾窮極定意身門,是為第十娛樂。菩薩住此,逮成如來無上慧樂。(《度世品經》T10/0292)

此皆見於西晉佛經。

【第一夫人】

(1)釋提桓因,不能使須賴妄言便捨去。於是釋提桓因,謂阿須倫女首耶日行王女,識乾執樂第一夫人法。汝等詣國貧須賴動其閑居,試知為審離欲為故服欲不耶。於是首耶阿須倫女日行王女。識乾執樂第一夫人。於冥夜靜時,於須賴所止地之分界,行詣於彼說溫暖甜辭。(《佛說須賴經》T12/0328)

此皆見於東漢佛經。

【第二十八種】【第三十二因緣】

(1)第一五陰盛陰,第二十八種,第三十二因緣行。(《阿含口解十二因緣經》T25/1508)

(2)第三十二因緣者。(《阿含口解十二因緣經》T25/1508)

【第二第三日】【第四日】

(1)答言:"某甲估客家得。"諸比丘聞已即往其家,如是人人往乞行糧都盡。如是第二第三日辦糧,諸比丘隨來乞盡。乃至第四日,辦糧已行不及伴。(《摩訶僧祇律》T22/1425)

"第+基數詞+日"稱時間序數,見於東晉佛經。

據以上所舉可見,"第+基數詞+名詞"表示名詞相關的序數時,"第"與其後的基數詞的關係在中古也變得更加緊密,已經經歷着詞彙化的過程。基數詞從個位數詞到十位、百位,可以成序列表達序數。

2.2 第+基數詞+名詞/形容詞:表"最"義

2.2.1 第+基數詞+名詞

【第一品】

(1)瓜蒂極苦,赤豆味酸,相須相益,能疏胸中實邪,為吐劑中第一品也。(張仲景《傷寒論·瓜蒂散方》)

(2)當時能棊人琅邪王抗第一品，吴郡褚思莊、會稽夏赤松並第二品。(《南齊書·蕭惠基傳》)

例(1)張仲景《傷寒論》:“凡胸中寒熱與氣與飲鬱結為病，諒非汗下之法所能治，必得酸苦湧泄之品，因而越之，上焦得通，陽氣得復，痞硬可消，可和也。”瓜蒂極苦，疏淤滯最佳，故稱為“第一品”。“品”，《説文解字·品部》:“品，衆庶也。從三口。”本義是“人多嘴雜”，引申為數量衆多；由於數量衆多，就會有品級歸類，又引申出“事物的等級種類”義。“第一品”可以理解為瓜蒂作為解鬱止吐的藥劑，藥效明顯，可以歸為位列第一，是最有效的一類。組合“第一”已産生“最好”“最優”“最重要”的意義，已走上詞彙化的道路。

【第一禪】

(1)彼第一禪已舍五種，隨正五種，已舍五種為何等。(《陰持入經》T15/0603)

(2)賢者但學第一禪者，佛説自知是受是法諦，不自譽不自憍不欺余，是賢者法。(《是法非法經》T01/0048)

(3)或時比丘，有二禪德，或有三禪德，或有四禪德，如第一禪説，是賢者法。(《是法非法經》T01/0048)

“第一禪”，佛法中參禪悟道最重要的部分，見於東漢至西晉佛經。不僅有“第一禪”，還有“第二禪”“第三禪”，這裏是次序義了：

(4)數息以為隨第二禪。何以故，用不待念故為隨第二禪也。數息為不守意，念息乃為守意。息從外入息未盡息在入意在盡識在數也。十息有十意為十絆，相隨有二意為二絆，止為一意為一絆，不得息數為惡意不可絆，惡意止乃得數。(《佛説大安般守意經》T15/0602)

(5)生四王天上乃至第六天中，因是布施得第一禪上至四禪空無形禪。(《放光般若經》T08/0221)

(6)一切衆生皆得同志，相視如父如母如兄如弟。等行十善淳修梵事，無有瑕穢澹然快樂，譬如比丘得第三禪。(《放光般若經》T08/0221)

“第一＋名詞”是表“次序”義，還是表“最重要、最好”義，是由上下文語境決定的。

【第一流】

(1)桓大司馬下都，問真長曰:“聞會稽王語奇進，爾邪?”劉曰:“極進，然

故是第二流中人耳。"桓曰:"第一流復是誰?"劉曰:"正是我輩耳。'"(劉義慶《世說新語・品藻》)

"第一流",第一等。"流",《說文解字・林部》:"㳅,水行也。從林㐬。㐬,突忽也。"本義為描摹水急速湧動流淌。河流都有不同的分支和流向,引申指"分支部分",又引申指"品類等輩"。《漢書・敘傳下》:"羣焉紛亂,諸子相騰,秦人是滅,漢修其缺,劉向司籍,九流以別。""九流",顏師古注引東漢應劭曰:"儒道陰陽法名墨縱横雜農,凡九家。""九流"就是"九類九等"。"第一流"乃"第一等"。

【第一尊】

(1)舍利弗言,善哉須菩提,於法中第一尊。(《道行般若經》T08/0224)

"第一尊","第一尊位"義,見於東漢佛經。《說文解字・酋部》:"尊,酒器也。從酋,廾以奉之。"名詞。段玉裁注:"凡酌酒者必資於尊,故引申以為尊卑字。……自專用為尊卑字,而別制罇、樽為酒樽字矣。"

2.2.2 第十基數詞十形容詞

【第一善】

(1)此第一善得天之壽也。安居閑處,萬世無失。(《太平經・守一明法》)

(2)上第一善者,去其邪辭,以為洞極之經,名為天洞極政事,迺後天地之病,且悉除去也。(《太平經・拘校三古文法》)

【第一大功】

(1)能人人為之,乃選取其中第一大功者悉聚之,大有功者署其位,小有功者賞賜之,天下人莫不欲為之。(《太平經・不用大言無效訣》)

【第一貴子/女】

(1)帝王尸上皇天之第一貴子也,皇后乃地之第一貴女也。(《太平經・闕題》)

汪維輝(2007)認爲"第一"用以表"程度最深,最重要"例較早出現於《齊民要術》。

【第一好】

(1)釀菹者,後年正月始作耳,須留第一好菜擬之。(賈思勰《齊民要術・蔓菁》)

(2)常以正月二月預收乾牛羊矢煎乳,第一好:草既灰汁,柴又喜焦;乾糞火軟,無此二患。(賈思勰《齊民要術・養羊》)

(3)牛羊脂為第一好,豬脂亦得。(賈思勰《齊民要術·塗甕》)

(4)收水法,河水第一好;遠河者取極甘井水,小鹹則不佳。(賈思勰《齊民要術·作醬》)

(5)作魚醬法:鯉魚、鯖魚第一好;鱧魚亦中。(賈思勰《齊民要術·作醬》)

(6)膾魚,肉裏長一尺者第一好;大則皮厚肉硬,不任食,止可作於鮓魚耳。(賈思勰《齊民要術·八和齏》)①

筆者於西晉竺法護譯經中找到"第+基數詞+形容詞"表示"程度最深,最重要"的例句:

【第一清靜】

(1)獲道得寶,第一清淨,無復諸漏,長夜所習,戒禁定意,執誼將護,世雄唱導,今日有獲。(《正法華經》T09/0263)

此指得道後,心思最清淨。

【第一英妙】

(1)此諸比丘,當興精進,第一英妙,諸仁當志,一切敏慧,菩薩典法,無有滅度,我常發求。(《正法華經》T09/0263)

此指求法學習過程中,努力精進,是最好的。

【第一安穩】

(1)即為示說,善哉快言,暢現妙寶,教化令度,其人適見,第一安隱,蒙寶之恩,獲致於斯。(《正法華經》T09/0263)

此指受佛法護佑,最安穩。

【第一明】

(1)現在為慧父,以遠有無際,則為一切智,於慧第一明,嗟入無着行,遵敬歡悅世。(《度世品經》T10/0292)

此指修為佛法,舍非去惡,會在智慧上最明白。

以上"第+基數詞+形容詞"結構,"第"與"基數詞"之間已經詞彙化(lexicalization)為一體,表示完整的"程度深、最重要"的意義。

---

① 轉引自汪維輝:《〈齊民要術〉詞彙語法研究》,上海教育出版社2007年版,第190頁。

3 小結

從語言資料看,序數詞性前綴"第"應形成於西漢。"第"本是表示"次第"義的名詞,後可以充當動詞,語法化為僅標示次第的虚語素。這個過程中,結構是演變條件和機制。"第"在語法化過程中,與其後接的基數詞結構經歷重新分析,句法層性脱落,結構關係更加緊密。

上古時期動詞性的[＋次第]特徵的脱落是關鍵變化,脱落了[＋次第]義,"第＋基數詞"結構就不再是動詞與賓語的關係,動詞加賓語的動賓句法關係得到了消解,走上詞彙化道路。中古時期的"第＋基數詞"不僅像上古一樣可以直接作謂語和賓語,還可以搭配其他成分,搭配面更加寬廣。

在中古發展出表示"最好""最重要"的意義。"第一＋名詞"表示"最"義是在東漢,"第一＋形容詞"表示"最"義當在東漢至西晉時。新的整體意義的產生,在詞與詞的組合意義的基礎上產生不可分割的"特異性"的詞化意義[①],可以看作"第一"在表示"最好""最重要"的意義上具備了單詞的功能和意義,完成了詞彙化。

① 参見吳長安:《"第二"的詞彙化意義》,《中國語文》2006年第2期。

附録　序數詞性前綴“第”在中古的發展

意義	結構	例詞	書名										
			《周契》①	《新論》	《太平》	《漢書》	漢碑集釋	《傷寒論》	陰持人經	竺法護譯經	《世說》	《道行》	《齊民要術》
序數義	第+基數詞+名詞	第一鼎	1										
		第一弦		1									
		第一區				3							
		第一星				2							
		第五子					1						
		第三/五/六弟				3							
最好的、最重要的	第+一+名詞	第一品						1					
		第一禪							1				
		第一流									1		
		第一尊										1	
	第+一+形容詞	第一善			3								
		第一好											6
		第一明/清靜/英妙/安穩								4			

① 表格中使用書籍省稱:《周契》即《周易參同契》,《太平》即《太平經》,《世說》即《世說新語》,《道行》即《道行般若經》。

第9章 結　語

1 中古詞綴判定標準總結

1.1 名詞性前綴"老"

中古時期名詞性前綴"老"的結構基礎是"前綴語素'老'+詞根語素"，這個結構是由"修飾性詞根語素+詞根語素"的偏正式重新分析而來的。在這個過程中，詞綴源語素"老"經歷了語法化，演變為虛語素，成為一個名詞性前綴屬性的功能標記。在此基礎上，才可能產生基於共有格式的一小類一小類的類推，實現"老"族派生詞的能產性。

名詞性詞綴語素"老"語法化的過程，從意義角度看是"老"詞義引申過程中區別性特徵[+年齡老]由強變弱的過程。同時，在形成派生詞的過程中，"老"體現出了與詞根語境的互動關係：一方面，區別性特徵[+年齡老]是對比的結果，需要預知談話對象的年齡，比如"老李"和"小王"，只有相對說時，"老"才有[+年齡老]的詞義成分。另一方面，"老"放在基數詞前表年齡，"老二"比"老三"大，"老三"比"老二"小的意味是詞根賦予的，數量小的數字表示先出生，年齡自然就大，數量大的數字表示後出生，年齡自然就小。"老"本身沒有大小義。只有"老"沒有了[+年齡老]的語義特徵，并基於格式"修飾性詞根語素+詞根語素"形成"前綴語素'老'+詞根語素"的類推，才能看作實語素"老"語法化為前綴語素"老"。

前綴語素“老”所成派生詞一般只用於生活環境,帶有“平易親切”的附加意義。

1.2 名詞性後綴“子”

確定名詞性後綴“子”的標準為:

第一,在本書的“$子_1$”“$子_2$”“$子_3$”中,從表示人物身份/職業的“$子_3$”已經進入虛化的軌道,既不同於真詞綴,多少還帶有原來的詞彙意義,也不同於原來的實語素,因為它已不再含有[+小]義素。把“$子_1$”“$子_2$”“$子_3$”處理為“類詞綴”更妥當些。

第二,真正的名詞性後綴是“$子_4$”“$子_5$”。也就是當所成的派生詞不再具有[+有生命]義時,這個詞即為派生詞。

第三,“子”綴派生詞的虛化結構基礎是上古的偏正式短語,即王力先生所說的仂語。

第四,語音方面,王力先生認為,最初的“子”不一定念輕聲,至少是可輕可重的。由於輕聲是後起的語言現象,所以,中古的“子”不念輕聲,是自成音節的。

1.3 代詞性後綴“馨”

代詞性後綴“馨”是“㲽”的假借字,假借是其形成中古漢語獨有的代詞後綴的機制。代詞性後綴“馨”在中古形成“寧馨”“如馨”“爾馨”“如鬼手馨”“老婢馨”“生母狗馨”等六個派生結構,可以充當定語、謂語或賓語。“馨”的使用還存在語言環境的限制,幾乎全部出現在《世說新語》裏,之後在歷史文獻裏又再無蹤跡,如段玉裁所說“隋唐後則又無馨語”。那麼產生這種現象的原因只可能跟作者有關係,也就是說,“馨”是作者方言裏的詞綴。

1.4 序數詞性前綴“第”

序數詞性前綴“第”形成於西漢,其形成過程是,在意義上“第”本是表示“次第”義的名詞,後可以充當動詞,語法化為僅標示次第的虛語素。在這個過程中,結構是演變條件,上古時期動詞性的[+次第]特徵的脫落是關鍵變化。形成的機制是“第”語法化過程中,與其後接的基數詞結構,經歷重新分析,句法屬性脱落,結構關係更加緊密。中古時期的"第+基數詞"不僅像上古一樣可以直接作謂語和賓語,還可以搭配其他成分,搭配面更加寬廣。

中古發展出表示"最好""最重要"的意義,"第一+名詞"和"第一+形容詞"表示"最"義的時間分别在東漢和東漢至西晉時。新的整體意義產生,可以看作"第一"在表示"最好""最重要"的意義上具備了單詞的功能和意義,完成了詞彙化。

2 詞綴化的基礎和機制

詞綴化首先需要結構基礎。漢語實詞語法化為詞綴,定位是很重要的先決條件,句法位置相鄰成分界限模糊,就可能發生重新分析。格式固定,結構義固定以後,就可以通過類推創造新詞,如"子"充當器物名稱後綴,直至"一把子",都屬類推作用的結果。

語法化的過程,從語義角度講,是詞綴源語素義由詞彙意義強引申為功能意義強的過程。引申是基於人的認知聯想功能對詞義演變的再歸類。修辭作為言語實用中約定俗成的前階段,不僅注意到了事物相互間的象似性,而且又分出了對客觀事物關係判斷"相似"和"相關"的不同。名詞性後綴"子"就是從本義的"嬰兒"通過借代引申、擬人引申、借喻引申等修辭手段,在偏正式結構中演變為詞綴的。根據本書的整理,在詞綴化的過程中,修辭機制通常較早起作用,重新分析和類推是較晚運作的機制。

3 漢語詞綴判定標準再議

3.1 意義標準

語義標準:距離本義最近的意義較虛的引申義是其虛化的起點。由前文分析可見,詞綴義雖然漸漸虛化,但是它的諸多引申義仍然受其本義制約。核心義素是區分詞綴語素演變的標準,也是區分一個詞綴若干個意義的標準。

只有所結合的詞根語素含有類屬性質,詞綴本身也能歸納出類屬義素的詞綴才具有明確的範疇化作用,也只有這種詞綴才能用語法化的類推去解釋。比如,先秦大夫稱“家”→門客聚集→學派稱家→從事某專業的人稱家→“大姑娘家”“小孩子家”(某一類人)。有的學者不認為“雜家、縱横家”等的“家”是詞綴,認為“肺家、心家”等中醫内臟名才是詞綴。這裏恐怕是真詞綴和類詞綴的關係問題。也就是這是兩個“家”,區别在於程度不同。引申的中間狀態,就是研究史上一直存在爭議的地方,是類詞綴與真詞綴的分野。

3.2 功能標準

因為部分派生詞是短語詞彙化而來的,派生詞義是一個整體,所以,原來的語法形式如果是可以分析的短語,那麼這個詞就是派生詞。因此,叫“附加”就與派生詞的歷史發展實際情況不太吻合,詞綴不是“附加”在詞根上“無義”的語言單位,更不是羨余成分,叫“派生”更合適。

詞綴源語素的功能是明確而有限的,這也是為什麼派生詞多是名詞、形容詞、副詞、序數詞,很少其他詞性。詞綴的定位性,是由它本身的語法功能決定的。制約搭配能力的因素,取決於詞綴範疇意義與詞根意義指向的一致性。

3.3 語音標準

基於以上兩條標準和意義的完整性功能的完備性,詞綴和詞根當在同一個音步。

4 漢語詞綴的特點

4.1 詞綴有語義範疇特徵

最早提出漢語詞綴有語義範疇特徵的,是東漢的劉熙。劉熙《釋名·釋形體》:“瞳子:瞳,重也,膚幕相裹重也。子,小稱也,主謂其精明者也。或曰眸子,眸,冒也,相裹冒也。"[①]"瞳子""眸子"都是派生詞。因為這裹的"子"已經不是"瞳之子""眸之子"。"瞳""眸"是沒有"兒女稱子"之"子"的意義的。"瞳子"就是"瞳","眸子"就是"眸","瞳""眸"與"子"已融合為一個概念。劉熙總結,"瞳子""眸子"之"子",是"小稱"義。"小稱"義就是泛指個頭比較小的事物的意義,是在"瞳子""眸子"一類派生詞中,詞綴"小"所擔負的語義範疇的特徵意義。

"子"作為詞綴,與不同的詞根搭配,有不同的來源。如:動物來源於幼崽稱"子",如"兔子""狗子""(馬)駒子"。植物來源於種或苗稱"子",如"種子""苗子""芽子"。和人有關的來源於人之兒女稱"子",如"孩子""男子""女子""妻子"(注意,"妻子"有語義上的來源,還有結構上的來源,兩者不同)。無生命物稱"子",應當來源於上述詞綴"子"的共同範疇特徵義。劉熙指出"子"作為詞綴,有"小稱"範疇特徵義,意義重大,具有普遍性。在現代漢語中,"子"作詞綴有五種類型[②]:

(1)名詞+子。例如:桌子、帽子、橘子、罎子、命根子;刀子、旗子、廠子、門簾子、新娘子。

(2)量詞+子。例如:本子、片子、個子、份子、團子、根子。

(3)形容詞+子。有三小類:

A. 形容詞指人的生理特徵,多含不尊重意。例如:胖子、瘦子、麻子、瘋子、聾子、瞎子、禿子、傻子。

B. 人的小名,或飼養的狗、貓等動物的名字。例如:小順子、二柱子、黑子、黃子。

C. 指事物,個別的指人。例如:亂子、辣子、單子、(扎)猛子、(抽)冷子、(鑽)空子、(賣)關子,業務尖子。

(4)動詞+子。例如:推子、滾子、鉗子、剪子、梳子、鈎子、拍子、彎子、騙子、挑子、(打)擺子。

(5){名+動}+子。例如:燈罩子、鞋拔子、筆洗子。

這五種類型中的派生詞,除"廠子"外,個頭都不大,在語義上大都與"小稱"有關。所以"子"作為名詞後綴,正如王力先生所說:"小稱就是它的詞尾

---

① 轉引自王先謙:《釋名疏證補》,上海古籍出版社 1984 年版,第 107 頁。

② 參見呂叔湘:《現代漢語八百詞》,商務印書館 1980 年版,第 623 頁。

化的基礎。"①

詞綴的範疇特徵義,是漢語詞綴最重要的特徵,也是詞綴研究最重要的內容。遺憾的是,劉熙之後,詞綴範疇特徵義研究少了,大多被"不為義""無義"所代替。直到元代,盧以緯著《助語辭》,才重新重視詞綴的範疇特徵研究。例如"然":

> 訓"如是"曰"然"。"以為然""然之",皆是許其如此。……若云"儼然""然""盼盼然""然",卻是形容之語助,實有"恁地"(即"這樣"——本書作者注)之意。"滹爾"之"爾"字,"翕如"之"如"字,"沃若"之"若"字,義皆類此。②

"仂語凝固化",一般要有凝固條件。凝固條件大致有兩個方面,一是語法位置,二是關涉成分,是漢語詞綴形成最重要的兩個因素。如"子弟""子息"之"子"不可能凝固為詞綴,因為它的語法位置在"弟""息"之前,不符合後綴語法位置的要求。"次子""王子""天子"之"子"在"次""王""天"之後,雖然符合綴化的語法位置,但是,關涉成分"次""王""天"的語義不允許"子"義虛化。因為"次子"與"長子"對立,"王子"與"王"對立,"天子"與"天"對立,如果"子"義虛化,就打亂了語言的系統性。而"妻子""孩子""男子""女子"之"子"的綴化,則既符合語法位置的要求,也符合關涉成分的要求。符合語法位置要求不必解釋,符合關涉成分的要求是指"妻""孩""男""女"都是常用詞,在複音詞逐漸增多的語境下,許多時候要求用複音詞表達,最方便的造詞方式就是使"妻子""孩子""男子""女子"之"子"語義虛化。動物之幼者、植物之幼者的"子",也是走了這條道路。到無生命物用"子"作為詞綴造詞的時候,就是批量的類推了。

4.2 單音詞的詞綴化是漢語詞彙複音化的手段

在《爾雅·釋獸》中,兔之子稱"兔子",豕之子稱"豕子",狸之子稱"狸子",是"子"詞綴化的結構前提,並由此發展出之後產生複音詞的萌芽。"春秋戰國時期開始并加快了詞的複音化的進程……結構造詞是漢語複音化的

① 王力:《漢語史稿》,科學出版社1957年版,第226頁。

② 盧以緯:《語助辭》,黃山書社1985年版,第19～20頁。

必然結果。"[①]詞綴、派生詞的產生和發展,是漢語詞彙複音化道路上的主要手段之一。最早認識到這個問題的是漢初經學家毛亨。

毛亨在為《詩經・大雅・文王》"有周不顯,帝命不時"作傳時說:"有周,周也。"把"有周"看作與"周"是同一個概念,是"周"的複音化。唐代經學家孔穎達正義說:"以'周'文單,故言'有'以助之。《烝民》曰'天監有周',《時邁》曰'昭昭有周',皆同也。"孔穎達進一步把"有"視為"以'周'文單,故言'有'以助之"成為複音詞的具有普遍意義的成分,也就是認識到名詞前綴"有"是把單音詞"周"變為複音詞"有周"的手段。

4.3 詞綴共時研究與歷時研究的差異

同一種語言現象,共時研究與歷時研究所得結論往往有差別。共時研究得出的是同一時段內的共同規律,帶有普遍性。歷時研究得到的是更長時間內的演變規律,帶有個體特徵性。凡是具有歷史性的語言問題,這兩種方法往往是缺一不可的。漢語詞綴的研究也是這樣。

例如,現代漢語共時研究中,一般認為"富於""難於""善於""長於""忙於"是附加式,是形容詞加後綴"於"變為了動詞,"於"是同一個詞綴。[②] 這基本上道出了"於"在共時平面上的特徵。但是,如果進行歷時的考察,就會發現這些共時特徵未必確切。它們不是附加而是仂語的凝固化,不是"於"使形容詞變成了動詞,而是本來就是形容詞活用為動詞,幾個"於"也不完全是同一個詞綴。例如"富於":

(1)天下初定,悼惠王富於春秋,參盡召長老諸生,問所以安集百姓,如齊故俗。(《史記・曹相國世家》)

(2)陛下富於春秋,纂承大業,諸舅不宜干正王室,以示天下之私。

李賢注:"春秋謂年也。言年少,春秋尚多,故稱富。"(《後漢書・樂恢傳》)

(3)韋生富春秋,洞澈有清識。(杜甫《送韋諷上閬州錄事參軍》)

(4)憶當年,周與謝,富春秋。(張孝祥《水調歌頭・和龐佑父》)

(1)(2)中形容詞"富"本來就活用為動詞,意思是"富有"。介詞"於"的

---

① 馬真:《先秦複音詞初探(續完)》,《北京大學學報》1981年第1期。

② 參見丁聲樹:《現代漢語語法講話》,商務印書館2002年版,第220頁。

作用是介紹出“富”的物件“春秋”。“於”介紹的物件,與“富”的物件都是“春秋”,即年齡。所以,“富於春秋”可以說成(3)(4)“富春秋”,即富有年齡,也就是年輕。“富於春秋”,語法上是述補結構。但是,說話或閱讀的時候,受漢語複音化的影響,音步不是“富——於——春秋”,而是“富於——春秋”,使介詞“於”發生了音步移位,於是產生“富於”不完全仂語,仂語的凝固化就成為複音詞。

“有困難,不容易”的意思,最先用的是“難以”,例如三國魏鍾會《檄蜀文》有:“而巴蜀一州之眾,分張守備,難以禦天下之師。”到清代,出現“難於”,例如《兒女英雄傳》第二十五回:“安老爺一愁姑娘難於說話,二愁姑娘夜長夢多。”“難以”“難於”並用,“於”相當於“以”,與“富於春秋”中的“於”不同。但是,“難於”形成複音詞的路線與“富於”是共同的。“善於”“長於”“忙於”的成詞過程也跟“富於”差不多。所以從歷時的角度考察漢語詞綴的形成,從而考察漢語詞綴的特徵,有着特殊的價值和意義。

4.4 由語法特徵和關涉成分決定

漢語詞綴部分來源於“仂語凝固化”中的虛語素。類推,一般是在格式和詞綴成熟之後才有可能。下面以“子”綴為例加以說明。

“子”綴有四個來源:一是人之幼者,二是動物之幼者,三是植物之幼者,四是無生命者。

來源1:“子”綴來源於人之幼者。“子”本義是人的“幼兒”“子女”。如“子弟”“子息”“次子”“王子”“天子”“妻子”“孩子”“男子”“女子”等。

其中,“妻子”“孩子”“男子”“女子”成為派生詞。“妻子”本指妻和子,是並列結構。如《孟子·梁惠王上》:“必使仰足以事父母,俯足以畜妻子。”“妻子”與“父母”相對,指“妻和兒女”。但是,《詩經·小雅·常棣》:“妻子好合,如鼓瑟琴。”這是勸兄弟要與妻和睦相處的,“妻子”指“妻”,是派生結構。所以,向熹認為“妻子”是派生詞。[①]

“孩子”指小孩、兒童,是並列結構。如《墨子·明鬼下》:“播棄黎老,賊誅孩子。”“孩子”與“黎老”相對,是同義詞複用形成的複音詞。但是,王充

① 參見向熹:《詩經詞典》,四川人民出版社1986年版,第342頁。

《論衡・本性》:“孩子始生,未與物接,誰令悖者?”“孩子”單用,是“孩”與“子”的並列結構還是派生結構,就不容易判定了。現代漢語中,“孩子”讀為“hái・zi”,“子”為輕聲,顯然是派生結構。由此上推,只要沒有對文說明它是並列結構,就可以認為是派生詞了。所以,《論衡・本性》“孩子始生”中的“孩子”,應當認為是派生結構。

“男子”本來指男性的孩子,“女子”本來指女性的孩子,都是偏正結構。如《詩經・小雅・斯干》:“乃生男子,載寢之床……乃生女子,載寢之地。”其中的“男子”“女子”就是這個意思。但是,《爾雅・釋親》:“男子先生為兄,後生為弟。”又,“男子謂姊妹之子為出”。其中,“男子”只能理解為“男孩”,是派生結構。如果理解為“男性之子”,就迂屈了。又如《爾雅・釋親》:“從母之男子(男性之子)為從母舅弟,其女子子為從母姊妹。”“女子子”與“男子”相對,其中,前者“女子”與後者“男”相對,“女子子”之後“子”是實詞,之前“女子”是派生詞。又,“女子同出,謂先生為姒,後生為娣”,“女子謂兄之妻為嫂,弟之妻為婦”,“女子子之夫為婿”。“女子”是派生詞。

派生詞“妻子”“孩子”“男子”“女子”,是由仂語“妻子”“孩子”“男子”“女子”演變來的。因為出現很早,不可能是類推的結果。演變過程中“子”的“孩子,兒童”義逐漸磨損,同時也失去與詞根的或者並列、或者被修飾關係,最後語義上變為名詞的標記,結構上變為對詞根的依附關係,從而也改變了原來仂語的意義,產生一個新詞。聯繫下面要討論到的其他類型,“子”的“幼兒”“子女”義,是比較容易磨損的。

來源 2:“子”綴來源於動物之幼者。由“子”構成的表示動物的派生詞,都來源於動物之幼者。動物之幼者稱“子”,例如《爾雅・釋魚》:“鯤,魚子。”揚雄《方言》卷八:“豬……吳揚之間謂之豬子。”又,“雛雞,徐魯之間謂之秋子”。《說文・免部》:“娩,兔子也。”《說文・隹部》:“雛,雞子也。”

動物之幼者稱“子”,“子”仍然是幼子義。魏晉以後,很多個子小的動物都可以稱“子”了。這時候,“子”已經成為動物名詞後綴。這種後綴應該是類推出來的。類推的條件是“動物個子小,或者是年齡小”。例如,郭璞《爾雅・釋蟲》“蠨蛸,長踦”注:“小蜘蛛長腳者,俗呼為喜子。”郭璞《爾雅・釋魚》“鮥,叔鮪”注:“建平人呼鮥子,即此魚也。”郭璞《爾雅・釋魚》“鱊鮬,鱖鯞”注:“小魚也,似鮒子。”郝懿行義疏:“鮒,今之鯽魚。”郭璞《爾雅・釋魚》

“鮅，鱒”注：“似鯶子，赤眼，今草魚。”郭璞《爾雅·釋魚》“科斗，活東”注：“蝦蟆子。”郭璞《爾雅·釋魚》“豨，豶”注：“俗呼小鱝[①]豬為豨子。”郭璞《爾雅·釋蟲》“蛄䗐，強蛘”注：“今米穀中蠹，小黑蟲是也。建平人呼為蛘子。”

來源3：“子”綴來源於植物種子幼芽。例如，郭璞《爾雅·釋木》“劉，劉杙”注：“劉子，生山中，實如梨，酢甜核堅。出交趾。”《蜀本圖經》：“生水中，葉大如荷，皺而由刺，葉子如拳大，形似雞頭，實若石榴，皮青黑，肉白如菱米。”

魏晉以後，很多個頭小的植物都可以稱“子”了。這時候，“子”已經成為植物名詞後綴。這種後綴應該是類推出來的。類推的語義條件是“植物個頭小，或者是年齡小”。

來源4：“子”綴詞稱無生命物。“子”綴派生詞一旦用於指稱無生命物，“子”就徹底完成了綴化過程。因為“子”脫離了它原本的與生命有關的意義，進入比較單純的語法範疇特徵意義。不過，這時“子”仍然有意義。劉熙《釋名·釋形體》說：“瞳子：瞳，重也，膚幕相裹重也。子，小稱也……”“子”綴用於無生命物時，往往指稱個頭小弱的事物。“小稱也”成為無生命的“子”綴詞的最重要的範疇特徵。例如，揚雄《方言》卷五：“瓬瓭甒㽉甀䍃甑甕瓺㼚甈，罌也。靈桂之郊謂之瓬，其小者謂之瓭。周魏之間謂之甒。”郭璞注：“今江東亦呼罌為甒子。”揚雄《方言》卷九：“車枸簍，宋魏陳楚之間謂之筱。”郭璞注：“今呼車子弓為筱。”《後漢書·王符傳》：“且其徒禦僕妾，皆服文組彩牒，錦繡綺紈，葛子[②]升越，筩中女布。”李賢注：“子，細稱也。”《古詩為焦仲卿作》：“卻與小姑別，落淚如珠子。”

“甒子”“車子”“葛子”“珠子”都有“小稱”（“細稱”也是小稱）範疇特徵。從這個角度看，“子”作為詞綴實際又可以有4個，即“$子_1$”“$子_2$”“$子_3$”“$子_4$”。

“子”綴“小稱”範疇特徵具有普遍意義。劉熙指出“子”作為詞綴，有“小稱”語義範疇特徵義，意義重大，具有普遍性。“子”作為名詞後綴，正如王力先生所說：“小稱就是它的詞尾化的基礎。”[③]

有關漢語詞綴的形成，儘管各個詞綴形成的具體條件不同，但在“仿語凝

① 小鱝(fèn)：一種游泳活潑的鰩類魚的通稱。

② 葛子：指用芭蕉纖維織成的細布。

③ 王力：《漢語史稿》中冊，科學出版社1957年版，第226頁。

固化”過程中，某個成分能否綴化，語法位置、關涉成分是最重要的兩個因素。

本書試圖在如下幾個方面探討漢語詞綴的形成和特點：

在老一輩學者關於詞綴的研究成果和漢語詞綴已有的研究基礎之上，依據語言材料所呈現的漢語詞綴的實際歷史面貌加以客觀描寫，力求描寫過程和結論平實可靠。

描寫的重點是詞綴、詞素義、派生詞義、結構義以及整個派生詞義。回到歷史，觀察語言演變實景。通過描寫和歸納，可以觀察到，每一個詞綴和派生詞的來源基礎和形成機制都不一樣，例如，名詞性前綴“老”是經由語法化形成的，名詞性前綴“子”是認知機制並部分地受到修辭因素的推動形成的，中古特有的代詞性後綴“馨”的形成有方言和假借字因素的影響，序數詞性後綴“第”是詞彙化機制形成的——由此，漢語詞綴在共性之下，實又有差異。每一個詞綴需要區別對待，一個一個地描寫、研究。

語言材料也可表明，每一個派生詞都有自己形成的歷史角度，研究過程中需站在詞彙和語法接口的角度，共同觀照。並且，這些歷史詞彙的詞彙—語法接口，是每一個詞綴在歷史上的不同時期形成的。本文逐個進行了描寫、歸納、解釋，追溯了其歷史來源，明確了其形成的時代坐標。

附錄 各家詞綴判定標準

作者（時間/年）	詞彙意義	語法意義	語音弱化	定位性	能產性	其他特徵	前綴		後綴		其他	出處
							名稱	例子	名稱	例子		
呂叔湘（1942/1982）	不很明顯			“頭”最固定……“子”也相當穩定					詞尾	子、兒、頭；的；然、焉、乎、爾、如	①有些名詞加與不加詞尾，意義不同；②有些名詞加“子”或“兒”無甚區別	《中國文法要略》，商務印書館1942年初版，1982年再版
王力（1944/1984）		表示語法性質							記號	子、兒、頭、們、了、着	新增記號，相當於西方的詞頭、詞尾：化、性、度、品、示。實際是翻譯標準	《王力文集·中國語法理論》，山東教育出版社1944年初版，1984年再版
孫常敘（1956）					靈活能產的造詞方法		前綴	阿、老、第、初	後綴	者、家、兒	詞根像是限定結構的被限定成分，這樣有相同詞綴的詞構成一個詞族	《漢語詞彙》，商務印書館1956年版

续表

作者(時間/年)	詞彙意義	語法意義	語音弱化	定位性	能產性	其他特徵	前綴		後綴		其他	出處
							名稱	例子	名稱	例子		
王力(1957)		①加在詞根前的附加成分叫“詞頭”;②添加在詞根後的詞綴叫“詞尾”					詞頭	老、阿、第、有、爰、曰、言、聿、遹、越、薄、所、其	詞尾	子、頭、化、然、地、品、性、度、得、如、然、而、爾、若、耳、地;(墨)錠、(官)員、(船)只;們;思、止;得、了、着;底、地、的;上;疊音	“了”和“着”不是詞尾而是形尾	《漢語史稿》(上、中、下),科學出版社1957年版
陸志韋(1957)			“兒”不成一個音節;“們”“子”“頭”“的”一般是輕音				前置成分	老、第、小	後置成分(一些語法學者所謂“詞尾”)	兒、子、頭、們、的、着、了、過、得	類乎後置成分的東西:者、家、化、個、拉、騰、巴、來、然、乎	《漢語的構詞法》,科學出版社1957年版
崔複爰(1957)		是詞類的標記								子、兒、頭、巴、化、度、麼、性、者、家	此類構詞法叫“綴合式”	《現代漢語構詞法例解》,山東人民出版社1957年版
高名凱(1957)	(“阿母、阿父”的“阿”)表示某種感情						前加成分	阿、老	後加成分/詞尾	頭、子、兒、者	“阿姨”的“阿”不同于“阿母”的“阿”,因其構造有新的意義的詞	《漢語語法論》,科學出版社1957年版

续表

作者(時間/年)	詞彙意義	語法意義	語音弱化	定位性	能產性	其他特徵	前綴		後綴		其他	出處
							名稱	例子	名稱	例子		
周祖謨(1959)	沒有詞彙意義	只有語法意義					前加成分	第、初、老、被、非	後加成分	子、兒、頭、巴、麼、然、乎、家、者、化、性		《漢語詞彙講話》,人民教育出版社 1959 年版
丁聲樹(1961)	有時候表示好惡的不同,如:“好心眼兒、壞心眼子”	改變詞性	“子”作詞尾總是輕讀的				詞頭	第、老、打、自、相、反	詞尾	兒、子、頭、者、家、們、性、化、得、於、了、着、的		《現代漢語語法講話》,商務印書館 1961 年版
周法高(1961)						附著性緊	前附語	有、夫、於、勾、子、阿、老、其、斯、思、爰、曰、言、於、聿、遹、越、薄	後附語	父、甫、斯、也、子、兒、頭、然、若、如、爾(耳)、而、斯、其、焉、乎、諸、兮、馨	中附語:之	《中國古代語法·構詞編》,中央研究院歷史語言研究所 1961～1962 年版
胡裕樹(1962)	①表示某種附加意義;②意義比較抽象概括	有時僅表示語法意義				具有類化作用(即新詞或是名詞性的,或是形容詞性的)	前綴	老、阿、可、反、非、泛、超	後綴	子、兒、頭、性、者、員、家、手、化	類似中綴的成分“里”“得”“不”	《現代漢語》,上海教育出版社 1962 年版

续表

作者（時間/年）	詞彙意義	語法意義	語音弱化	定位性	能產性	其他特徵	前綴		後綴		其他	出處
							名稱	例子	名稱	例子		
趙元任（1979）	失去詞彙意義	有語法作用					前綴	阿、老、第、初	後綴	者、然、來、人、師、士、親、夫、家、心、性、錢、氣、和、騰、是；兒、子、頭、巴、們；了、着、起、來、過、下、去、法（子）；的；麼、價、個、乎、的、慌、不、唧、的、唏、唏（的）	新興後綴（即"准後綴"）：化、的、性、論、觀、率、法、界、炎、學、家、員。漢語裏中綴很少，如"糊里糊塗"的"里"，"酸不溜溜"的"溜"，"看得見""看不見"的"得"和"不"	《漢語口語語法》，商務印書館1979年版
呂叔湘（1979）		附著物件不僅是詞根或詞，還可以是短語			語綴有能產、不能產的分別		前綴	阿、第、初、老、小	後綴	子、兒、頭、巴、者、們、然	不稱為詞綴而總稱為"語綴"，可以概括不僅是詞的而且是短語的接頭、接尾成分，連那些不安於位的助詞也不愁沒有地方收容了	《漢語語法分析問題》，商務印書館1979年版
							類前綴	可、好、難、准、類、亞、次、超、單、多、不、無、非、反、自、前、代	類後綴	員、家、人、民、界、物、品、具、件、子、種、類、別、度、率、法、學、體、質、力、氣、性、化；了、過、的；似的；的話		

续表

作者（時間/年）	詞彙意義	語法意義	語音弱化	定位性	能產性	其他特徵	前綴		後綴		其他	出處
							名稱	例子	名稱	例子		
張壽康（1981）	具有附加意義	詞類標誌					虛語素	老	虛語素	子		
任學良（1981）	沒有詞彙意義	只作構詞成分，不作造句材料					詞頭	阿、小、可、第、初、巴、反、被、見、所、而、非、不	詞尾	子、兒、頭、員、家、者、士、師、生、手、漢、夫、丁、郎、眾、屬、鬼、棍、迷、犯、派、性、處、品、巴、化、於、乎、以、麼、然、其、切、而、爾、且、的、地、得、了、着	①准詞頭：准、二、以。②准詞尾：論、度、式、卻、豪	《漢語造詞法》，科學出版社1981年版
朱德熙（1982）	真正的詞綴只能黏附在詞根成分上，它跟詞根成分只有位置上的關係，沒有意義上的關係		"子"永遠讀輕聲；"兒"不自成音節	詞綴都是定位語素			前綴	初、第、老	後綴	子、兒、頭、們、着、了、過、得、的		《語法講義》，商務印書館1982年版

续表

作者(時間/年)	詞彙意義	語法意義	語音弱化	定位性	能產性	其他特徵	前綴		後綴		其他	出處
							名稱	例子	名稱	例子		
郭良夫(1983)	語義虛化,沒有具體的詞彙意義	有抽象的語法意義,即結構意義;標誌詞性	(後綴)大多數是輕聲,甚至有的不自成音節	語綴,特別是後綴的語法功能是固定的	要看它的能產程度		前綴	老、第	後綴	兒、們、子、者、壇、家、品;着、了、過	①新興前綴:多、半、單、超、非、無、不、反、親、自、次 ②零後綴:領導——領導者	《現代漢語的前綴和後綴》,《中國語文》1983年第4期
沈夢瓔(1986)	詞彙意義已趨虛化,但虛化程度不一	具有類化作用,顯示某種詞性		位置固定,有定位性	構詞能力強,具有能產性,程度略有差異		前綴(含類前綴)	阿、第、初、老、可、非、反、無	後綴(含類後綴)	子、兒、頭、者、家、員、性、化、然、手、品		《漢語新的詞綴化傾向》,《南京師大學報》1986年第4期
太田辰夫(1958/1987)	①無意義或者意義不明;②只表示這種詞同具某種特徵			同一位置(或都在前,或都在後)		黏附於單純詞	前綴	阿、老、打	後綴	子、頭(兒)、們(爺們、娘們)、了、(為了、除了)	中綴:裏	《中國語歷史文法》,北京大學出版社1987年版
王紹新(1992)	意義高度虛化	①"子""兒""頭"不能置於詞首或獨立使用;②結構為附加式;③是構詞語素,不是變詞語素;④多數後綴有標誌詞性的作用	"子""兒""頭"永遠讀輕聲(少數例外)		有較強的構詞能力				後綴	子、兒、頭;巴、搭、乎、糊、咕、拉、落、麼、生、騰;然、乎、爾;得;了、着、的	類後綴:者、性、化	《談談後綴》,《語言學論叢》第17輯,商務印書館1992年版

续表

作者（時間/年）	詞彙意義	語法意義	語音弱化	定位性	能產性	其他特徵	前綴		後綴		其他	出處
							名稱	例子	名稱	例子		
北京大學中文系現代漢語教研室(2003)	意義上不如詞根重要	有的詞綴有時能起語法作用					前綴	第、老、阿	後綴	子、兒、頭、然，某些具有表意、表情作用的疊音成分		《現代漢語》，商務印書館2003年版
馬慶株(1995)	①語義上帶有範疇性；②詞綴的意義都不是該語素的本義或基本義，而只能是後起的引申義		①在語音上有輕化或陰平化的特點；②有調整節奏的特點	①相對定位；②如果把語素劃小，表示詞綴義的算一個語素，只看這個劃小了的語素，它的定位性也是絕對的	復呈性	①黏附於詞根；②自源性的；③易變性	前綴	阿、老、所、准、總、分、僞、亞、打、見、可、不	後綴	們、兒、子、巴、搭（甩搭）、麼、兒家（孩子家）、騰、爾、頭、裹、當（滿當）；以（給以）、得（覺得）、了（除了）、於（等於）、地（猛地）、着（接着）、則（否則）、者（編者）；(車)輛、(馬)匹、(人)口、(紙)張、(書)本、(房)間、(槍)支、(信)件、(詩)篇、(布)匹、(重)點		《漢語語義語法範疇問題》，北京語言文化大學出版社1995年版

续表

作者(時間/年)	詞彙意義	語法意義	語音弱化	定位性	能產性	其他特徵	前綴		後綴		其他	出處
							名稱	例子	名稱	例子		
王雲路(1998)	本義較為虛化	①構形成分;②能與某類詞語廣泛結合			具有較強的活躍性	與詞根結合緊密	前綴	阿、老、取、一、第、初、試	後綴	兒、來、家、取、得、當、自、復、已、手		《說"兒"》,《杭州大學學報》1998年第3期
周薦(2004)	字義虛化不是惟一的標準	直接組成成分		定位性	能構性		前綴	老、阿、初、第	後綴	爾、如、者、熱、頭、者、子、戶		《漢語詞彙結構論》,上海辭書出版社2004年版

主要參考文獻

一、專著

北京書同文數字化技術有限公司編:《中國語言生活綠皮書——古籍漢字字頻統計》,商務印書館 2008 年版。

[美]布龍菲爾德著,袁家驊、趙世開、甘世福譯,錢晉華校:《語言論》,商務印書館 2002 年版。

潘文國、葉步青、韓洋:《漢語的構詞法研究》,華東師範大學出版社 2004 年版。

潘允中:《漢語詞彙史概要》,上海古籍出版社 1989 年版。

潘允中:《漢語語法史概要》,中州書畫出版社 1982 年版。

馬真:《現代漢語虛詞研究方法論》,商務印書館 2004 年版。

馬繼興:《中醫文獻學》,上海科技出版社 1990 年版。

(清)馬建忠:《馬氏文通》,商務印書館 1983 年版。

馬西尼:《現代漢語詞彙的形成》,漢語大詞典出版社 1997 年版。

馬敘倫:《說文解字六書疏證》,上海書店 1985 年版。

梅祖麟:《梅祖麟語言學論文集》,商務印書館 2000 年版。

毛遠明:《〈左傳〉詞彙研究》,西南大學出版社 2000 年版。

符淮青:《詞義的分析和描寫》,語文出版社 1996 年版。

[日]丹波元胤:《中國醫籍考》,人民衛生出版社 1956 年版。

丁聲樹:《現代漢語語法講話》,商務印書館 2002 年版。

（清）段玉裁:《説文解字注》,上海古籍出版社 1988 年版。

董秀芳:《詞彙化:漢語雙音詞的衍生和發展》,商務印書館 2011 年版。

［日］太田辰夫著,江藍生、白維國譯:《漢語史通考》,重慶出版社 1991 年版。

［日］太田辰夫著,蔣紹愚、徐昌華譯:《中國語歷史文法》,北京大學出版社 2003 年第 2 版。

黎錦熙:《黎錦熙的國語講壇》,中華書局 1921 年版。

李茂如:《歷代史志書目著録醫籍匯考》,人民衛生出版社 1994 年版。

劉復:《中國文法通論》,益群書社 1920 年版。

（清）劉淇:《助字辨略》,中華書局 2004 年版。

劉志生:《東漢碑刻複音詞研究》,巴蜀書社 2007 年版。

劉世儒:《魏晉南北朝量詞研究》,中華書局 1965 年版。

柳士鎮:《魏晉南北朝歷史語法》,南京大學出版社 1992 年版。

陸儉明:《現代漢語語法研究教程》,北京大學出版社 2003 年版。

陸志韋:《漢語構詞法》,科學出版社 1964 年版。

（清）梁啓超:《中國佛教研究史》,三聯書店 1988 年版。

盧以緯著,王克仲集注:《助語辭集注》,中華書局 1988 年版。

羅常培:《語言與文化》,語文出版社 1989 年版。

吕叔湘:《吕叔湘文集》第 2 卷《漢語語法論文集》,商務印書館 1990 年版。

吕叔湘:《近代漢語指代詞》,學林出版社 1985 年版。

吕叔湘:《現代漢語八百詞》,商務印書館 1980 年版。

吕叔湘:《中國文法要略》,商務印書館 2004 年版。

高本漢:《〈左傳〉真僞考》,陸侃如譯本,新月書店 1927 年版。

高明凱:《漢語語法輪》,商務印書館 1986 年版。

郭錫良:《漢語史論集》,商務印書館 2005 年版。

龔千炎:《中國語法學史稿》,語文出版社 1987 年版。

何樂士:《古漢語虚詞通釋》,北京出版社 1985 年版。

胡適:《胡適學術文集》,中華書局 1993 年版。

胡適:《胡適文集》,北京大學出版社 1998 年版。

胡敕瑞:《〈論衡〉與東漢佛典詞彙比較研究》,巴蜀書社 2002 年版。

胡以魯:《國語學草創》,商務印書館 1923 年版。

黄雲眉:《古今僞書考補證》,齊魯書社 1980 年版。

錢鍾書:《管錐編》,中華書局 1979 年版。

金兆梓:《國文法之研究》,中華書局 1955 年版。

江藍生:《魏晉南北朝小説詞語匯釋》,語文出版社 1988 年版。

蔣紹愚、曹廣順:《近代漢語語法史研究綜述》,商務印書館 2005 年版。

蔣紹愚:《古漢語詞彙綱要》,北京大學出版社 1989 年版。

蔣紹愚:《近代漢語研究概況》,北京大學出版社 1994 年版。

新疆維吾爾自治區博物館武漢大學歷史系編:《吐魯番出土文書》,文物出版社 1992 年版。

向熹:《〈詩經〉裏的複音詞》,商務印書館 1980 年版。

向熹:《簡明漢語史》,高等教育出版社 1998 年版。

余嘉錫:《世説新語箋疏》,中華書局 1983 年版。

徐通鏘:《歷史語言學》,商務印書館 1991 年版。

孫錫信:《漢語歷史語法要略》,復旦大學出版社 1992 年版。

孫常敘:《漢語詞彙》,吉林人民出版社 1957 年版。

熊娟:《漢文佛典疑僞經研究》,上海古籍出版社 2015 年版。

[日]志村良治:《中國中世語法史研究》,江藍生、白維國譯,中華書局 1995 年版。

趙元任:《漢語口語語法》,商務印書館 1979 年版。

趙元任:《中國話的文法》,香港中文大學出版社 1980 年版。

周輝:《清波雜誌》,涵芬樓 1928 年(民國十七年)影印本。

周法高:《中國古代語法・構詞編》,“中央研究院”歷史語言研究所 1962 年版。

周俊勳:《魏晉南北朝志怪小説詞彙研究》,巴蜀書社 2006 年版。

周祖謨:《漢語詞彙講話》,外語教學與研究出版社 2006 年版。

陳直:《居延漢簡研究》,天津古籍出版社 1986 年版。

陳光磊:《漢語詞法論》,學林出版社 1994 年版。

陳望道:《漢語語法叢書・序》,商務印書館 1982 年版。

張相:《詩詞曲語辭匯釋》,中華書局 1953 年版。

張聯榮:《古漢語詞義論》,北京大學出版社 2000 年版。

張壽康:《略論漢語構詞法》,《漢語學習叢論》,山東教育出版社 1983 年版。

張雙棣:《〈呂氏春秋〉詞彙研究》,山東教育出版社 1989 年版。

鄭奠、譚全基:《古漢語修辭學資料匯編》,商務印書館 1980 年版。

朱德熙:《語法講義》,商務印書館 1982 年版。

朱慶之:《佛典與中古漢語詞彙研究》,文津出版社 1992 年版。

程湘清:《漢語史專書複音詞研究》,商務印書館 2008 年版。

程湘清:《先秦漢語研究》,山東教育出版社 1982 年版。

俞樾:《古書疑義舉例》,中華書局 1954 年版。

任學良:《漢語造詞法》,中國社會科學出版社 1981 年版。

[美]愛德華·薩丕爾著,陸卓元譯,陸志韋校:《語言論》,商務印書館 1985 年版。

嚴可均:《全上古三代秦漢三國六朝文》,廣雅書局 1893 年初刻版。

楊伯峻、何樂士:《古漢語語法及其發展》,語文出版社 1992 年版。

楊伯峻:《古今漢語詞類通解》,北京出版社 1998 年版。

楊端志:《漢語的詞義探析》,山東大學出版社 2002 年版。

楊端志:《漢語史論集》,齊魯書社 2008 年版。

楊端志:《訓詁學》(上下冊),山東文藝出版社 1986 年版。

楊樹達:《高等國文法》,商務印書館 1984 年版。

伍宗文:《先秦漢語複音詞研究》,巴蜀書社 2001 年版。

汪維輝:《〈齊民要術〉詞彙語法研究》,上海教育出版社 2007 年版。

王力:《漢語史稿》,科學出版社 1957 年版。

王力:《漢語語法史》,商務印書館 1989 年版。

王力:《龍蟲並雕齋文集》第 1 冊《新訓詁學》,中華書局 1980 年版。

王力:《王力先生紀念論文集》,商務印書館 1990 年版。

王力:《王力文集·中國語法史》,山東教育出版社 1988 年版。

王先謙:《釋名疏證補》,上海古籍出版社 1984 年版。

王引之:《經義述聞》,江蘇古籍出版社 2000 年版。

袁賓:《近代漢語概論》,上海教育出版社 1992 年版。

Y. R. Chao, *A Grammar of Spoken Chinese*. University of Califonia Press, 1968.

Andrew Spencer & Arnold M. Zwicky. *The Handbook of Morphology*. Blackwell Publishing, 2001.

F. Ungerer & H. J. Schmid,《認知語言學入門》,外語教學與研究出版社 2001 年版。

W. Croft & D. A. Cruse. *Cognitive Linguistics*. Cambridge University Press, 2004.

Hopper & Traugott. *Grammaticalization*. Cambridge University Press, 1993.

Jerome L. Packard. *The Morphology of Chinese: A Linguistic and Cognitive Approach*. Cambridge University Press, 2000.

Andrew Spencer. *Morphological Theory*. Oxford and Cambridge, Mass, 1991.

Elizabeth Traugott. *Reanalysis, Analogy, and Grammaticalization*. Ms. Stanford University, 1977.

P. H. Matthews. *Morphology*. Cambridge University Press, 2000.

二、專業論文

于亭:《電腦與古籍整理研究手段現代化》,《古漢語研究》2000 年第 3 期。

[日]大西克也:《再論上古漢語的"可"和"可以"——古漢語的語態試探之二》,《中國語言學》第 1 輯,山東教育出版社 2008 年版。

尹斌庸:《漢語語素的定量研究》,《中國語文》1984 年第 6 期。

王克仲:《是詞綴還是助詞》,《古漢語研究》2003 年第 2 期。

王洪君:《從字和字組看詞和短語——也談漢語中詞的劃分標準》,《中國語文》1994 年第 2 期。

王紹新:《談談後綴》,《語言學論叢》第 17 輯,商務印書館 1992 年版。

王雲路:《中古漢語詞彙研究綜述》,《古漢語研究》2003 年第 2 期。

王雲路:《百年中古漢語詞彙研究論略》,《浙江大學學報》(人文社會科學版)2001 年第 4 期。

王雲路:《從〈唐五代語言詞典〉看附加式構詞法在中近古漢語中的地位》,《古漢語研究》2001 年第 2 期。

王雲路:《談"摒擋"及其相關詞語的附加式構詞特點》,《語言研究》2002 年第 1 期。

史光輝:《20 世紀 80 年代以來中古漢語詞彙研究的回顧與反思》,《福州大學學報》(哲學社會科學版)2004 年第 3 期。

朱德熙:《自指和轉指——漢語名詞化標記"的、者、所、之"的語法功能和語義功能》,《方言》1983 年第 1 期。

吴長安:《"第二"的詞彙化意義》,《中國語文》2006 年第 2 期。

宋亞雲:《漢語從綜合到分析的發展趨勢及其原因初探》,《語言學論叢》第三十三輯,商務印書館 2006 年版。

宋紹年:《試談〈史記〉中的幾種句法結構》,《語言學論叢》,商務印書館 1983 年版。

岑麒祥:《關於漢語構詞法的幾個問題》,《中國語文》1956 年第 12 期。

李兆麟:《漢語計量研究初探》,《辭書研究》1986 年第 4 期。

李建平:《序數詞"第"產生的時代及其語法化歷程》,《古漢語研究》2014 年第 4 期。

汪維輝:《世說新語"如馨地"再討論》,《古漢語研究》1996 年第 4 期。

易熙吾:《漢語中的雙音詞》,《中國語文》1954 年第 10 期。

柳士鎮:《試論中古語法的歷史地位》,《南京大學學報》(哲學・人文科學・社會科學)2001 年第 5 期。

胡敕瑞:《"爾許"溯源——兼論"是所""爾所""如所""如許"等指別代詞》,朱慶之編:《中古漢語研究》(2),商務印書館 2005 年版。

胡敕瑞:《中古漢語語料鑒別述要》,《漢語史學報》第五輯,2005 年第 5 期。

胡敕瑞:《從隱含到呈現(上)——試論中古詞彙的一個本質變化》,《語言學論叢》第 31 輯,商務印書館 2005 年版。

胡運飆:《〈莊子〉中的複音詞》,宋紹年、張猛、邵永海、劉子瑜編:《漢語史論文集》,西南師範大學出版社 1995 年版。

苑春法、黄昌寧:《基於語素資料庫的漢語語素機構詞研究》,《世界漢語教學》1998 年第 2 期。

馬真:《先秦複音詞初探》,《北京大學學報》1980 第 5 期、1981 年第 1 期。

陸儉明:《對構式理論的三點思考》,《外國語》2016 年第 2 期。

尉遲治平:《電腦技術和漢語史研究》,《古漢語研究》2000 年第 3 期。

尉遲治平:《漢語資訊處理與電腦輔助漢語史研究》,《語言研究》2004 年第 3 期。

張凱:《漢語構詞基本字的統計分析》,《語言教學與研究》1997 年第 1 期。

張正霞:《毛公鼎構詞法研究》,《大理學院學報》2004 年第 6 期。

張聯榮:《古代漢語詞義變化的幾個問題》,《古漢語研究》1997 年第 4 期。

張聯榮:《古漢語中詞的語義特徵》,《內蒙古社會科學》1996 年第 2 期。

張聯榮:《字形義與詞義——詞典編纂隨筆》,《辭書研究》1995 年第 4 期。

張聯榮:《近代漢語詞彙研究中的推源問題》,《北京大學學報》1995 年第 5 期。

張聯榮:《詞典釋義中的詞義和語素義》,《辭書研究》2001 年第 2 期。

張聯榮:《詞義引申中的遺傳義素》,《北京大學學報》1992 年第 4 期。

張聯榮:《詩經"維"字解》,《語文研究》1991 年第 4 期。

張聯榮:《漢字的繁衍與詞的同一性》,《語文建設》1999 年第 3 期。

張聯榮:《漢魏六朝佛經釋詞》,《北京大學學報》1988 年第 5 期。

張聯榮:《語文義 術語義 文化義》,《辭書研究》1997 年第 6 期。

張聯榮:《談詞的核心義》,《語文研究》1995 年第 3 期。

張聯榮:《魏晉六朝詩詞語釋義》,《古漢語研究》1990 年第 1 期。

張聯榮:《重讀〈漢語語法分析問題〉》,《中國訓詁學研究會論文集》,中國文史出版社 2002 年版。

張雙棣:《〈呂氏春秋〉詞彙簡論》,《北京大學學報》1989 年第 5 期。

曹廣順、遇笑容:《中古譯經中的處置式》,《中國語文》2000 年第 6 期。

符淮青:《組合中語素和詞語義範疇的變化》,《江蘇大學學報》(社會科學版)2007 年第 1 期。

郭良夫:《現代漢語的前綴和後綴》,《中國語文》1983 年第 4 期。

郭錫良:《漢語史論集·關於係詞"是"產生的時代和來源論爭的幾點認

識》,商務印書館 2005 年版。

陳海波:《關於資料庫在古漢語研究中的應用》,《古漢語研究》2000 年第 3 期。

陳瑞端、湯志祥:《九十年代漢語詞彙地域分佈的定量研究》,《語言文字應用》1999 年第 3 期。

喻遂生、郭力:《〈說文解字〉的複音詞》,《西南師範大學學報》1987 年第1 期。

彭婷婷:《國内外二語詞綴習得實證研究現狀述評》,《唐山師範學院學報》第 31 卷第 1 期。

曾立英:《現代漢語類詞綴的定量與定性研究》,《世界漢語教學》2008 年第 4 期。

楊賀:《"子"綴語素"小稱"探源》,《殷都學刊》2014 年第 1 期。

楊賀:《引申義與範疇化》,《東嶽論叢》2013 年第 6 期。

楊賀:《多角度看漢語詞綴》,2015 年 8 月 25 日《中國社會科學報》。

楊賀:《漢語詞綴的形成及其特徵》,《山東大學學報》2009 年第 4 期。

楊錫彭:《關於詞根與詞綴的思考》,《漢語學習》2003 年第 2 期。

董琨:《漢魏六朝佛經所見若干新興語法成份》,王雲路、方一新編:《中古漢語研究》,商務印書館 2000 年版。

趙世舉:《古漢語暗喻的表達形式及其特點淺說》,《修辭學習》1998 年第 6 期。

趙振鐸:《論中古漢語》,《樂山師範學院學報》2001 年第 3 期。

劉英林、宋紹周:《漢語常用字詞的統計與分級》,《中國語文》1992 年第 3 期。

潘允中:《漢語動補結構的發展》,《中國語文》1980 年第 1 期。

鄭奠:《漢語詞彙史隨筆》(一),《中國語文》1959 年第 6 期。

鄭奠:《漢語詞彙史隨筆》(二),《中國語文》1959 年第 7 期。

鄭奠:《漢語詞彙史隨筆》(三),《中國語文》1959 年第 8 期。

鄭奠:《漢語詞彙史隨筆》(四),《中國語文》1959 年第 9 期。

鄭奠:《漢語詞彙史隨筆》(五),《中國語文》1959 年第 11 期。

鄭奠:《漢語詞彙史隨筆》(六),《中國語文》1959 年第 12 期。

鄭奠:《漢語詞彙史隨筆》(七),《中國語文》1960 年第 3 期。

鄭奠:《漢語詞彙史隨筆》(八),《中國語文》1961 年第 3 期。

鄭奠:《漢語詞彙史隨筆》(九),《中國語文》1961 年第 4 期。

鄭奠:《漢語詞彙史隨筆》(十),《中國語文》1961 年第 6 期。

黎錦熙:《漢語構詞法和詞表研究》(上),《北京師範大學學報》1959 年第 5 期。

駱曉平:《魏晉六朝漢語詞彙雙音傾向三題》,《古漢語研究》1990 年第 4 期。

魏培泉:《上古漢語到中古漢語的重要發展》,第三屆國際漢學會論文集《古今通塞:漢語的歷史與發展》,臺北:"中研院"語言學研究所籌備處,2003 年。

蘇新春:《漢語詞彙定量研究的運用及其特點》,《廈門大學學報》(哲學社會科學版)2001 年第 4 期。

蔣宗許:《漢語詞綴研究綜述》,《西南科技大學學報》2008 年第 3 期。

Feng Zhiwei. Some Grammatical Considerations in the Determination of Unit in Word Segmentation. *Journal of Chinese Language and Computer*, 11(2), Dec 2001, pp. 127-136.

三、學位論文

杜麗蓉:《商君書實詞研究》,四川大學碩士學位論文,2004 年。

譚代龍:《根本說有部毗奈耶破僧事詞彙研究》,四川大學碩士學位論文,2002 年。

李仕春:《〈戰國策〉詞彙研究》,魯東大學碩士學位論文,2004 年。

劉玉屏:《從〈世說新語〉看魏晉南北朝時期漢語語法的流變》,福建師範大學碩士學位論文,2001 年。

盧春紅:《〈荀子〉複音詞研究》,遼寧師範大學碩士學位論文,2002 年。

魯六:《〈荀子〉詞彙研究》,山東大學博士學位論文,2005 年。

羅曉林:《〈撰集百緣經〉詞彙研究》,湖南師範大學碩士學位論文,2005 年。

化振紅:《〈洛陽伽藍記〉詞彙研究》,四川大學博士學位論文,2001 年。

車淑婭:《〈韓非子〉詞彙研究》,浙江大學博士學位論文,2004 年。

陳長書:《〈國語〉詞彙研究》,山東大學博士學位論文,2005 年。

閆玉文:《〈三國志〉專題研究》,復旦大學碩士學位論文,2003 年。

楊海峰:《〈吳越春秋〉詞彙研究》,四川大學碩士學位論文,2005 年。

引用語料

一、中土文獻

1. 漢代文獻

王符著，汪繼培箋，彭鐸校正:《潛夫論箋校正》，中華書局 1985 年版。

魏伯陽著，章偉文譯註:《周易參同契》，中華書局 2014 年版。

應劭撰，吴樹平校釋:《風俗通義校釋》，天津人民出版社 1980 年版。

華佗著，孙星衍校:《華氏中藏經》，商務印書館 1956 年版。

荀悦撰，黄省曾譯:《申鑒》，上海古籍出版社 1990 年版。

荀悦撰，黄省曾譯，孫啓治校補:《申鑒注校補》，中華書局 2012 年版。

荀悦:《前漢紀》，四部叢刊初編本，商務印書館 1922 年版。

徐幹:《中論》，上海古籍出版社 1990 年版。

張仲景撰，徐彬注:《金匱要略論注》，上海古籍出版社 1991 年版。

張仲景述，羅哲初手抄:《傷寒雜病論》，廣西人民出版社 1960 年版。

桓譚:《新論》，上海人民出版社 1977 年版。

張庚解:《古詩十九首解》，商務印書館 1936 年版。

王明編:《太平經合校》，中華書局 1960 年版。

周生春:《吳越春秋輯校匯考》，上海古籍出版社 1997 年版。

趙曄原著，張覚譯注:《吳越春秋全譯》，貴州人民出版社 1993 年版。

袁康、吳平輯錄，樂祖謀點校:《越絕書》，上海古籍出版社 1985 年版。

班固:《漢書》，中華書局 1962 年版。

班固撰，陳立疏證：《白虎通疏證》，中華書局 1994 年版。

劉珍等撰，吳樹平校注：《東觀漢紀校注》，中州古籍出版社 1987 年版。

王充：《論衡》，上海人民出版社 1974 年版。

王充著，黄暉校釋：《論衡校釋》，中華書局 1990 年版。

程貞一、聞人軍：《周髀算經譯注》，上海古籍出版社 2012 年版。

班固：《東觀漢記》，商務印書館 1937 年版。

郭茂倩編：《樂府詩集》，中華書局 1979 年版。

余冠英選注：《樂府詩選》，人民文學出版社 1953 年版。

高步瀛選注：《兩漢文舉要》，中華書局 1990 年版。

嚴可均輯：《全後漢文》(上下冊)，商務印書館 1999 年版。

張家山二四七號漢墓竹簡整理小組：《張家山漢墓竹簡(二四七號墓)》，文物出版社 2006 年版。

長沙市文物考古研究所中國文物研究所：《長沙東牌樓東漢簡牘》，文物出版社 2006 年版。

葛洪：《西京雜記》，中華書局 1985 年版。

高文：《漢碑集釋》，河南大學出版社 2003 年版。

沈剛：《居延漢簡語詞匯釋》，科學出版社 2008 年版。

2.三國文獻

曹操、曹丕、曹植：《三曹詩集》，山西古籍出版社 2010 年版。

曹操：《曹操集》，中華書局 1974 年版。

曹植撰，趙幼文校注：《曹植集校注》，人民文學出版社 1998 年版。

曹丕：《列異傳》，文化藝術出版社 1988 年版。

諸葛亮：《諸葛亮集》，中華書局 1960 年版。

蔡琰：《胡笳十八拍》，中華書局 1959 年版。

嵇康著，戴明陽校注：《嵇康集校注》，中華書局 2015 年版。

阮籍著，陳伯君校注：《阮籍集校注》，中華書局 1987 年版。

班固：《漢武故事》，商務印書館 2014 年版。

鄧安生校注：《蔡邕集編年校注》，河北教育出版社 2002 年版。

夏傳才主編：《阮瑀 應瑒 劉禎合集校注》，河北教育出版社 2013 年版。

夏傳才主編：《孔融 陳琳合集校注》，河北教育出版社 2013 年版。

王粲著,俞紹初校點:《王粲集》,中華書局 1980 年版。

張天夫詮譯:《諸葛亮將苑注譯》,陝西人民出版社 1987 年版。

嚴可均輯:《全三國文》(上下冊),商務印書館 1999 年版。

3. 兩晉文獻

趙光勇:《〈傅子〉〈傅玄集〉輯注》,陝西師範大學出版社 2014 年版。

嵇含:《南方草木狀》,商務印書館 1956 年版。

張華:《博物志校證》,中華書局 1980 年版。

王叔和:《脈經》,人民衛生出版社 1956 年版。

張載:《張載集》,中華書局 1978 年版。

劉琨:《劉琨集》,天津古籍出版社 1996 年版。

干寶撰,汪紹楹校注:《搜神記》,中華書局 1979 年版。

常璩撰,任乃強校注:《華陽國志校補圖注》,上海古籍出版社 1987 年版。

皇甫謐:《高士傳》,臺灣中華書局 1981 年版。

劉歆撰,葛洪輯,向新陽、劉克任校注:《西京雜記校注》,上海古籍出版社 1991 年版。

葛洪:《燕丹子西京雜記》,中華書局 1985 年版。

葛洪:《肘後備急方》,人民衛生出版社 1956 年版。

葛洪:《抱樸子內篇》,中華書局 2011 年版。

魯迅輯:《古小說鉤沉》,人民文學出版社 1951 年版。

王嘉著,齊治平校注:《拾遺記》,中華書局 1981 年版。

陸翽、湯球:《鄴中記》,商務印書館 1937 年版。

章巽校注:《法顯傳校注》,上海古籍出版社 1985 年版。

陶潛撰,汪紹楹校注:《搜神後記》,中華書局 1981 年版。

逯欽立校注:《陶淵明集》,中華書局 1979 年版。

陳壽:《三國志》,中華書局 1982 年版。

張華撰,范宁校證:《博物志校證》,中華書局 1980 年版。

潘嶽:《潘黃門集》,中州古籍出版社 2002 年版。

4. 南北朝文獻

劉敬叔:《異苑》,中華書局 1996 年版。

王琰:《冥祥記》,《說郛》卷四,商務印書館 1927 年版。

任昉:《述異記》,《說郛》卷四,商務印書館 1927 年版。

龔慶宣:《劉涓子鬼遺方》,人民衛生出版社 1956 年版。

僧佑撰,蘇晉仁等點校:《出三藏記集》,中華書局 2008 年版。

沈約:《沈約集校箋》,浙江古籍出版社 1995 年版。

沈約:《宋書》,中華書局 1974 年版。

何遜:《何遜集校注》,齊魯書社 1989 年版。

鍾嶸著,曹旭集注:《詩品集注》,上海古籍出版社 1994 年版。

僧祐:《弘明集校箋》,上海古籍出版社 2013 年版。

顧紹柏校注:《謝靈運集校注》,中州古籍出版社 1987 年版。

酈道元:《水經注校正》,中華書局 2007 年版。

酈道元撰,陳橋驛校釋:《水經注校釋》,杭州大學出版社 1999 年版。

殷芸編纂:《殷芸小說》,上海古籍出版社 1984 年版。

蕭子顯撰:《南齊書》,中華書局 1972 年版。

陶弘景著,王京州校注:《陶弘景集校注》,上海古籍出版社 2009 年版。

[日]吉川忠夫、[日]麥谷邦夫編:《真誥校注》,中國社會科學出版社 2006 年版。

陶弘景等撰,馬繼興輯注:《神農本草經輯注》,人民衛生出版社 2013 年版。

劉勰:《文心雕龍》,上海古籍出版社 2008 年版。

劉勰撰,周振甫注釋:《文心雕龍注釋》,人民文學出版社 1981 年版。

賈思勰撰,繆啓愉校釋:《齊民要術校釋》,農業出版社 1982 年版。

楊衒之撰,周祖謨校釋:《洛陽伽藍記校釋》,中華書局 1963 年版。

楊衒之撰,范祥雍校注:《洛陽伽藍記校注》,上海古籍出版社 1978 年版。

劉義慶:《幽明錄》,文化藝術出版社 1988 年版。

蕭繹:《金樓子疏證校注》,上海古籍出版社 2014 年版。

宗懍:《荊楚歲時記》,中華書局 1991 年版。

陰鏗:《陰鏗集注》,天津古籍出版社 1988 年版。

魏收:《魏書》,中華書局 1975 年版。

庾信:《庾信選集》,中州書畫社 1983 年版。

徐陵撰,許逸民校箋:《徐陵集校箋》,中華書局 2008 年版。

徐陵編:《玉臺新詠箋注》,中華書局 1985 年版。
顏之推:《還冤記》,《說郛》卷七二,商務印書館 1927 年版。
劉義慶撰,余嘉錫箋疏:《世說新語箋疏》,上海古籍出版社 1993 年版。
劉義慶撰,徐震堮校箋:《世說新語校箋》,中華書局 1984 年版。
張萬起、劉尚慈譯注:《世說新語譯注》,中華書局 1998 年版。
范曄著,李賢注:《後漢書》,中華書局 1965 年版。
湯球:《十六國春秋輯補》,中華書局 1985 年版。
陶弘景:《周氏冥通記》,商務印書館 1936 年版。
慧皎撰,湯用彤校注:《高僧傳》,中華書局 1992 年版。
傅亮、張演、張杲撰,孫昌武點校:《觀世音應驗記》,中華書局 1994 年版。
劉晝撰,傅亞庶校釋:《劉子校釋》,中華書局 1998 年版。
庾信撰,倪璠注:《庾子山集注》,中華書局 1980 年版。
蕭統編,李善注:《昭明文選》,上海古籍出版社 1998 年版。
王壯弘、馬成名編纂:《六朝墓誌檢要》,上海書畫出版社 1985 年版。
寶昌等:《經律異相》,上海古籍出版社 2011 年版。

5. 隋代文獻

顏之推撰,王利器集解:《顏氏家訓集解》,上海古籍出版社 1980 年版。
巢元方:《諸病源候論》,人民衛生出版社 1984 年版。
王叔和:《脈經》,商務印書館 1940 年版。

6. 唐代文獻

溫大雅:《大唐創業起居注》,上海古籍出版社 1983 年版。
姚思廉:《梁書》,中華書局 1973 年版。
姚思廉:《陳書》,中華書局 1972 年版。
歐陽詢輯:《藝文類聚》,上海古籍出版社 1982 年版。
魏徵:《隋書》,中華書局 1972 年版。
李百藥:《北齊書》,中華書局 1972 年版。
房玄齡:《晉書》,中華書局 1974 年版。
李延壽:《北史》,中華書局 1974 年版。
李延壽:《南史》,中華書局 1975 年版。
令狐德棻:《周書》,中華書局 1971 年版。

長孫無忌:《唐律疏議》,中華書局 1983 年版。

孫思邈:《備急千金要方》,人民衛生出版社 1955 年版。

玄奘:《大唐西域記》,上海人民出版社 1977 年版。

道宣:《續高僧傳》,中華書局 2014 年版。

李克光、鄭孝昌主編:《黃帝内經太素校注》,人民衛生出版社 2005 年版。

乜小紅:《俄藏敦煌契約文書研究》,上海古籍出版社 2009 年版。

二、佛典文獻

1. 東漢佛典

安世高譯:《佛説大安般守意經》,《大正新修大藏經》第 15 冊。

安世高譯:《道地經》,《大正新修大藏經》第 15 冊。

安世高譯:《人本欲生經》,《大正新修大藏經》第 1 冊。

安世高譯:《陰持入經》,《大正新修大藏經》第 15 冊。

安世高譯:《是法非法經》,《大正新修大藏經》第 1 冊。

安世高譯:《長阿含十報法經》,《大正新修大藏經》第 1 冊。

安世高譯:《一切流攝守因經》,《大正新修大藏經》第 1 冊。

支婁迦讖譯:《道行般若經》,《大正新修大藏經》第 8 冊。

安玄譯:《法鏡經》,《大正新修大藏經》第 12 冊。

竺大力、康孟祥譯:《修行本起經》,《大正新修大藏經》第 3 冊。

曇果、康孟祥譯:《中本起經》,《大正新修大藏經》第 4 冊。

支曜譯:《佛説成具光明定意經》,《大正新修大藏經》第 15 冊。

2. 三國佛典

支謙譯:《佛説維摩詰經》,《大正新修大藏經》第 14 冊。

支謙譯:《太子瑞應本起經》,《大正新修大藏經》第 3 冊。

支謙譯:《月明菩薩經》,《大正新修大藏經》第 3 冊。

支謙譯:《梵摩渝經》,《大正新修大藏經》第 1 冊。

康僧鎧譯:《佛説無量壽經》,《大正新修大藏經》第 12 冊。

康僧會譯:《六度集經》,《大正新修大藏經》第 3 冊。

康僧會譯:《舊雜譬喻經》,《大正新修大藏經》第 4 冊。

曇諦譯:《羯磨》,《大正新修大藏經》第 22 冊。

白延譯:《佛說須賴經》,《大正新修大藏經》第 12 冊。

3. 兩晉佛典

竺法護譯:《正法華經》,《大正新修大藏經》第 9 冊。

竺法護譯:《佛說如來興顯經》,《大正新修大藏經》第 10 冊。

竺法護譯:《度世品經》,《大正新修大藏經》第 10 冊。

竺法護譯:《寶女所問經》,《大正新修大藏經》第 13 冊。

法炬、法立譯:《大樓炭經》,《大正新修大藏經》第 1 冊。

無羅叉譯:《放光般若經》,《大正新修大藏經》第 8 冊。

聶承遠譯:《佛說超日明三昧經》,《大正新修大藏經》第 15 冊。

聶承遠譯:《佛說越難經》,《大正新修大藏經》第 14 冊。

聶道真譯:《異出菩薩本起經》,《大正新修大藏經》第 3 冊。

法祖譯:《佛般泥洹經》,《大正新修大藏經》第 1 冊。

支法度譯:《善生子經》,《大正新修大藏經》第 1 冊。

安法欽譯:《阿育王傳》,《大正新修大藏經》第 50 冊。

法顯譯:《佛說大般泥洹經》,《大正新修大藏經》第 12 冊。

法顯譯:《大般涅槃經》,《大正新修大藏經》第 1 冊。

法顯譯:《摩訶僧祇律》,《大正新修大藏經》第 22 冊。

4. 南北朝佛典

施護譯:《佛說聖幡瓔珞陀羅尼經》,《大正新修大藏經》第 21 冊。

求那跋摩譯:《菩薩善戒經》,《大正新修大藏經》第 30 冊。

求那跋陀羅譯:《過去現在因果經》,《大正新修大藏經》第 3 冊。

求那跋陀羅譯:《大方廣寶篋經》,《大正新修大藏經》第 14 冊。

求那跋陀羅譯:《楞伽阿跋多羅寶經》,《大正新修大藏經》第 16 冊。

鳩摩羅什譯:《思益梵天所問經》,《大正新修大藏經》第 15 冊。

鳩摩羅什譯:《妙法蓮華經》,《大正新修大藏經》第 9 冊。

鳩摩羅什譯:《佛說華手經》,《大正新修大藏經》第 16 冊。

鳩摩羅什譯:《十住經》,《大正新修大藏經》第 10 冊。

鳩摩羅什譯:《持世經》,《大正新修大藏經》第 14 冊。

竺佛念譯:《菩薩從兜術天降神母胎說廣普經》,《大正新修大藏經》第 12 冊。

竺佛念譯:《大雲無想經卷第九》,《大正新修大藏經》第 12 冊。
竺佛念譯:《四分律》,《大正新修大藏經》第 22 冊。
竺佛念譯:《鼻奈耶》,《大正新修大藏經》第 24 冊。
竺佛念譯:《出曜經》,《大正新修大藏經》第 4 冊。
曇無讖譯:《悲華經》,《大正新修大藏經》第 3 冊。
曇無讖譯:《金光明經》,《大正新修大藏經》第 16 冊。
曇無讖譯:《優婆塞戒經》,《大正新修大藏經》第 24 冊。
曇無讖譯:《佛所行讚》,《大正新修大藏經》第 4 冊。
慧覺譯:《賢愚經》,《大正新修大藏經》第 4 冊。
菩提流支譯:《勝思惟梵天所問經》,《大正新修大藏經》第 15 冊。
菩提流支譯:《佛說法集經》,《大正新修大藏經》第 17 冊。
佛陀扇多譯:《銀色女經》,《大正新修大藏經》第 3 冊。
吉迦葉、曇曜譯:《雜寶藏經》,《大正新修大藏經》第 4 冊。
求那毗地譯:《百喻經》,《大正新修大藏經》第 4 冊。
求那毗地譯,周紹良譯注:《百喻經譯注》,中華書局 1997 年版。
慧皎譯:《高僧傳》,《大正新修大藏經》第 50 冊。
僧伽婆羅譯:《阿育王經》,《大正新修大藏經》第 50 冊。
那連提耶舍譯:《月燈三昧經》,《大正新修大藏經》第 15 冊。
那連提耶舍譯:《阿毗曇心論經》,《大正新修大藏經》第 15 冊。

5. 隋代佛典

闍那崛多譯:《佛本行集經》,《大正新修大藏經》第 3 冊。
闍那崛多譯:《佛華嚴入如來不思議境界經》,《大正新修大藏經》第 10 冊。
毘尼多流支譯:《大乘方廣總持經》,《大正新修大藏經》第 9 冊。
法智譯:《佛為首迦長者說業報差別經》,《大正新修大藏經》第 1 冊。
達摩笈多譯:《起世因本經》,《大正新修大藏經》第 1 冊。

三、其他文獻

逯欽立輯校:《先秦漢魏南北朝詩》,中華書局 1984 年版。
彭定球等校點:《全唐詩》,中華書局 1960 年版。

趙翼:《陔余叢考》,中華書局 2012 年版。

翟灝:《通俗編》,中華書局 2013 年版。

羅新、葉煒:《新出魏晉南北朝墓誌疏證》,中華書局 2005 年版。

王根林、黄益元、曹光甫校點:《漢魏六朝筆記小說大觀》,上海古籍出版社 1999 年版。

黄節箋釋:《漢魏樂府風箋》,人民文學出版社 1958 年版。

張揖撰,王念孫疏證:《廣雅疏證》,中華書局 1983 年版。

工具書

張舜徽主編:《〈三國志〉詞典》,山東教育出版社 1992 年版。

張舜徽主編:《〈後漢書〉詞典》,山東教育出版社 1992 年版。

時永樂、王景明:《〈論衡〉詞典》,人民出版社 2005 年版。

江蘇省社會科學院明清小說研究中心文學研究所編:《中國通俗小說總目提要》,中國文聯出版公司 1990 年版。

初師賓主編:《中國簡牘集成》,敦煌文藝出版社 2001 年版。

《中華大藏經》編輯局:《中華大藏經總目》,中華書局 2004 年版。

冷玉龍、韋一心主編:《中華字海》,中華書局、中國友誼出版公司 1994 年版。

何樂士等編:《古代漢語虛詞通釋》,北京出版社 1985 年版。

何樂士編:《古代漢語虛詞詞典》,語文出版社 2006 年版。

徐仲舒主編:《甲骨文字典》,四川辭書出版社 1988 年版。

于省吾主編:《甲骨文字詁林》,中華書局 1996 年版。

戴家祥:《金文大字典》,學林出版社 1995 年版。

胡朴安編:《俗語典》,上海廣益書局 1922 年版。

高更生:《現代漢語知識大詞典》,山東教育出版社 1992 年版。

中國社會科學院語言研究所詞典編輯室編:《現代漢語詞典》,商務印書館 2005 年第 5 版。

[英]大衛・克里斯特爾編,沈家煊譯:《現代語言學詞典》,商務印書館 2000 年第 4 版。

中國社會科學院語言研究所詞典編輯室編:《新華字典》,商務印書館 2012 年版。

張相:《詩詞曲語辭匯釋》,中華書局 1953 年版。

向熹編:《詩經詞典》,四川人民出版社 1986 年版。

漢語大字典編輯委員會編:《漢語大字典》,湖北辭書出版社、四川辭書出版社 2010 年版。

漢語大詞典編輯委員會:《漢語大詞典》,漢語大詞典出版社 1995 年版。

劉正琰、高名凱、史有為、麥永幹編:《漢語外來詞詞典》,上海辭書出版社 1984 年版。

[德]哈杜默德·布斯曼編,陳慧英、溫仁百等譯:《語言學詞典》,商務印書館 2003 年版。

許慎著,段玉裁注:《説文解字注》,上海古籍出版社 1981 年影印經韻樓原刻本。

辭海編輯委員會:《辭海》(語言分册),上海辭書出版社 1980 年版。

[英]P. R. K. 哈特曼、[英]F. C. 斯托克編,黄長著、林書武等譯:《語言與語言學詞典》,上海辭書出版社 1981 年版。

Jack C. Richards, John Platt & Heidi Platt. *Longman Dictionary of Language Teaching and Applied Linguistics* (second edition). Longman Group Limited, 1992.

R. L. Trask. *A Student's Dictionary of Language and Linguistics*. Arnold, 1997.

後　記

本書是在博士學位論文《中古漢語詞綴研究》基礎上修改、增删而成的。論文付梓,是對求學時代的一個總結。

選擇"詞綴"這個題目,源於本科時一次作業。在隨後的求學生涯中,通過閱讀,斷斷續續感覺到漢語中稱為"綴"的語言成分,如果從歷時角度觀察,分佈在語法的各個層面上,不同的學者給予的定性和稱呼不同;如果分析的角度和方法不同,得到的"綴"的成員和數量也會不相同。那麼它們到底是什麼?是助詞、代詞,還是詞綴、語綴?到底有多少?它們是怎麼來的?是混為一談,還是各個分開?如果分開,應該怎樣區分?

工作后,筆者在詞綴表義和描寫模式兩個方向作了嘗試。

關於詞綴表義,多位前輩學人在歸納漢語詞綴的特點或判斷標準時,認為漢語的詞綴有"範疇化/類化"作用,並把"範疇化/類化"作為判定漢語詞綴的重要標準之一。同時,詞綴源語素的意義虛化也是經常提及的判斷標準。筆者在《引申義與範疇化》一文中認為,儘管各個詞綴形成的具體條件不同,但在語素由造句成分或造詞成分的實語素,演變為只是構詞成分的虛語素的過程中,語言成分的語義虛化,它的語法位置和關涉成分是兩個最重要的影響因素。

筆者後在《"子"綴語素"小稱"探源》一文中嘗試以"子"為個案,探索描寫詞綴的模式。名詞性後綴"子"的構詞能力強,實際上是"子"綴形成以后的類推性強,文中觀察點選擇派生詞素在入詞前後的語義成分的隱現、來源和相互關係,變傳統線性觀察義素引申為按新意義的性質來歸類。筆者認為,“小稱”本身來自於單音詞“子”的感情意義層的區別性義素,觸發機制是擬人、借代和借喻。“小稱”並非從意義角度判定“子”是否為詞綴的標準。

在以上研究嘗試的基礎上,本書作了以下修改:名詞性前綴“老”增加演變基礎和機制分析,並給予分類,歸納了名詞性前綴“老”的結構特征、範疇義特征和語用特征;名詞性後綴“子”增加了“子”綴“小稱”來源分析;完善了序數詞性前綴“第”的描寫。更新了描寫模式、例句和部分觀點。词缀研究,往往重語法特點,輕語義源頭。本書在以下幾個方面作了新的探索:圍繞詞綴源語素意義及其搭配環境的演變,立足於構詞法和句法的接口,探索了詞綴演變的描寫方式,區分了相同書寫形式的不同詞綴及其標準;探索了派生詞的源頭,以及派生結構形成的描寫模式;探索了派生詞構式義的來源和形成。本書是嘗試,希望起到引玉的作用。

個人成長的道路上凝聚了前輩師長和親友的支持、愛護和指導,謹借這個機會,表達我深深的感激之情。

首先要感謝恩師張聯榮先生。博士求學期間,先生在學習、生活各個方面都給予我無微不至的關懷。先生治學嚴謹、科學,乃師之典範;待人謙和、儒雅,有君子之風。記得剛入學時,我在學習上有很多困惑,是先生耐心開出閱讀書目,引領我逐漸適應北大的學術思路。求學的日子點滴流淌,日常學習以及論文的寫作,無不凝聚著先生的心血。先生認真負責、寬容大度,一直是我學習、工作的楷模。深深感謝師母一直以來對我的關心和愛護,讓遠離家鄉的我如沐家的溫暖。

感谢蔣紹愚先生在我的導師赴澳門大學任系主任一年期間代管我,先生的教導至今難忘。記得蔣先生囑我每週都應對讀的書有個總結,先生這一教導使我在求學和工作中受益無窮。

感謝陸儉明、馬真二位先生。二位先生德高望重,學識淵博,胸懷寬廣,鼓勵後學。求學期間及以後的日子裏,多蒙二位先生關懷和訓導。

感謝授我以學的古代漢語教研室張雙棣先生、耿振生先生、宋紹年先生、孫玉文先生、楊榮祥先生、朱慶之先生、邵永海先生、劉子瑜先生、胡敕瑞先生,語言學教研室葉文曦先生、陳保亞先生、李娟先生、董秀芳先生,現代漢語教研室沈陽先生、郭鋭先生、朱彥先生。先生們兢兢業業,勤懇治學,開明民主,平易近人,使我深受影響,感佩在心。

感謝參加論文開題、預答辯、答辯，並對論文提出寶貴修改意見的北大中文系王理嘉先生、中國人民大學殷國光先生、語文出版社張萬彬先生、教育部語言文字應用研究所張書岩先生。

感謝我的碩士導師山東大學徐超先生。至今還記得先生領著我們讀《説文》段注，指導我們標點《毛詩正義》的場景，先生的認真、嚴格，讓我的學習受益匪淺。

感謝中文系的魏赤老師、楊強老師、李嵐老師的照顧和幫助。

感謝同門師兄譚代龍，師姐邵丹、李慧賢，師弟陳祝琴，人生路上很感謝與你們相遇。感謝北大中文系衆多師兄師姐，感謝宋亞雲師兄、帥志嵩師兄、李建強師兄、朱冠明師兄、周俊勳師兄、劉進師兄、曾立英師姐、金春梅師姐、劉麗輝師姐、馬雲霞師姐、殷何輝師姐，在我過去求學的日子裏，師兄師姐們對我多有照顧，我也從他們身上學習到了很多寶貴的品質。

感謝一起求學的同級學友崔彦、杜軼、姜南、玄玥、孫宏偉、宋作艳、陳甯、彭静、李昭東、孫英麗、邱冰。感謝熱情的師妹張冰，為我預答辯、答辯記録付出的辛苦。

感謝我父母的理解、支持和傾力付出。

感謝山東大學出版社馬銀川、董付兰編輯不辭辛苦、认真审校，使本書得以順利出版。

感謝中國人民大學“統籌支持一流大學和一流學科建設”經費的支持。

書中难免有不完善和錯漏之處，懇請讀者給予批評指正。

楊　賀

2016年6月

圖書在版編目(CIP)數據

中古漢語詞綴研究/楊賀著.—濟南:山東大學出版社,2016.7
ISBN 978-7-5607-5579-3

Ⅰ.①中…　Ⅱ.①楊…　Ⅲ.①古漢語—詞綴—研究
Ⅳ.①H141

中國版本圖書館 CIP 數據核字(2016)第 163347 號

責任策劃:馬銀川
責任編輯:馬銀川
封面設計:張　荔

出版發行:山東大學出版社
社　址　山東省濟南市山大南路 20 號
郵　編　250100
電　話　市場部(0531)88364466
經　銷:山東省新華書店
印　刷:山东省英华印刷厂
規　格:720 毫米×1000 毫米　1/16
15.25 印張　244 千字
版　次:2016 年 7 月第 1 版
印　次:2016 年 7 月第 1 次印刷
定　價:32.00 元